〔唐〕魏徵 等撰

點校本
二十四史
修訂本

隋書

第四册
卷三二至卷四五

中華書局

2019 年 1 月第 1 版　　2025 年 5 月第 4 次印刷
ISBN 978-7-101-13628-9

隋書卷三十二

志第二十七

經籍一 經

夫經籍也者，機神之妙旨，聖哲之能事，所以經天地，緯陰陽，正紀綱，弘道德，顯仁足以利物，藏用足以獨善，學之者將殖焉，不學者將落焉。大業崇之，則成欽明之德，匹夫克念，則有王公之重。其王者之所以樹風聲，流顯號，美教化，移風俗，何莫由乎斯道？故曰：「其爲人也，温柔敦厚，詩教也；疏通知遠，書教也；廣博易良，樂教也；絜靜精微，易教也；恭儉莊敬，禮教也；屬辭比事，春秋教也。」遭時制宜，質文迭用，應之以通變，通變之以中庸。中庸則可久，通變則可大，其教有適，其用無窮，實仁義之陶鈞，誠道德之橐籥也。其爲用大矣，隨時之義深矣，言無得而稱焉。故曰：「不疾而速，不行而至。」今之所以知古，後之所以知今，其斯之謂也。是以大道方行，俯龜象而設卦，後聖有作，仰鳥跡以成文。書契已傳，繩木棄而不用，史官既立，經籍於是興焉。

夫經籍也者，先聖據龍圖，握鳳紀，南面以君天下者，咸有史官，以紀言行。言則左史書之，動則右史書之。故曰「君舉必書」，懲勸斯在。考之前載，則三墳、五典、八索、九丘之類是也。下逮殷、周，史官尤備，紀言書事，靡有闕遺，則周禮所稱：太史掌建邦之六典、八法、八則，以詔王治；小史掌邦國之志，定世繫，辨昭穆；內史掌王之八柄，策命而貳之；外史掌王之外令及四方之志，三皇五帝之書；御史掌邦國都鄙萬民之治令，以贊冢宰。此則天子之史，凡有五焉。諸侯亦各有國史，分掌其職。則春秋傳，晉趙穿弑靈公，太史董狐書曰「趙盾殺其君」，以示於朝。宣子曰：「不然。」對曰：「子爲正卿，亡不越境，反不討賊，非子而誰？」齊崔杼弑莊公，太史書曰「崔杼弑其君」，崔子殺之。其弟嗣書，死者二人。其弟又書，乃舍之。南史聞太史盡死，執簡以往，聞既書矣，乃還。楚靈王與右尹子革語，左史倚相趨而過。王曰：「此良史也，能讀三墳、五典、八索、九丘。」然則諸侯史官，亦非一人而已，皆以記言書事，太史總而裁之，以成國家之典。不虛美，不隱惡，故得有所懲勸，遺文可觀，則左傳稱周志，國語有鄭書之類是也。

暨夫周室道衰，紀綱散亂，國異政，家殊俗，褒貶失實，隳紊舊章。孔丘以大聖之才，當傾頹之運，歎鳳鳥之不至，惜將墜於斯文，乃述易道而删詩、書，脩春秋而正雅、頌。壞禮崩樂，咸得其所。自哲人萎而微言絶，七十子散而大義乖，戰國縱横，真僞莫辨，諸子之言，紛然淆亂。聖人之至德喪矣，先王之要道亡矣，陵夷踳駁，以至于秦。秦政奮豺狼之心，剗先代之迹，焚詩、書，坑儒士，以刀筆吏爲師，制挾書之令。學者逃難，竄伏山林，或失本經，口以傳説。

漢氏誅除秦、項，未及下車，先命叔孫通草縣蕝之儀，救擊柱之弊。其後張蒼治律曆，陸賈撰新語，曹參薦蓋公言黄老，惠帝除挾書之律，儒者始以其業行於民間。猶以去聖既遠，經籍散逸，簡札錯亂，傳説紕繆，遂使書分爲二，詩分爲三，論語有齊、魯之殊，春秋有數家之傳。其餘互有踳駁，不可勝言。此其所以博而寡要，勞而少功者也。武帝置太史公，命天下計書，先上太史，副上丞相，開獻書之路，置寫書之官，外有太常、太史、博士之藏，内有延閣、廣内、祕室之府。司馬談父子，世居太史，探采前代，斷自軒皇，逮于孝武，作史記一百三十篇。詳其體制，蓋史官之舊也。至於孝成，祕藏之書，頗有亡散，乃使謁者陳農，求遺書於天下。命光禄大夫劉向校經傳諸子詩賦，步兵校尉任宏校兵書，太史令尹咸校數術，太醫監李柱國校方技。每一書就，向輒撰爲一録，論其指歸，辨其訛謬，敍而奏之。向卒後，哀帝使其子歆嗣父之業。乃徙温室中書於天禄閣上。歆遂總括羣篇，撮其指要，著爲七略：一曰集略，二曰六藝略，三曰諸子略，四曰詩賦略，五曰兵書略，六曰術數略，七曰方技略。大凡三萬三千九十卷。王莽之末，又被焚燒。光武中興，篤好文雅，明、章繼軌，尤重經術。四方鴻生鉅儒，負袠自遠而至者，不可勝筭。石室、蘭臺，彌以充積。又於東觀及仁壽閣集新書，校書郎班固、傅毅等典掌焉。並依七略而爲書部，固又編之，以爲漢書藝文志。董卓之亂，獻帝西遷，圖書縑帛，軍人皆取爲帷囊。所收而西，猶七十餘載。兩京大亂，掃地皆盡。

魏氏代漢，采掇遺亡，藏在祕書中、外三閣。魏祕書郎鄭默，始制中經，祕書監荀勗，又因中經，更著新簿，分爲四部，總括羣書。一曰甲部，紀六藝及小學等書；二曰乙部，有古諸子家、近世子家、兵書、兵家、術數〔一〕；三曰丙部，有史記、舊事、皇覽簿、雜事；四曰丁部，有詩賦、圖讚、汲冢書，大凡四部合二萬九千九百四十五卷。但録題及言，盛以縹囊，書用緗素。至於作者之意，無所論辯。惠、懷之亂，京華蕩覆，渠閣文籍，靡有孑遺。

東晉之初，漸更鳩聚。著作郎李充，以勗舊簿校之，其見存者，但有三千一十四卷。充遂總没衆篇之名，但以甲乙爲次。自爾因循，無所變革。其後中朝遺書，稍流江左。宋元嘉八年，祕書監謝靈運造四部目録，大凡六萬四千五百八十二卷。元徽元年，祕書丞王儉又造目録，大凡一萬五千七百四卷。儉又別撰七志：一曰經典志，紀六藝、小學、史記、雜傳；二曰諸子志，紀今古諸子；三曰文翰志，紀詩賦；四曰軍書志，紀兵書；五曰陰陽志，紀陰陽圖緯；六曰術藝志，紀方技；七曰圖譜志，紀地域及圖書。其道、佛附見，合九條。然亦不述作者之意，但於書名之下，每立一傳，而又作九篇條例，編乎首卷之中。文義淺近，未爲典則。齊永明中，祕書丞王亮、監謝朏，又造四部書目，大凡一萬八千一十卷。齊末兵火，延燒祕閣，經籍遺散。梁初，祕書監任昉，躬加部集，又於文德殿内列藏衆書，華林園中總集釋典，大凡二萬三千一百六卷，而釋氏不豫焉。梁有祕書監任昉、殷鈞四部目録，又文德殿目録。其術數之書，更爲一部，使奉朝請祖暅撰其名。故梁有五部目録。普通中，有處士阮孝緒，沉靜寡慾，篤好墳史，博采宋、齊已來，王公之家凡有書記，參校官簿，更爲七録：一曰經典録，紀六藝；二曰記傳録，紀史傳；三曰子兵録，紀子書、兵書；四曰文集録，紀詩賦；五曰技術録，紀數術；六曰佛録；七曰道録。其分部題目，頗有次序，割析辭義，淺薄不經。梁武敦悦詩書，下化其上，四境之内，家有文史。元帝克平侯景，收文德之書及公私經籍，歸于江陵，大凡七萬餘卷。周師入郢，咸自焚之。陳天嘉中，又更鳩集，考其篇目，遺闕尚多。

其中原則戰爭相尋，干戈是務，文教之盛，苻、姚而已。宋武入關，收其圖籍，府藏所有，纔四千卷。赤軸青紙，文字古拙。後魏始都燕、代，南略中原，粗收經史，未能全具。

孝文徙都洛邑，借書於齊，祕府之中，稍以充實。暨於尒朱之亂，散落人間。後齊遷鄴，頗更搜聚，迄於天統、武平，校寫不輟。後周始基關右，外逼彊隣，戎馬生郊，日不暇給。保定之始，書止八千，後稍加增，方盈萬卷。周武平齊，先封書府，所加舊本，纔至五千。

隋開皇三年，祕書監牛弘，表請分遣使人，搜訪異本。每書一卷，賞絹一匹，校寫既定，本即歸主。於是民間異書，往往間出。及平陳已後，經籍漸備。檢其所得，多太建時書，紙墨不精，書亦拙惡。於是總集編次，存爲古本。召天下工書之士，京兆韋霈、南陽杜頵等，於祕書內補續殘缺，爲正副二本，藏于宮中，其餘以實祕書內、外之閣，凡三萬餘卷。煬帝即位，祕閣之書，限寫五十副本，分爲三品：上品紅瑠璃軸，中品紺瑠璃軸，下品漆軸。於東都觀文殿東西廂構屋以貯之，東屋藏甲乙，西屋藏丙丁。又聚魏已來古跡名畫，於殿後起二臺，東曰妙楷臺，藏古跡；西曰寶蹟臺〔一〕，藏古畫。又於內道場集道、佛經，別撰目録。

大唐武德五年，克平僞鄭，盡收其圖書及古跡焉。命司農少卿宋遵貴載之以船，泝河西上，將致京師。行經底柱，多被漂没，其所存者，十不一二。其目録亦爲所漸濡，時有殘缺。今考見存，分爲四部，合條爲一萬四千四百六十六部，有八萬九千六百六十六卷。其舊録所取，文義淺俗、無益教理者，並删去之。其舊録所遺，辭義可采，有所弘益者，咸附入之。遠覽馬史、班書，近觀王、阮志、録，挹其風流體制，削其浮雜鄙俚，離其疏遠，合其近密，約文緒義，凡五十五篇，各列本條之下，以備經籍志。雖未能研幾探賾，窮極幽隱，庶乎弘道設教，可以無遺闕焉。夫仁義禮智，所以治國也，方技數術，所以治身也；諸子爲經籍之鼓吹，文章乃政化之黼黻，皆爲治之具也。故列之於此志云。

歸藏十三卷晉太尉參軍薛貞注。

周易二卷魏文侯師卜子夏傳，殘缺。梁六卷。

周易十卷漢魏郡太守京房章句。

周易八卷漢曲臺長孟喜章句，殘缺。梁十卷。又有漢單父長費直注周易四卷，亡。

周易九卷後漢大司農鄭玄注。梁又有漢南郡太守馬融注周易一卷，亡。

周易五卷漢荆州牧劉表章句。梁有漢荆州五業從事宋忠注周易十卷，亡。

周易十一卷漢司空荀爽注。

周易十卷魏衞將軍王肅注。

周易十卷魏尚書郎王弼注六十四卦六卷，韓康伯注繫辭以下三卷，王弼又撰易略例一卷。梁有魏大司農卿董遇注周易十卷，魏散騎常侍荀煇注周易十卷，亡。

周易十卷吴太常姚信注。

周易四卷晉儒林從事黄穎注。梁有十卷，今殘缺。

周易九卷吴侍御史虞翻注。

周易十五卷吴鬱林太守陸績注。

周易十卷晉散騎常侍干寶注。

周易三卷晉驃騎將軍王廙注，殘缺。梁有十卷。

周易八卷晉著作郎張璠注，殘缺。梁有十卷。

周易馬鄭二王四家集解十卷

周易荀爽九家注十卷

周易楊氏集二王注五卷梁有集馬鄭二王解十卷，亡。

周易十卷蜀才注。梁有齊安西參軍費元珪注周易九卷〔三〕，謝氏注周易八卷，尹濤注周易六卷，亡。

周易十卷後魏司徒崔浩注。

周易十卷梁處士何胤注。梁有臨海令伏曼容注周易八卷〔四〕，侍中朱异集注周易一百卷，又周易集注三十卷，亡。

周易七卷姚規注。

周易十三卷崔覲注。

周易十三卷傅氏注。

周易一帙十卷盧氏注。

周易繫辭二卷晉桓玄注。

周易繫辭二卷晉西中郎將謝萬等注〔五〕。

周易繫辭二卷晉太常韓康伯注。

周易繫辭二卷梁太中大夫宋褰注。又有宋東陽太守卞伯玉注繫辭二卷，亡。

周易繫辭二卷荀柔之注。

周易集注繫辭二卷梁有宋太中大夫徐爰注繫辭二卷，亡。

周易音一卷東晉太子前率徐邈撰。

周易音一卷東晉尚書郎李軌弘範撰。

周易音一卷范氏撰。

周易并注音七卷祕書學士陸德明撰。

周易盡神論一卷魏司空鍾會撰。梁有周易無互體論三卷，鍾會撰，亡。

周易象論三卷晉尚書郎欒肇撰。

周易卦序論一卷晉司徒右長史楊乂撰。

周易統略五卷晉少府卿鄒湛撰。

周易論二卷晉馮翊太守阮渾撰。

周易論一卷晉荆州刺史宋岱撰。梁有擬周易説八卷，范氏撰；周易宗塗四卷，干寶撰；周易問難二卷，王氏撰；周易問答一卷，揚州從事徐伯珍撰；周易難王輔嗣義一卷，晉揚州刺史顧夷等撰〔六〕；周易雜論十四卷。亡。

周易義一卷宋陳令范歆撰。

周易玄品二卷

周易論十卷齊中書郎周顒撰。梁有三十卷，亡。

周易論四卷范氏撰。

周易統例十卷崔覲撰。

周易爻義一卷干寶撰。

周易乾坤義一卷齊步兵校尉劉瓛撰。梁又有齊臨沂令李玉之、梁釋法通等乾坤義各一卷，亡。

周易大義二十一卷梁武帝撰。

周易幾義一卷梁南平王撰。梁有周易疑通五卷，宋中散大夫何諲之撰；周易四德例一卷，劉瓛撰〔七〕。亡。

周易大義一卷梁有周易錯八卷，京房撰；周易日月變例六卷，虞翻、陸績撰；周易卦象數旨六卷，東晉欒安亭侯李顒撰；周易爻一卷，馬揩撰。亡。

周易大義二卷陸德明撰。

周易釋序義三卷

周易開題義十卷梁蕃撰。

周易問二十卷

周易義疏十九卷宋明帝集羣臣講。梁又有國子講易議六卷，宋明帝集羣臣講易義疏二十卷；齊永明國學講周易講疏二十六卷；又周易義三卷，沈林撰。亡。

周易講疏三十五卷梁武帝撰。

周易講疏十六卷梁五經博士褚仲都撰。

周易義疏十四卷梁都官尚書蕭子政撰。

周易繫辭義疏三卷蕭子政撰。

周易講疏三十卷陳諮議參軍張譏撰〔八〕。

周易文句義二十卷〔九〕梁有擬周易義疏十三卷。

周易義疏十六卷陳尚書左僕射周弘正撰。

周易私記二十卷

周易講疏十三卷國子祭酒何妥撰。

周易繫辭義疏二卷劉瓛撰。

周易繫辭義疏一卷梁武帝撰。

周易繫辭義疏二卷蕭子政撰。梁有周易乾坤三象、周易新圖各一卷；又周易普玄圖八卷，薛景和撰；周易大演通統一卷，顏氏撰〔一〇〕。

周易譜一卷

右六十九部，五百五十一卷。通計亡書，合九十四部，八百二十九卷。

昔宓羲氏始畫八卦，以通神明之德，以類萬物之情，蓋因而重之，爲六十四卦。及乎三代，實爲三易：夏曰連山；殷曰歸藏；周文王作卦辭，謂之周易。周公又作爻辭，孔子爲彖、象、繫辭、文言、序卦、説卦、雜卦，而子夏爲之傳。及秦焚書，周易獨以卜筮得存，唯失説卦三篇。後河内女子得之。漢初，傳易者有田何，何授丁寬，寬授田王孫，王孫授沛人施讎、東海孟喜、琅邪梁丘賀。由是有施、孟、梁丘之學。又有東郡京房，自云受易於梁國焦延壽，别爲京氏學。嘗立，後罷。後漢施、孟、梁丘、京氏，凡四家並立，而傳者甚衆。漢初又有東萊費直傳易，其本皆古字，號曰古文易。以授琅邪王璜，璜授沛人高相，相以授子康及蘭陵毋將永。故有費氏之學，行於人間，而未得立。後漢陳元、鄭衆，皆傳費氏之學。馬融又爲其傳，以授鄭玄。玄作易注，荀爽又作易傳。魏代王肅、王弼，並爲之注。自是費氏大興，高氏遂衰。梁丘、施氏、高氏，亡於西晉。孟氏、京氏，有書無師。梁、陳鄭玄、王弼二注，列於國學。齊代唯傳鄭義。至隋，王注盛行，鄭學浸微，今殆絶矣。歸藏，漢初已亡，案晉中經有之，唯載卜筮，不似聖人之旨。以本卦尚存，故取貫於周易之首，以備殷易之缺。

古文尚書十三卷漢臨淮太守孔安國傳。

尚書九卷鄭玄注。

今字尚書十四卷孔安國傳。

尚書十一卷王肅注。

尚書十一卷馬融注。

尚書十五卷晉祠部郎謝沈撰。

集解尚書十一卷李顒注。

集釋尚書十一卷宋給事中姜道盛注。

古文尚書舜典一卷晉豫章太守范甯注。梁有尚書十卷，范甯注，亡。

尚書亡篇序一卷梁五經博士劉叔嗣注。梁有尚書二十一卷，劉叔嗣注；又有尚書新集序一卷。亡。

尚書逸篇二卷

古文尚書音一卷徐邈撰。梁有尚書音五卷，孔安國、鄭玄、李軌、徐邈等撰。

今文尚書音一卷祕書學士顧彪撰。

尚書大傳三卷鄭玄注。

大傳音二卷顧彪撰。

尚書洪範五行傳論十一卷漢光禄大夫劉向注。

尚書駁議五卷王肅撰。梁有尚書義問三卷，鄭玄、王肅及晉五經博士孔晁撰；尚書釋問四卷，魏侍中王粲撰；尚書王氏傳問二卷；尚書義二卷，吴太尉范順問，劉毅答〔一〕。亡。

尚書新釋二卷李顒撰。

尚書百問一卷齊太學博士顧歡撰。

尚書大義二十卷梁武帝撰。

尚書百釋三卷梁國子助教巢猗撰。

尚書義三卷巢猗撰。

尚書義疏十卷梁國子助教費甝撰。梁有尚書義疏四卷，晉樂安王友伊説撰，亡。

尚書義疏三十卷蕭詧司徒蔡大寶撰。

尚書義注三卷吕文優撰。

尚書義疏七卷

尚書述義二十卷國子助教劉炫撰。

尚書疏二十卷顧彪撰。

尚書釋問一卷虞氏撰。

尚書閏義一卷

尚書文外義一卷顧彪撰。

尚書義三卷劉先生撰。

右三十二部，二百四十七卷。通計亡書，合四十一部，共二百九十六卷。

書之所興，蓋與文字俱起。孔子觀書周室，得虞、夏、商、周四代之典，删其善者，上自虞，下至周，爲百篇，編而序之。遭秦滅學，至漢，唯濟南伏生口傳二十八篇。又河内女子得泰誓一篇，獻之。伏生作尚書傳四十一篇，以授同郡張生，張生授千乘歐陽生，歐陽生授同郡兒寬，寬授歐陽生之子，世世傳之，至曾孫歐陽高，謂之尚書歐陽之學。又有夏侯都尉，受業於張生，以授族子始昌，始昌傳族子勝，爲大夏侯之學。勝傳從子建，別爲小夏侯之學。故有歐陽、大、小夏侯，三家並立。訖漢東京，相傳不絶，而歐陽最盛。初漢武帝時，魯恭王壞孔子舊宅，得其末孫惠所藏之書，字皆古文。孔安國以今文校之，得二十五篇。其泰誓與河内女子所獻不同。又濟南伏生所誦，有五篇相合。安國並依古文，開其篇第，以隸古字寫之，合成五十八篇。其餘篇簡錯亂，不可復讀，並送之官府。安國又爲五十八篇作傳，會巫蠱事起，不得奏上，私傳其業於都尉朝，朝授膠東庸生，謂之尚書古文之學，而未得立。後漢扶風杜林，傳古文尚書，同郡賈逵爲之作訓，馬融作傳，鄭玄亦爲之注。然其所傳，唯二十九篇，又雜以今文，非孔舊本。自餘絕無師說。晉世祕府所存，有古文尚書經文，今無有傳者。及永嘉之亂，歐陽、大、小夏侯尚書並亡。濟南伏生之傳，唯劉向父子所著五行傳，是其本法，而又多乖戾。至東晉，豫章內史梅賾，始得安國之傳，奏之，時又闕舜典一篇。齊建武中，吳姚方興〔二〕，於大桁市得其書，奏上，比馬、鄭所注，多二十八字，於是始列國學。梁、陳所講，有孔、鄭二家，齊代唯傳鄭義。至隋，孔、鄭並行，而鄭氏甚微。自餘所存，無復師說。又有尚書逸篇，出於齊、梁之間，考其篇目，似孔壁中書之殘缺者，故附尚書之末。

韓詩二十二卷漢常山太傅韓嬰，薛氏章句。

韓詩翼要十卷漢侯苞傳〔三〕。

韓詩外傳十卷梁有韓詩譜二卷，詩神泉一卷，漢有道徵士趙曄撰〔四〕，亡。

毛詩二十卷漢河間太傅毛萇傳〔五〕，鄭氏箋。梁有毛詩十卷，馬融注，亡。

毛詩二十卷王肅注。梁有毛詩二十卷，鄭玄、王肅合注；毛詩二十卷，謝沈注；毛詩二十卷，晉兗州別駕江熙注。亡。

集注毛詩二十四卷梁桂州刺史崔靈恩注。梁有毛詩序一卷，梁隱居先生陶弘景注，亡。

毛詩箋音證十卷後魏太常卿劉芳撰。梁有毛詩音十六卷，徐邈等撰；毛詩音二卷，徐邈撰；毛詩音隱一卷，干氏撰。亡。

毛詩并注音八卷祕書學士魯世達撰。

毛詩譜三卷吴太常卿徐整撰。

毛詩譜二卷太叔求及劉炫注。

謝氏毛詩譜鈔一卷梁有毛詩雜議難十卷，漢侍中賈逵撰，亡。

毛詩義問十卷魏太子文學劉楨撰〔一六〕。

毛詩義駁八卷王肅撰。

毛詩奏事一卷王肅撰。有毛詩問難二卷〔一七〕，王肅撰，亡。

毛詩駁一卷魏司空王基撰，殘缺。梁五卷。又有毛詩答問、駁、譜，合八卷；又毛詩釋義十卷，謝沈撰；毛詩義四卷，毛詩箋傳是非二卷，並魏祕書郎劉璠撰；毛詩答雜問七卷，吴侍中韋昭、侍中朱育等撰；毛詩義注四卷。亡。

毛詩異同評十卷晉長沙太守孫毓撰。

難孫氏毛詩評四卷晉徐州從事陳統撰。梁有毛詩表隱二卷，陳統撰，亡。

毛詩拾遺一卷郭璞撰。梁又有毛詩略四卷，亡。

毛詩辯異三卷晉給事郎楊乂撰。梁有毛詩背隱義二卷，宋中散大夫徐廣撰；毛詩引辨一卷，宋奉朝請孫暢之撰；毛詩釋一卷，宋金紫光禄大夫何偃撰；毛詩檢漏義二卷，梁給事郎謝曇濟撰；毛詩總集六卷，毛詩隱義十卷，並梁處士何胤撰。亡。

毛詩異義二卷楊乂撰。梁有毛詩雜義五卷，楊乂撰；毛詩義疏十卷，謝沈撰；毛詩雜義四卷，晉江州刺史殷仲堪撰；毛詩義疏五卷，張氏撰。亡。

毛詩集解敍義一卷顧歡等撰。

毛詩序義二卷宋通直郎雷次宗撰。梁有毛詩義一卷，雷次宗撰；毛詩序注一卷，宋交州刺史阮珍之撰；毛詩序義七卷，孫暢之撰。亡。

毛詩集小序一卷劉炫注。

毛詩序義疏一卷劉瓛等撰，殘缺。梁三卷。梁有毛詩篇次義一卷，劉瓛撰；毛詩雜義注三卷。亡。

毛詩發題序義一卷梁武帝撰。

毛詩大義十一卷梁武帝撰。梁有毛詩十五國風義二十卷，梁簡文撰。

毛詩大義十三卷

毛詩草木蟲魚疏二卷烏程令吴郡陸機撰。

毛詩義疏二十卷舒援撰〔一八〕。

毛詩誼府三卷後魏安豐王元延明撰。

毛詩義疏二十八卷蕭巋散騎常侍沈重撰。

毛詩義疏二十卷

毛詩義疏二十九卷

毛詩義疏十卷

毛詩義疏十一卷

毛詩義疏二十八卷

毛詩述義四十卷國子助教劉炫撰。

毛詩章句義疏四十卷魯世達撰。

毛詩釋疑一卷梁有毛詩圖三卷，毛詩孔子經圖十二卷，毛詩古聖賢圖二卷，亡。

業詩二十卷宋奉朝請業遵注。

右三十九部，四百四十二卷。通計亡書，合七十六部，六百八十三卷。

詩者，所以導達心靈，歌詠情志者也。故曰：「在心爲志，發言爲詩。」上古人淳俗樸，情志未惑。其後君尊於上，臣卑於下，面稱爲諂，目諫爲謗，故誦美譏惡，以諷刺之。初但歌詠而已，後之君子，因被管絃，以存勸戒。夏、殷已上，詩多不存。周氏始自后稷，而公劉克篤前烈，太王肇基王迹，文王光昭前緒，武王克平殷亂，成王、周公化至太平，誦美盛德，踵武相繼。幽、厲板蕩，怨刺並興。其後王澤竭而詩亡，魯太師摯次而録之。孔子删詩，上采商，下取魯，凡三百篇。至秦，獨以爲諷誦，不滅。漢初，有魯人申公，受詩於浮丘伯，作詁訓，是爲魯詩。齊人轅固生亦傳詩，是爲齊詩。燕人韓嬰亦傳詩，是爲韓詩。終于後漢，三家並立。漢初又有趙人毛萇善詩，自云子夏所傳，作詁訓傳，是爲「毛詩古學」，而未得立。後漢有九江謝曼卿，善毛詩，又爲之訓。東海衞敬仲，受學於曼卿。先儒相承，謂之毛詩。序，子夏所創，毛公及敬仲又加潤益。鄭衆、賈逵、馬融，並作毛詩傳，鄭玄作毛詩箋。齊詩，魏代已亡；魯詩亡於西晉；韓詩雖存，無傳之者。唯毛詩鄭箋，至今獨立。又有業詩，宋奉朝請業遵所注[一九]，立義多異，世所不行。

周官禮十二卷馬融注。

周官禮十二卷伊説注。

周官禮十二卷鄭玄注。

周官禮十二卷干寶注。梁又有周官寧朔新書八卷，晉燕王師王懋約撰[二〇]，亡。

周官禮十二卷王肅注。

集注周官禮二十卷崔靈恩注。

禮音三卷劉昌宗撰。

周官禮異同評十二卷晉司空長史陳劭撰。

周官禮駁難四卷孫略撰。梁有周官駁難三卷，孫琦問，干寶駁，晉散騎常侍虞喜撰。

周官禮義疏四十卷沈重撰。

周官禮義疏十九卷

周官禮義疏十卷

周官禮義疏九卷

周官分職四卷

周官禮圖十四卷梁有郊祀圖二卷，亡。

儀禮十七卷鄭玄注。

儀禮十七卷王肅注。梁有李軌、劉昌宗音各一卷，鄭玄音二卷，亡。

儀禮義疏見二卷

儀禮義疏六卷

喪服經傳一卷馬融注。

喪服經傳一卷鄭玄注。

喪服經傳一卷王肅注。

喪服經傳一卷晉給事中袁準注。

集注喪服經傳一卷晉廬陵太守孔倫撰。

喪服經傳一卷陳銓注。

集注喪服經傳一卷宋太中大夫裴松之撰。

略注喪服經傳一卷雷次宗注。

集注喪服經傳二卷宋丞相諮議參軍蔡超注〔二一〕。梁又有喪服經傳一卷，宋徵士劉道拔注，亡。

集解喪服經傳二卷齊東平太守田僧紹解。

喪服義疏二卷梁步兵校尉、五經博士賀瑒撰。

梁又有喪服經傳義疏五卷，齊散騎郎司馬憲

撰〔二二〕；喪服經傳義疏二卷，齊給事中樓幼瑜撰；喪服經傳義疏一卷，劉瓛撰；喪服經傳義疏一卷，齊徵士沈麟士撰。

喪服經傳義疏一卷梁尚書左丞何佟之撰，亡〔二三〕。

喪服傳一卷梁通直郎裴子野撰。

喪服文句義疏十卷梁國子助教皇侃撰〔二四〕。

喪服義十卷陳國子祭酒謝嶠撰。

喪服義鈔三卷梁有喪服經傳隱義一卷，亡。

喪服要記一卷王肅注。

喪服要記一卷蜀丞相蔣琬撰。梁有喪服變除圖五卷，吳齊王傅射慈撰，亡。

喪服要集二卷晉征南將軍杜預撰〔二五〕。又有喪服要記二卷，晉侍中劉逵撰，亡。

喪服儀一卷晉太保衛瓘撰。梁有喪服要記六卷，晉司空賀循撰〔二六〕；喪服要問六卷，劉德明撰；喪服三十一卷，宋員外郎、散騎常侍庾蔚之撰〔二七〕；喪服要問二卷，張耀撰；喪服難問六卷，崔凱撰；喪服雜記二十卷，伊氏撰；喪服釋疑二十卷，劉智撰〔二八〕。亡。

漢荆州刺史劉表新定禮一卷

喪服要略一卷晉太學博士環濟撰。

喪服要略二卷

喪服制要一卷徐氏撰。

喪服譜一卷鄭玄注。

喪服譜一卷晉開府儀同三司蔡謨撰。

喪服譜一卷賀循撰。

喪服變除一卷晉散騎常侍葛洪撰。

凶禮一卷晉廣陵相孔衍撰。

喪服要記十卷賀循撰。梁有喪服要記，宋員外常侍庾蔚之注；又喪服世要一卷，庾蔚之撰；喪服集議十卷，宋撫軍司馬費沈撰。

喪服古今集記三卷齊太尉王儉撰。

喪服世行要記十卷齊光禄大夫王逡撰〔二九〕。

喪服答要難一卷袁祈撰。

喪服記十卷王氏撰。

喪服五要一卷嚴氏撰。

駁喪服經傳一卷卜氏傳。

喪服疑問一卷樊氏撰〔三〇〕。

喪服圖一卷王儉撰。

喪服圖一卷賀遊撰。

喪服圖一卷崔逸撰。梁有喪服祥禫雜議二十九卷，喪服雜議故事二十一卷，又戴氏喪服五家要記圖譜五卷，喪服君臣圖儀一卷，亡。

五服圖一卷

五服圖儀一卷

喪服禮圖一卷

五服略例一卷

喪服要問一卷

喪服問答目十三卷皇侃撰。

喪服假寧制三卷

喪禮五服七卷大將軍袁憲撰。

論喪服決一卷

喪禮鈔三卷王隆伯撰。

大戴禮記十三卷漢信都王太傅戴德撰。梁有諡法三卷，後漢安南太守劉熙注，亡。

夏小正一卷戴德撰。

禮記十卷漢北中郎將盧植注。

禮記二十卷漢九江太守戴聖撰，鄭玄注。

禮記三十卷王肅注。梁有禮記十二卷，業遵

注，亡。
禮記寧朔新書八卷王懋約注。梁有二十卷。
月令章句十二卷漢左中郎將蔡邕撰。
禮記音義隱一卷謝氏撰。
禮記音二卷宋中散大夫徐爰撰。梁有鄭玄、王肅、射慈、射貞、孫毓、繆炳音各一卷，蔡謨、東晉安北諮議參軍曹耽、國子助教尹毅、李軌、員外郎范宣音各二卷，徐邈音三卷，劉昌宗音五卷，亡。
禮記音義隱七卷
禮記三十卷魏祕書監孫炎注。
禮略二卷
禮記要鈔十卷緱氏撰。梁有禮義四卷，魏侍中鄭小同撰〔三一〕；摭遺別記一卷，樓幼瑜撰。亡。
禮記新義疏二十卷賀瑒撰。梁有義疏三卷，宋豫章郡丞雷肅之撰，亡。
禮記講疏九十九卷〔三二〕皇侃撰。
禮記義疏四十八卷〔三三〕皇侃撰。
禮記義疏四十卷沈重撰。
禮記義十卷何氏撰。
禮記義疏三十八卷
禮記疏十一卷
禮記大義十卷梁武帝撰。
禮記文外大義二卷祕書學士褚輝撰〔三四〕。
禮大義十卷
禮記義證十卷劉芳撰。
禮大義章七卷
喪禮雜義三卷
禮記中庸傳二卷宋散騎常侍戴顒撰。
中庸講疏一卷梁武帝撰。

私記制旨中庸義五卷

禮記略解十卷庾氏撰。

禮記評十一卷劉雋撰。

石渠禮論四卷戴聖撰。梁有羣儒疑義十二卷，戴聖撰。

禮論三百卷宋御史中丞何承天撰。

禮論條牒十卷宋太尉參軍任預撰。

禮論帖三卷任預撰。梁四卷。

禮論鈔二十卷庾蔚之撰。

禮論要鈔十卷王儉撰。梁三卷。

禮論要鈔一百卷賀瑒撰。

禮論鈔六十九卷

禮論要鈔十卷梁有齊御史中丞荀萬秋鈔略二卷；尚書儀曹郎丘季彬論五十八卷，議一百三十卷，統六卷。亡。

禮論答問八卷宋中散大夫徐廣撰。

禮論答問十三卷徐廣撰。

禮答問二卷徐廣撰，殘缺。梁十一卷。

禮答問六卷庾蔚之撰。

禮答問三卷王儉撰。梁有晉益陽令吴商禮難十二卷〔三五〕，雜議十二卷，又禮議雜記故事十三卷，喪雜事二十卷；宋光禄大夫傅隆議二卷，祭法五卷。亡。

禮答問十二卷

禮雜問十卷范甯撰。

禮答問十卷何佟之撰。梁二十卷。

禮雜問十卷

禮雜答問八卷

禮雜答問六卷

禮雜問答鈔一卷何佟之撰。

問禮俗十卷董勛撰。

問禮俗九卷董子弘撰。

答問雜儀二卷任預撰。

禮義答問八卷王儉撰。

禮疑義五十二卷梁護軍周捨撰。

制旨革牲大義三卷梁武帝撰。

禮樂義十卷

禮祕義三卷

三禮目録一卷鄭玄撰。梁有陶弘景注一卷，亡。

三禮義宗三十卷崔靈恩撰。

三禮宗略二十卷元延明撰。

三禮大義十三卷

三禮大義四卷

三禮雜大義三卷梁有司馬法三卷，李氏訓記三卷；又郊丘議三卷，魏太尉蔣濟撰；祭法五卷，又明堂議三卷，王肅撰；雜祭法六卷，晉司空中郎盧諶撰；祭典三卷，晉安北將軍范汪撰；七廟議一卷，又後養議五卷，干寶撰；雜鄉射等議三卷，晉太尉庾亮撰；逆降義三卷，宋特進顏延之撰；逆降義一卷，田僧紹撰；分明士制三卷，何承天撰；釋疑二卷，郭鴻撰；答問四卷，徐廣撰；答問五十卷，何胤撰；又答問十卷。亡。

三禮圖九卷鄭玄及後漢侍中阮諶等撰。

周室王城明堂宗廟圖一卷祁諶撰〔三六〕。梁又有冠服圖一卷，五宗圖一卷，月令圖一卷，亡。

右一百三十六部，一千六百二十二卷。通計亡書，合二百一十一部〔三七〕，二千一百八十六卷。

自大道既隱，天下爲家，先王制其夫婦、父子、君臣、上下、親疎之節。至于三代，損益不同。周衰，諸侯僭忒，惡其害己，多被焚削。自孔子時，已不能具，至秦而頓滅。漢初，有高堂生傳十七篇，又有古經，出於淹中，而河間獻王，好古愛學，收集餘燼，得而獻之，合五十六篇，並威儀之事。而又得司馬穰苴兵法一百五十五篇，及明堂陰陽之記，並無敢傳之者。唯古經十七篇，與高堂生所傳不殊，而字多異。自高堂生，至宣帝時后蒼，最明其業，乃爲曲臺記。蒼授梁人戴德，及德從兄子聖、沛人慶普，於是有大戴、小戴、慶氏，三家並立。後漢唯曹充傳慶氏，以授其子褒〔三八〕。然三家雖存並微，相傳不絕。漢末，鄭玄傳小戴之學，後以古經校之，取其於義長者作注，爲鄭氏學。其喪服一篇，子夏先傳之，諸儒多爲注解，今又別行。而漢時有李氏得周官。周官蓋周公所制官政之法，上於河間獻王，獨闕冬官一篇。獻王購以千金不得，遂取考工記以補其處，合成六篇奏之。至王莽時，劉歆始置博士，以行於世。河南緱氏及杜子春受業於歆，因以教授。是後馬融作周官傳，以授鄭玄，玄作周官注。漢初，河間獻王又得仲尼弟子及後學者所記一百三十一篇獻之，時亦無傳之者。至劉向考校經籍，檢得一百三十篇，向因第而敍之。而又得明堂陰陽記三十三篇、孔子三朝記七篇、王史氏記二十一篇〔三九〕、樂記二十三篇，凡五種，合二百十四篇。

戴德删其煩重，合而記之，爲八十五篇，謂之大戴記。而戴聖又删大戴之書，爲四十六篇，謂之小戴記。漢末馬融，遂傳小戴之學。融又足月令一篇〔四〇〕、明堂位一篇、樂記一篇，合四十九篇；而鄭玄受業於融，又爲之注。今周官六篇、古經十七篇、小戴記四十九篇，凡三種。唯鄭注立於國學，其餘並多散亡，又無師說。

樂社大義十卷梁武帝撰。

樂論三卷梁武帝撰。梁有樂義十一卷，武帝集朝臣撰，亡。

樂論一卷衞尉少卿蕭吉撰。

古今樂録十二卷陳沙門智匠撰。

樂書七卷後魏丞相士曹行參軍信都芳撰。

樂雜書三卷

樂元一卷魏僧撰。

管絃記十卷凌秀撰。

樂要一卷何妥撰。

樂部一卷

春官樂部五卷梁有宋元嘉正聲伎録一卷，張鮮撰〔四一〕，亡。

樂府聲調六卷岐州刺史、沛國公鄭譯撰。

樂府聲調三卷鄭譯撰。

樂經四卷

琴操三卷晉廣陵相孔衍撰。

琴操鈔二卷

琴操鈔一卷

琴譜四卷戴氏撰。

琴經一卷

琴說一卷

琴曆頭簿一卷

新雜漆調絃譜一卷

樂譜四卷

樂譜集二十卷蕭吉撰。

樂略四卷

樂律義四卷沈重撰。

鍾律義一卷

樂簿十卷

齊朝曲簿一卷

大隋總曲簿一卷

推七音二卷并尺法。

樂論事一卷

樂事一卷

正聲伎雜等曲簿一卷

太常寺曲名一卷

太常寺曲簿十一卷

歌曲名五卷

歷代樂名一卷

鍾磬志二卷公孫崇撰。

樂懸一卷何晏等撰議。

樂懸圖一卷

鍾律緯辯宗見一卷

當管七聲二卷魏僧撰。

黃鍾律一卷梁有鍾律緯六卷，梁武帝撰，亡。

右四十二部，一百四十二卷。通計亡書，合四十六部，二百六十三卷。

樂者，先王所以致神祇，和邦國，諧萬姓，安賓客，悅遠人，所從來久矣。周人存六代之樂，曰雲門、咸池、大韶、大夏、大濩、大武。其後衰微崩壞，及秦而頓滅。漢初，制氏雖紀其鏗鏘鼓儛，而不能通其義。其後竇公、河間獻王、常山王、張禹，咸獻樂書。魏、晉已後，雖加損益，去正轉遠，事在聲樂志〔四二〕。今録其見書，以補樂章之闕。

春秋經十一卷吴衛將軍士燮注。

春秋左氏長經二十卷漢侍中賈逵章句。

春秋左氏解詁三十卷賈逵撰。

春秋左氏傳解誼三十一卷漢九江太守服虔注。

春秋左氏傳三十卷王肅注。

春秋左氏傳三十卷董遇章句。

春秋左氏傳義注十八卷孫毓注。

春秋左氏傳十二卷魏司徒王朗撰。

春秋左氏經傳集解三十卷杜預撰。

春秋杜氏服氏注春秋左傳十卷殘缺。

春秋左氏傳音三卷魏中散大夫嵇康撰。梁有服虔、杜預音三卷，魏高貴鄉公春秋左氏傳音三卷，曹耽音、尚書左人郎荀訥等音四卷，亡。

春秋左氏傳音三卷李軌撰。

春秋左氏傳音三卷徐邈撰。

春秋釋訓一卷賈逵撰。

春秋左氏經傳朱墨列一卷賈逵撰。

春秋釋例十卷漢公車徵士潁容撰。梁有春秋左氏傳條例九卷，漢大司農鄭衆撰。

春秋左氏膏肓釋痾十卷服虔撰。梁有春秋漢議駁二卷，服虔撰，亡。

駮何氏漢議二卷鄭玄撰。

春秋成長説九卷服虔撰。梁有春秋左氏達義一卷，漢司徒掾王玢撰，亡。

春秋塞難三卷服虔撰。梁有春秋雜議難五卷，漢少府孔融撰；春秋左氏釋駁一卷，王朗撰。亡。

春秋説要十卷魏樂平太守糜信撰。

春秋釋例十五卷杜預撰。梁有春秋釋例引序一卷，齊正員郎杜乾光撰，亡。

春秋左氏傳評二卷杜預撰。

春秋條例十一卷晉太尉劉寔撰。梁有春秋公羊達義三卷，劉寔撰，亡。

春秋經例十二卷晉方範撰。梁有春秋釋滯十卷，晉尚書左丞殷興撰；春秋釋難三卷，晉護軍范堅撰。亡。

春秋左氏傳條例二十五卷

春秋義例十卷

春秋左傳例苑十九卷梁有春秋經傳説例疑隱一卷，吴略撰；春秋左氏分野一卷；春秋十二公名一卷，鄭玄撰。亡。

春秋左氏經傳通解四卷王述之撰。

春秋左氏傳賈服異同略五卷孫毓撰。

春秋左氏函傳義十五卷干寶撰。

春秋左氏區別三十卷宋尚書功論郎何始真撰[四三]。

春秋文苑六卷

春秋叢林十二卷

春秋義林一卷

春秋大夫辭三卷

春秋嘉語六卷

春秋左氏諸大夫世譜十三卷

春秋五辯二卷梁五經博士沈宏撰。

春秋辯證六卷

春秋旨通十卷王述之撰。

春秋經傳解六卷崔靈恩撰。

春秋申先儒傳論十卷崔靈恩撰。

春秋左氏傳立義十卷崔靈恩撰。

劉寔等集解春秋序一卷

春秋序論二卷干寶撰。

春秋序一卷賀道養注。

春秋序一卷崔靈恩撰。

春秋序一卷田元休注。

春秋左傳杜預序集解一卷劉炫注。

春秋左氏經傳義略二十五卷陳國子博士沈文阿撰。

王元規續沈文阿春秋左氏傳義略十卷

春秋義略三十卷陳右軍將軍張沖撰。

春秋左氏義略八卷

春秋五十凡義疏二卷

春秋左氏傳述義四十卷東京太學博士劉炫撰。

春秋序義疏一卷梁有春秋發題一卷，梁簡文帝撰；春秋左氏圖十卷，漢太子太傅嚴彭祖撰；古今春秋盟會地圖一卷。亡。

春秋公羊傳十二卷嚴彭祖撰。

春秋公羊解詁十一卷漢諫議大夫何休注。

春秋公羊經傳十三卷晉散騎常侍王愆期注。

梁有春秋公羊傳十二卷，晉河南太守高龍注；春秋公羊傳十四卷，孔衍集解；春秋公羊音，李軌、晉徵士江惇撰〔四四〕，各一卷。

春秋繁露十七卷漢膠西相董仲舒撰。

春秋決事十卷董仲舒撰。

春秋決疑論一卷

春秋左氏膏肓十卷何休撰。

春秋穀梁廢疾三卷何休撰。

春秋漢議十三卷何休撰。

駁何氏漢議二卷鄭玄撰。梁有漢議駁二卷，服虔撰，亡。

駁何氏漢議敍一卷

春秋公羊墨守十四卷何休撰。

春秋公羊例序五卷刁氏撰。

春秋公羊諡例一卷何休撰。梁有春秋公羊傳條例一卷，何休撰；春秋公羊傳問答五卷，荀爽問，魏安平太守徐欽答；春秋公羊論二卷，晉車騎將軍庾翼問，王愆期答。亡。

春秋公羊解序一卷鮮于公撰。

春秋公羊疏十二卷

春秋穀梁傳十三卷吴僕射唐固注。梁有春秋穀梁傳十五卷，漢諫議大夫尹更始撰〔四五〕，亡。

春秋穀梁傳十二卷魏樂平太守麋信注〔四六〕。

穀梁傳十卷晉堂邑太守張靖注。梁有春秋穀梁傳十三卷，晉給事郎徐乾注；春秋穀梁傳十卷，胡訥集解。亡。

春秋穀梁傳十六卷程闡撰。

春秋穀梁傳十四卷孔衍撰。

春秋穀梁傳十二卷徐邈撰。

春秋穀梁傳十四卷段肅注，疑漢人。

春秋穀梁傳五卷孔君指訓〔四七〕，殘缺。梁十四卷。

春秋穀梁傳十二卷范甯集解。梁有穀梁音一

卷，亡。

春秋穀梁傳四卷殘缺，張、程、孫、劉四家集解。

麋信理何氏漢議二卷魏人〔四八〕。

春秋穀梁傳義十卷徐邈撰。

春秋議十卷何休撰。

徐邈答春秋穀梁義三卷

薄叔玄問穀梁義二卷梁四卷。

春秋穀梁傳例一卷范甯撰。

春秋公羊穀梁集傳十二卷〔四九〕晉博士劉兆撰。

春秋穀梁廢疾三卷何休撰，鄭玄釋，張靖箋。

春秋公羊穀梁二傳評三卷

春秋三家經本訓詁十二卷賈逵撰。宋有三家經二卷，亡。

春秋三傳論十卷魏大長秋韓益撰。

春秋經合三傳十卷潘叔度撰。

春秋成奪十卷潘叔度撰。

春秋三傳評十卷胡訥撰。梁有春秋集三師難三卷，春秋集三傳經解十卷，胡訥撰。今亡。

春秋土地名三卷晉裴秀客京相璠等撰。

春秋外傳國語二十卷賈逵注。

春秋外傳國語二十一卷虞翻注。

春秋外傳章句一卷王肅撰。梁二十二卷。

春秋外傳國語二十二卷韋昭注。

春秋外傳國語二十卷晉五經博士孔晁注。

春秋外傳國語二十一卷唐固注。梁有春秋古今盟會地圖一卷，亡。

右九十七部，九百八十三卷。通計亡書，合一百三十部，一千一百九十二卷。

春秋者，魯史策書之名。昔成周微弱，典章淪廢，魯以周公之故，遺制尚存。仲尼因其舊史，裁而正之，或婉而成章，以存大順，或直書其事，以示首惡。故有求名而亡，欲蓋而彰，亂臣賊子，於是大懼。其所褒貶，不可具書，皆口授弟子。弟子退而異說，左丘明恐失其真，乃爲之傳。遭秦滅學，口說尚存。漢初，有公羊、穀梁、鄒氏、夾氏，四家並行。王莽之亂，鄒氏無師，夾氏亡。初齊人胡母子都，傳公羊春秋，授東海嬴公。嬴公授東海孟卿，孟卿授魯人眭孟，眭孟授東海嚴彭祖、魯人顏安樂。故後漢公羊有嚴氏、顏氏之學，與穀梁三家並立。漢末，何休又作公羊解詁〔五〇〕。而左氏，漢初出於張蒼之家，本無傳者。至文帝時，梁太傅賈誼爲訓詁，授趙人貫公。其後劉歆典校經籍，考而正之，欲立於學，諸儒莫應。至建武中，尚書令韓歆請立而未行。時陳元最明左傳，又上書訟之。於是乃以魏郡李封爲左氏博士。後羣儒蔽固者，數廷爭之。及封卒，遂罷。然諸儒傳左氏者甚衆。永平中，能爲左氏者，擢高第爲講郎。其後賈逵、服虔並爲訓解。至魏，遂行於世。晉時，杜預又爲經傳集解。穀梁范甯注、公羊何休注、左氏服虔、杜預注，俱立國學。然公羊、穀梁，但試讀文，而不能通其義。後學三傳通講，而左氏唯傳服義。至隋，杜氏盛行，服義及公羊、穀梁浸微，今殆無師說。

古文孝經一卷孔安國傳。梁末亡逸，今疑非古本。

孝經一卷鄭氏注。梁有馬融、鄭衆注孝經二卷，亡。

孝經一卷王肅解。梁有魏散騎常侍蘇林，吏部尚書何晏，光禄大夫劉邵，孫氏等注孝經各一卷，亡。

孝經解讚一卷韋昭解。

孝經嘿注一卷徐整注。

集解孝經一卷謝萬集。

集議孝經一卷晉中書郎荀昶撰，亡[五一]。

集議孝經一卷晉東陽太守袁敬仲集[五二]。梁有孝經皇義一卷，宋均撰；又有晉給事中楊泓，處士虞槃佐、孫氏，東陽太守殷仲文，晉陵太守殷叔道，丹陽尹車胤，孔光各注孝經一卷；荀昶注孝經二卷；宋何承天、費沈，齊光禄大夫王玄載，國子博士明僧紹，梁五經博士嚴植之，尚書功論郎曹思文，羽林監江係之，江遜等注孝經各一卷；釋慧始注孝經一卷；陶弘景集注孝經一卷；諸葛循孝經序一卷。亡。

孝經一卷釋慧琳注。梁有晉穆帝時晉孝經一卷，武帝時送總明館孝經講、議各一卷，宋大明中東宮講，齊永明三年東宮講，齊永明中諸王講及賀瑒講、議孝經義疏各一卷，齊臨沂令李玉之爲始興王講孝經義疏二卷，亡。

孝經義疏十八卷梁武帝撰。梁有皇太子講孝經義三卷，天監八年皇太子講孝經義一卷，梁簡文孝經義疏五卷，蕭子顯孝經義疏一卷，亡。

孝經敬愛義一卷梁吏部尚書蕭子顯撰。

孝經私記四卷無名先生撰。

孝經義一卷

孝經義疏一卷趙景韶撰。

孝經義疏三卷皇侃撰。

孝經私記二卷周弘正撰。

古文孝經述義五卷〔五三〕劉炫撰。

孝經講疏六卷徐孝克撰。

孝經義一卷梁揚州文學從事太史叔明撰。梁有孝經玄、孝經圖各一卷，孝經孔子圖二卷，亡。

國語孝經一卷

右十八部，合六十三卷。通計亡書，合五十九部，一百一十四卷。

夫孝者，天之經，地之義，人之行。自天子達於庶人，雖尊卑有差，及乎行孝，其義一也。先王因之以治國家，化天下，故能不嚴而順，不肅而成。斯實生靈之至德，王者之要道。孔子既敍六經，題目不同，指意差別，恐斯道離散，故作孝經，以總會之，明其枝流雖分，本萌於孝者也。遭秦焚書，爲河間人顔芝所藏。漢初，芝子貞出之，凡十八章，而長孫氏、博士江翁、少府后蒼、諫議大夫翼奉〔五四〕、安昌侯張禹，皆名其學。又有古文孝經，與古文尚書同出，而長有閨門一章〔五五〕，其餘經文，大較相似，篇簡缺解，又有衍出三章，并前合爲二十二章，孔安國爲之傳。至劉向典校經籍，以顔本比古文，除其繁惑，以十八章爲定。鄭衆、馬融，並爲之注。又有鄭氏注，相傳或云鄭玄，其立義與玄所注餘書不同，故疑之。

梁代，安國及鄭氏二家，並立國學，而安國之本，亡於梁亂。陳及周、齊，唯傳鄭氏。至隋，祕書監王劭於京師訪得孔傳，送至河間劉炫。炫因序其得喪，述其議疏，講于人間，漸聞朝廷，後遂著令，與鄭氏並立。儒者諠諠，皆云炫自作之，非孔舊本，而祕府又先無其書。又云魏氏遷洛，未達華語，孝文帝命侯伏侯可悉陵，以夷言譯孝經之旨，教于國人，謂之國語孝經。今取以附此篇之末。

論語十卷鄭玄注。梁有古文論語十卷，鄭玄注；又王肅、虞翻、譙周等注論語各十卷。亡。

論語九卷鄭玄注，晉散騎常侍虞喜讚。

集解論語十卷何晏集。

集注論語六卷晉八卷，晉太保衞瓘注。梁有論語補闕二卷，宋明帝補衞瓘闕，亡。

論語集義八卷晉尚書左中兵郎崔豹集。梁十卷。

論語十卷晉著作郎李充注。

集解論語十卷晉廷尉孫綽解。梁有盈氏及孟整注論語各十卷[五六]，亡。

集解論語十卷晉兗州別駕江熙解。

論語七卷盧氏注。梁有晉國子博士梁覬、益州刺史袁喬、尹毅、司徒左長史張馮及暢惠明[五七]、宋新安太守孔澄之、齊員外郎虞遐及許容、曹思文注，釋僧智略解，梁太史叔明集解，陶弘景集注論語各十卷；又論語音二卷，徐邈等撰。亡。

論語難鄭一卷梁有古論語義注譜一卷，徐氏撰；論語隱義注三卷，論語義注三卷。亡。

論語難鄭一卷

論語標指一卷司馬氏撰。

論語雜問一卷

論語孔子弟子目録一卷鄭玄撰。

論語體略二卷晉太傅主簿郭象撰。

論語旨序三卷晉衛尉繆播撰。

論語釋疑三卷王弼撰。

論語釋一卷張憑撰。

論語釋疑十卷晉尚書郎欒肇撰。梁有論語釋駁三卷，王肅撰；論語駁序二卷，欒肇撰；論語隱一卷，郭象撰；論語藏集解一卷，應琛撰；論語釋一卷，曹毗撰；論語君子無所爭一卷，庾亮撰；論語釋一卷，李充撰；論語釋一卷，庾翼撰；論語義一卷，王濛撰；又蔡系論語釋一卷，張隱論語釋一卷，郄原通鄭一卷，王氏修鄭錯一卷，姜處道論釋一卷。亡。

論語別義十卷范廙撰。梁有論語疏八卷，宋司空法曹張略等撰；新書對張論十卷，虞喜撰。

論語義疏十卷褚仲都撰。

論語義疏十卷皇侃撰。

論語述義十卷劉炫撰。

論語義疏八卷

論語講疏文句義五卷徐孝克撰，殘缺。

論語義疏二卷張沖撰。梁有論語義注圖十二卷，亡。

孔叢七卷陳勝博士孔鮒撰。梁有孔志十卷，梁太尉參軍劉被撰，亡。

孔子家語二十一卷王肅解。梁有當家語二

卷，魏博士張融撰，亡。

孔子正言二十卷梁武帝撰。

爾雅三卷漢中散大夫樊光注。梁有漢劉歆、犍爲文學、中黄門李巡爾雅注各三卷〔五八〕，亡。

爾雅七卷孫炎注。

爾雅五卷郭璞注。

集注爾雅十卷梁黄門郎沈琁注。

爾雅音八卷祕書學士江漼撰。梁有爾雅音二卷，孫炎、郭璞撰。

爾雅圖十卷郭璞撰。梁有爾雅圖讚二卷，郭璞撰，亡。

廣雅三卷魏博士張揖撰。梁有四卷。

廣雅音四卷祕書學士曹憲撰。

小爾雅一卷李軌略解。

方言十三卷漢揚雄撰，郭璞注。

釋名八卷劉熙撰。

辯釋名一卷韋昭撰。

五經音十卷徐邈撰。

五經正名十二卷劉炫撰。

白虎通六卷

五經異義十卷後漢太尉祭酒許慎撰。

五經然否論五卷晉散騎常侍譙周撰。

五經拘沈十卷晉高涼太守楊方撰。

五經大義三卷戴逵撰。梁有通五經五卷，王氏撰；五經咨疑八卷，周楊撰；五經異同評一卷，賀瑒撰；五經祕表要三卷〔五九〕。亡。

五經大義十卷後周縣伯中大夫樊文深撰。

經典大義十二卷沈文阿撰。

五經大義五卷何妥撰。

五經通義八卷梁九卷。

五經義六卷梁七卷。梁又有五經義略一卷，亡。

五經要義五卷梁十七卷，雷氏撰。

五經析疑二十八卷邯鄲綽撰。

五經宗略二十三卷元延明撰。

五經雜義六卷孫暢之撰。

長春義記一百卷梁簡文帝撰。

大義九卷

遊玄桂林九卷張譏撰。

六經通數十卷梁舍人鮑泉撰。

七經義綱二十九卷樊文深撰。

七經論三卷樊文深撰。

質疑五卷樊文深撰。

經典玄儒大義序録二卷沈文阿撰。

玄義問答二卷

六藝論一卷鄭玄撰。

聖證論十二卷王肅撰。

鄭志十一卷魏侍中鄭小同撰。

鄭記六卷鄭玄弟子撰。

謚法三卷劉熙撰。

謚法十卷特進、中軍將軍沈約撰。

謚法五卷梁太府卿賀瑒撰[六〇]。

江都集禮一百二十六卷

右七十三部，七百八十一卷。通計亡書，合一百一十六部，一千二十七卷。

論語者，孔子弟子所録。孔子既敍六經，講於洙、泗之上，門徒三千，達者七十。其與夫子應答，及私相講肄，言合於道，或書之於紳，或事之無厭。仲尼既没，遂緝而論之，謂之論語。漢初，有齊、魯之説。其齊人傳者，二十二篇；魯人傳者，二十篇。齊則昌邑中尉王吉、少府宗畸、御史大夫貢禹、尚書令五鹿充宗、膠東庸生。魯則常山都尉龔奮、長信少府夏侯勝、韋丞相節侯父子、魯扶卿、前將軍蕭望之、安昌侯張禹，並名其學。張禹本授魯論，晚講齊論，後遂合而考之，刪其煩惑。除去齊論問王、知道二篇，從魯論二十篇爲定，號張侯論，當世重之。周氏、包氏，爲之章句，馬融又爲之訓。又有古論語，與古文尚書同出，章句煩省，與魯論不異，唯分子張爲二篇，故有二十一篇。孔安國爲之傳。漢末，鄭玄以張侯論爲本，參考齊論、古論而爲之注。魏司空陳羣、太常王肅、博士周生烈，皆爲義說。吏部尚書何晏，又爲集解。是後諸儒多爲之注，齊論遂亡。古論先無師說，梁、陳之時，唯鄭玄、何晏立於國學，而鄭氏甚微。周、齊，鄭學獨立。至隋，何、鄭並行，鄭氏盛於人間。其孔叢、家語，並孔氏所傳仲尼之旨。爾雅諸書，解古今之意，并五經總義，附于此篇。

河圖二十卷梁河圖洛書二十四卷，目錄一卷，亡。

河圖龍文一卷

易緯八卷鄭玄注。梁有九卷。

尚書緯三卷鄭玄注。梁六卷。

尚書中候五卷鄭玄注。梁有八卷，今殘缺。

詩緯十八卷魏博士宋均注。梁十卷。

禮緯三卷鄭玄注，亡[六一]。

禮記默房二卷宋均注。梁有三卷，鄭玄注，亡。

樂緯三卷宋均注。梁有樂五鳥圖一卷，亡。

春秋災異十五卷郗萌撰。梁有春秋緯三十卷，宋均注；春秋内事四卷，春秋包命二卷，春秋祕事十一卷，書易詩孝經春秋河洛緯祕要一卷，五帝鉤命決圖一卷。亡。

孝經勾命決六卷宋均注。

孝經援神契七卷宋均注。

孝經内事一卷梁有孝經雜緯十卷，宋均注；孝經元命包一卷，孝經古祕援神二卷，孝經古祕圖一卷，孝經左右握二卷，孝經左右契圖一卷，孝經雌雄圖三卷，孝經異本雌雄圖二卷，孝經分野圖一卷，孝經内事圖二卷，孝經内事星宿講堂七十二弟子圖一卷，又口授圖一卷；又論語讖八卷，宋均注；孔老讖十二卷，老子河洛讖一卷，尹公讖四卷，劉向讖一卷，雜讖書二十九卷，堯戒舜禹一卷，孔子王明鏡一卷，郭文金雄記一卷，王子年歌一卷，嵩高道士歌一卷。亡。

右十三部，合九十二卷。通計亡書，合三十二部，共二百三十二卷。

易曰：「河出圖，洛出書。」然則聖人之受命也，必因積德累業，豐功厚利，誠著天地，澤被生人，萬物之所歸往，神明之所福饗，則有天命之應。蓋龜龍銜負，出於河、洛，以紀易代之徵，其理幽昧，究極神道。先王恐其惑人，祕而不傳。說者又云，孔子既敘六經，以明天人之道，知後世不能稽同其意，故別立緯及讖，以遺來世。其書出於前漢，有河圖九篇，洛書六篇，云自黄帝至周文王所受本文。又别有三十篇，云自初起至于孔子，九聖之所增演，以廣其意。又有七經緯三十六篇，並云孔子所作，并前合爲八十一篇。而又有尚書中候、洛罪級、五行傳，詩推度災、氾曆樞、含神務，孝經勾命决、援神契、雜讖等書。漢代有郗氏、袁氏説。漢末，郎中郗萌，集圖緯讖雜占爲五十篇，謂之春秋災異。宋均、鄭玄，並爲讖律之注。然其文辭淺俗，顛倒舛謬，不類聖人之旨。相傳疑世人造爲之後，或者又加點竄，非其實録。起王莽好符命，光武以圖讖興，遂盛行於世。漢時，又詔東平王蒼，正五經章句，皆命從讖。俗儒趨時，益爲其學，篇卷第目，轉加增廣。言五經者，皆憑讖爲説。唯孔安國、毛公、王璜、賈逵之徒獨非之，相承以爲祆妄，亂中庸之典。故因漢魯恭王、河間獻王所得古文，參而考之，以成其義，謂之「古學」。當世之儒，又非毁之，竟不得行。魏代王肅，推引古學，以難其義。王弼、杜預，從而明之，自是古學稍立。至宋大明中，始禁圖讖，梁天監已後，又重其制。及高祖受禪，禁之踰切。煬帝即位，乃發使四出，搜天下書籍與讖緯相涉者，皆焚之，爲吏所糾者至死。自是無復其學，祕府之内，亦多散亡。今録其見存，列于六經之下，以備異説。

三蒼三卷郭璞注。秦相李斯作蒼頡篇，漢揚雄作訓纂篇，後漢郎中賈魴作滂喜篇，故曰三蒼。梁有蒼頡二卷，後漢司空杜林注，亡。

埤蒼三卷張揖撰。梁有廣蒼一卷，樊恭撰，亡。

急就章一卷漢黄門令史游撰。

急就章二卷崔浩撰。

急就章三卷豆盧氏撰。

吴章二卷陸機撰。

小學篇一卷晉下邳内史王義撰。

少學九卷楊方撰。

始學一卷

勸學一卷蔡邕撰。有司馬相如凡將篇，班固太甲篇、在昔篇，崔瑗飛龍篇〔六二〕，蔡邕聖皇篇、黄初篇、吴章篇，蔡邕女史篇，合八卷；又幼學二卷，朱育撰；始學十二卷，吴郎中項峻撰；又月儀十二卷。亡。

發蒙記一卷晉著作郎束皙撰〔六三〕。

啓蒙記三卷晉散騎常侍顧愷之撰。

啓疑記三卷顧愷之撰。

千字文一卷梁給事郎周興嗣撰。

千字文一卷梁國子祭酒蕭子雲注。

千字文一卷胡肅注。

篆書千字文一卷

演千字文五卷

草書千字文一卷

古今字詁三卷張揖撰。梁有難字一卷，錯誤字一卷，並張揖撰〔六四〕；異字二卷，朱育撰；字屬一卷，賈魴撰。亡。

雜字解詁四卷魏掖庭右丞周氏撰。梁有解文字七卷，周成撰；字義訓音六卷，古今字苑十卷，曹侯彦撰。亡。

雜字指一卷後漢太子中庶子郭顯卿撰。

字指二卷晉朝議大夫李彤撰。梁有單行字四卷，李彤撰；又字偶五卷。亡。

說文十五卷許慎撰。梁有演說文一卷，庾儼默注，亡。

說文音隱四卷

字林七卷晉弦令呂忱撰。

字林音義五卷宋揚州督護吴恭撰。

古今字書十卷

字書三卷

字書十卷

字統二十一卷陽承慶撰〔六五〕。

玉篇三十一卷陳左衞將軍顧野王撰〔六六〕。

字類敍評三卷侯洪伯撰。

要字苑一卷宋豫章太守謝康樂撰。梁有常用字訓一卷，殷仲堪撰；要用字對誤四卷〔六七〕，梁輕車參軍鄒誕生撰，亡。

要用雜字三卷鄒里撰。梁有文字要記三卷，王義撰，亡。

俗語難字一卷祕書少監王劭撰。

雜字要三卷密州行參軍李少通撰。

文字整疑一卷

正名一卷

文字集略六卷梁文貞處士阮孝緒撰。

今字辯疑三卷李少通撰。

異字同音一卷梁有釋字同音三卷〔六八〕，宋散騎常侍吉文甫撰。

字宗三卷薛立撰。

文字譜一卷梁有古今文字序一卷，劉歆撰；文字統略一卷，焦子明撰。亡。

文字辯嫌一卷彭立撰。

辯字一卷戴規撰。

雜字音一卷

借音字一卷

音書考源一卷

聲韻四十一卷周研撰。

聲類十卷魏左校令李登撰。

韻集十卷

韻集六卷晉安復令呂靜撰。

四聲韻林二十八卷張諒撰。

韻集八卷段弘撰。

羣玉典韻五卷梁有文章音韻二卷，王該撰；又五音韻五卷。亡。

韻略一卷陽休之撰〔六九〕。

脩續音韻決疑十四卷李槩撰。

纂韻鈔十卷

四聲指歸一卷劉善經撰。

四聲一卷梁太子少傅沈約撰。

四聲韻略十三卷夏侯詠撰。

音譜四卷李槩撰。

韻英三卷釋靜洪撰。

通俗文一卷服虔撰。

訓俗文字略一卷後齊黃門郎顏之推撰。

證俗音字略六卷梁有詁幼二卷，顏延之撰；廣詁幼一卷，宋給事中荀楷撰。亡。

文字音七卷晉蕩昌長王延撰。梁有纂文三卷，亡。

翻真語一卷王延撰。

真言鑒誡一卷

字書音同異一卷

敍同音義三卷

河洛語音一卷王長孫撰。
國語十五卷
國語十卷
鮮卑語五卷
國語物名四卷後魏侯伏侯可悉陵撰。
國語真歌十卷
國語雜物名三卷侯伏侯可悉陵撰。
國語十八傳一卷
國語御歌十一卷
鮮卑語十卷
國語號令四卷
國語雜文十五卷
鮮卑號令一卷周武帝撰。
雜號令一卷
古文官書一卷後漢議郎衛敬仲撰。

古今奇字一卷郭顯卿撰。
六文書一卷
四體書勢一卷晉長水校尉衛恒撰。
雜體書九卷釋正度撰。
古今八體六文書法一卷
古今篆隸雜字體一卷蕭子政撰。
古今文等書一卷
篆隸雜體書二卷
文字圖二卷
古今字圖雜録一卷祕書學士曹憲撰。
婆羅門書一卷梁有扶南胡書一卷。
外國書四卷
秦皇東巡會稽刻石文一卷
一字石經周易一卷梁有三卷。
一字石經尚書六卷梁有今字石經鄭氏尚書八

卷，亡。

一字石經魯詩六卷梁有毛詩二卷，亡。

一字石經儀禮九卷

一字石經春秋一卷梁有一卷。

一字石經公羊傳九卷

一字石經論語一卷梁有二卷。

一字石經典論一卷

三字石經尚書九卷梁有十三卷。

三字石經尚書五卷

三字石經春秋三卷梁有十二卷。

右一百八部，四百四十七卷。通計亡書，合一百三十五部，五百六十九卷。

孔子曰：「必也正名乎？」名謂書字。「名不正則言不順，言不順則事不成。」說者以爲書之所起，起自黃帝蒼頡。比類象形謂之文，形聲相益謂之字，著於竹帛謂之書。故有象形、諧聲、會意、轉注、假借、處事六義之別。古者童子示而不誑，六年教之數與方名。十歲入小學，學書計。二十而冠，始習先王之道，故能成其德而任事。然自蒼頡訖于漢初，書經五變：一曰古文，即蒼頡所作。二曰大篆，周宣王時史籀所作。三曰小篆，秦時李斯所作。四曰隸書，程邈所作。五曰草書，漢初作。秦世既廢古文，始用八體，有大篆、小篆、刻符、摹印、蟲書、署書、殳書、隸書。漢時以六體教學童，有古文、奇字、篆書、隸書、繆篆、蟲鳥，并藁書、楷書、懸針、垂露、飛白等二十餘種之勢，皆出於上六書，因事生變也。魏世又有八分書。其字義訓讀，有史籀篇、蒼頡篇、三蒼、埤蒼、廣蒼等諸篇章訓詁，說文、字林音義，聲韻，體勢等諸書。自後漢佛法行於中國，又得西域胡書，能以十四字貫一切音，文省而義廣，謂之婆羅門書。與八體六文之義殊別。今取以附體勢之下。又後魏初定中原，軍容號令，皆以夷語。後染華俗，多不能通，故録其本言，相傳教習，謂之「國語」。今取以附音韻之末。又後漢鐫刻七經，著於石碑，皆蔡邕所書。魏正始中，又立三字石經〔七〇〕，相承以爲七經正字。後魏之末，齊神武執政，自洛陽徙于鄴都，行至河陽，值岸崩，遂没于水。其得至鄴者，不盈太半。至隋開皇六年，又自鄴京載入長安，置于祕書内省，議欲補緝，立于國學。尋屬隋亂，事遂寢廢，營造之司，因用爲柱礎。貞觀初，祕書監臣魏徵，始收聚之，十不存一。其相承傳拓之本，猶在祕府，并秦帝刻石，附於此篇，以備小學。

凡六藝經緯六百二十七部，五千三百七十一卷。通計亡書，合九百五十部，七千二百九十卷。

傳曰：「玉不琢，不成器，人不學，不知道。」古之君子，多識而不窮，畜疑以待問；學不踰等，教不陵節；言約而易曉，師逸而功倍；且耕且養，三年而成一藝。自孔子没而微言絶，七十子喪而大義乖，學者離羣索居，各爲異説。至于戰國，典文遺棄，六經之儒，不能究其宗旨，多立小數，一經至數百萬言。致令學者難曉，虚誦問答，脣腐齒落而不知益。

且先王設教，以防人欲，必本於人事，折之中道。上天之命，略而罕言，方外之理，固所未説。至後漢好圖讖，晉世重玄言，穿鑿妄作，日以滋生。先王正典，雜之以祅妄，大雅之論，汩之以放誕。陵夷至于近代，去正轉疎，無復師資之法。學不心解〔七一〕，專以浮華相尚，豫造雜難，擬爲儲對，遂有芟角、反對、互從等諸翻競之説。馳騁煩言，以紊彝敍，譊譊成俗，而不知變，此學者之蔽也。班固列六藝爲九種，或以緯書解經，合爲十種。

校勘記

〔一〕兵書兵家術數　「兵書兵家」，册府卷六〇八學校部目録作「兵書家」，玉海卷五二藝文書目作「兵書」，疑後「兵」字衍。

〔二〕西曰寶蹟臺　姚振宗考證卷二三：「諸本皆脱『蹟』字，今從張彦遠歷代名畫記補。」據補。按，隋書經籍志的校勘除吸收姚振宗的研究成果外，主要還參考了章宗源隋書經籍志考證、張鵬一隋書經籍志補以及興膳宏、川合康三隋書經籍志詳攷等，除特別情況外，以下參考這幾種著作不一一注明。

〔三〕齊安西參軍　「西」字原闕，據經典釋文卷一序録補。

〔四〕梁有臨海令伏曼容　「令」，疑當作「太守」。按，梁書卷四八、南史卷七一儒林伏曼容傳、册府卷六〇六學校部注釋，曼容自司馬出爲「臨海太守」。

〔五〕謝萬等注　舊唐書卷四六經籍志上、新唐書卷五七藝文志一無「等」字，疑衍。

〔六〕揚州刺史顧夷　「刺史」疑誤。按，本書卷三三經籍志二、卷三四經籍志三、世説新語卷上文學劉孝標注引顧氏譜俱作「主簿」。册府卷六〇五學校部注釋：「顧夷爲揚州從事，撰難王輔嗣義一卷。」主簿可稱從事。

〔七〕劉瓛　原作「劉巘」，據宋甲本、大德本、南監本、北監本、汲本、殿本改。劉瓛，南齊書卷三九、南史卷五〇有傳。

〔八〕張譏　原作「張機」，據宋甲本改。按，舊唐書卷四六經籍志上、新唐書卷五七藝文志一、通志卷六三藝文略易亦作「張譏」。張譏，陳書卷三三有傳。下文同改，不另出校。

〔九〕周易文句義二十卷　舊唐書卷四六經籍志上著録梁蕃周易文句義疏二十卷，新唐書卷五七藝文志一亦載「梁蕃文句義疏二十卷」，疑即同書。

〔一〇〕顔氏撰　據隋志著録體例，佚書或殘書附見於相關存書目下，並注明殘缺或亡佚情況，此「顔氏撰」下當闕書「殘缺」或「亡」字。以下此類情況凡不涉及其他錯誤，不另出校。

〔一一〕吴太尉范順問劉毅答　「吴太尉」三字原在「劉毅」上，侯康補三國藝文志：「『吴太尉』三字當上屬。吴志孫皓傳有太尉范慎，又見孫登傳注，即其人也。順、慎古通。」今據乙正。

〔一二〕姚方興　原作「姚興方」，據經典釋文卷一序録、史通卷一二古今正史、册府卷六〇六學校部注釋、玉海卷三七藝文漢古文尚書乙正。

〔一三〕侯苞　殿本作「侯芭」。本書卷三四經籍志三子部儒家類著録侯苞注揚子法言六卷，漢書卷八七下揚雄傳下載，鉅鹿人侯芭「從雄居，受其太玄、法言」，可知「侯苞」、「侯芭」應指同一人。宋人論詩，多「侯苞」、「侯芭」雜稱。姚振宗考證卷三：「按，『苞』、『芭』字形相近，義亦相通，自來傳寫不一。」

〔一四〕詩神泉一卷漢有道徵士趙曄撰　後漢書卷七九下儒林下趙曄傳：「曄著吳越春秋、詩細歷神淵。」「泉」字避唐諱改。

〔一五〕河間太傅　「太傅」，原作「太守」，據日本國見在書目改。按，漢置河間國，後魏始設河間郡，毛萇應是漢河間王太傅。

〔一六〕劉楨　原作「劉禎」，據殿本改。按，劉楨，三國志卷二一魏書有傳。

〔一七〕有毛詩問難二卷　據隋志著録體例，凡見於七録著録，唐初亡佚或殘缺的書籍，俱稱「梁有」某書，疑此「有」上奪「梁」字。

〔一八〕舒援　疑當作「舒瑗」。按，孔穎達毛詩正義序：「近代爲義疏者有全緩、何胤、舒瑗。」又毛詩正義卷一二、卷二〇孔疏皆引作「舒瑗」。

〔一九〕宋奉朝請業遵　「宋」字原闕，據宋甲本、大德本、至順本、汲本補。

〔二〇〕梁又有周官寧朔新書八卷晉燕王師王懋約撰　「又」，原作「人」，據至順本改。又，本卷下文著録「禮記寧朔新書八卷」，注稱「王懋約注。梁有二十卷」。新唐書卷五七藝文志一：「司馬伷周官寧朔新書八卷，又禮記寧朔新書二十卷。並王懋約注。」據晉書卷三八宣五王琅邪王伷傳，伷起家寧朔將軍，與書名稱「寧朔」合，當從新唐書藝文志，寧朔新書撰者爲司馬伷，由王懋約作注。此誤題作王懋約撰。

〔二一〕蔡超　原作「蔡超宗」，據宋書卷六八武二王南郡王義宣傳、經典釋文卷一序録刪改。

〔二二〕司馬憲　原作「司馬瓛」，據梁書卷四八儒林伏曼容傳、册府卷五六四掌禮部儀注改。

〔二三〕何佟之撰亡　據隋志著録體例，正文著録見存書目，殘書或亡書入注文。此書在正文而稱「亡」，或誤入正文，或「亡」字衍。又，隋書求是謂此「亡」字應在上文「沈麟士撰」下，誤移於此。

〔二四〕梁國子助教皇侃　「梁」，原作「陳」。按，梁書卷四八儒林皇侃傳，侃卒於梁武帝大同十一年，不得稱「陳」，今據改。

〔二五〕喪服要集二卷晉征南將軍杜預撰　「喪服要集」，舊唐書卷四六經籍志上、新唐書卷五七藝文志一作「喪服要集議」。又，「征南將軍」，姚振宗考證卷四據晉書卷三四杜預傳，太康初杜預代羊祜爲「鎮南將軍」，認爲「征」當作「鎮」。今按，册府卷五六四掌禮部儀注亦作「鎮南將軍」，與姚説合；惟本傳又稱，預卒後追贈「征南將軍」，稱「征南將軍」或另有所本。

〔二六〕喪服要記六卷晉司空賀循撰　「記」字原闕，據新唐書卷五七藝文志一補。舊唐書卷四六經籍志上作「喪服要紀」。又，「六卷」，兩唐志俱作「五卷」，本卷下文另著録賀循「喪服要記十卷」（册府卷五六四掌禮部儀注、通志卷六四藝文略喪服同），卷數各有差歧。

〔二七〕宋員外郎散騎常侍庾蔚之　「常侍」二字原闕。按，本卷下文作「員外常侍庾蔚之」，册府卷五六四掌禮部儀注作「員外散騎常侍」，今據補。

〔二八〕喪服釋疑二十卷劉智撰　「劉智」，原作「孔智」，據晉書卷四一劉寔傳附劉智傳、通典卷八一禮四一凶禮改。又，「喪服釋疑」，晉書作「喪服釋疑論」，通典卷八九禮四九凶禮作「釋疑答問」，卷九五禮五五凶禮等多處作「釋疑」。

〔二九〕喪服世行要記十卷齊光禄大夫王逡撰　「王逡」，原作「王逸」，舊唐書卷四六經籍志上、新唐書卷五七藝文志一作「王逡之」。王逡之，南齊書卷五二、南史卷二四有傳，稱撰世行五卷。六朝人名或綴「之」字，王逡之即王逡，因字形相近誤作「王逸」，今據改。又，「喪服世行要記」，舊唐書經籍志、新唐書藝文志作「喪服五代行要記」。

〔三〇〕喪服疑問一卷樊氏撰　周書卷四五儒林樊深傳：「撰孝經、喪服問疑各一卷」，疑即此書，惟「疑問」作「問疑」。

〔三一〕侍中　「侍」，原作「時」，據宋甲本、至順本、汲本、殿本改。

〔三二〕禮記講疏　原作「禮記義疏」，據舊唐書卷四六經籍志上、新唐書卷五七藝文志一改。本條蓋涉下條「禮記義疏」而誤，參見本卷校勘記〔三三〕。

〔三三〕禮記義疏　原作「禮記講疏」。按，經典釋文卷一序録、舊唐書卷四六經籍志上、新唐書卷五七藝文志一俱作「禮記義疏」。梁書卷三武帝紀下，大同四年十二月「皇侃表上所撰禮記義疏五十卷」，即此。今據改。本書上條誤以「講」爲「義」，本條又以「義」爲「講」，上下相亂。

〔三四〕褚輝　原作「褚暉」，本書卷七五本傳作「褚輝」，今據改。

〔三五〕晉益陽令吴商　「益陽」，原作「益壽」，本書卷三五經籍志四集部別集類有「益陽令吴商集五卷」，晉書卷一五地理志下衡陽郡有益陽縣，無「益壽縣」，今據改。

〔三六〕周室王城明堂宗廟圖一卷祁諶撰　祁諶無考，本卷上文著録鄭玄、阮諶三禮圖九卷，本書卷一二禮儀志七亦曾引阮諶禮圖。又，卷六八宇文愷傳，愷上明堂議表稱：「自古明堂圖惟有二本，一是宗周，劉熙、阮諶、劉昌宗等作，三圖略同。一是後漢建武三十年作，禮圖有本，不詳撰人。」可證此時僅見的幾位明堂圖作者中有阮諶無祁諶，疑「祁諶」是「阮諶」之誤。

〔三七〕通計亡書合二百一十一部　「合」字原闕，據殿本補。按，殿本考證：「前後俱合亡書統算，此亦合現存書與亡書統算，部卷乃符。增『合』字。」

〔三八〕後漢唯曹充傳慶氏以授其子褒　「曹充」，原作「曹元」，後漢書卷三五曹褒傳：「曹褒字叔通，魯國薛人也。父充，持慶氏禮。」又，後漢書卷七九下儒林下衛宏傳：「建武中，曹充習慶氏學，傳其子褒。」今據改。參見康有爲新學僞經考隋書經籍志糾謬第十一。

〔三九〕王史氏記　原作「王氏史氏記」，漢書卷三〇藝文志禮類著録有「王史氏二十一篇」，禮類小序又稱「王史氏記」。錢大昕考異卷三四云：「王史，複姓也。漢有新豐令王史音，見廣韻。此衍一『氏』字。」今據删改。

〔四〇〕又足月令一篇　「足」，通典卷四一禮一禮序作「定」。

〔四一〕張鮮　南監本、殿本作「張解」。

〔四二〕事在聲樂志　今本隋書有音樂志無聲樂志。

〔四三〕何始真　原作「何賀真」，據宋書卷五七蔡廓傳附蔡興宗傳、新唐書卷五七藝文志一改。按，舊唐書卷四六經籍志上、册府卷六〇六學校部注釋作「何始貞」。

〔四四〕江惇　原作「江淳」，據經典釋文卷一序録、晉書卷五六江統傳附江惇傳改。

〔四五〕漢諫議大夫尹更始　「諫議大夫」，當作「諫大夫」。漢書卷七三韋賢傳附韋玄成傳兩見「諫大夫尹更始」。西漢有「諫大夫」，無「諫議大夫」，東漢始設「諫議大夫」，此「議」字當是衍文。

〔四六〕樂平太守麋信　「樂平」，原作「平樂」，本卷上文稱「魏樂平太守麋信」，魏書卷一〇六上地形志上有樂平郡，無「平樂」，今據改。

〔四七〕孔君指訓　原作「孔君揩訓」，據宋甲本、至順本、汲本改。按，玉海卷四〇藝文晉穀梁集解引隋志亦作「孔君指訓」。

〔四八〕麋信理何氏漢議二卷魏人　「魏人」下原有「撰」字，據至順本、汲本删。按，「魏人」者，注明著者麋信爲魏人，書名已出著者「麋信」，不當在注文中又稱「魏人撰」。又，玉海卷四〇藝文漢春秋議無「撰」字。

〔四九〕春秋公羊穀梁集傳　「集」字原闕，據宋甲本補。通志卷六三藝文略春秋亦作「春秋公羊穀梁集傳」。玉海卷四〇藝文春秋引隋志省作「劉兆公穀集傳十二卷」，可證。

〔五〇〕何休又作公羊解詁　「公羊解詁」，原作「公羊解説」，據本卷上文經部春秋類書目改。參見康有爲新學僞經考隋書經籍志糾謬第十一。

〔五一〕晉中書郎荀昶撰亡　「荀昶」，原作「荀勗」，據經典釋文卷一序録、唐會要卷七七論經義、日本國見在書目、册府卷六〇六學校部注釋改。下文「荀昶注孝經」同。又，經典釋文、册府稱荀昶爲宋中書郎，本書下文卷三五經籍志四集部别集類亦著録宋中書郎荀昶集，此「晉」，亦當作「宋」。復次，據隋志著録體例，亡書附見於注文，此「亡」字疑爲衍文。

〔五二〕晉東陽太守袁敬仲集　「袁敬仲」，經典釋文卷一序録作「袁彦伯」。按，東漢衞宏，字敬仲；晉東陽太守袁宏，字彦伯。隋志袁宏與衞宏相亂，誤題袁敬仲，當從經典釋文。參見本書卷三三校勘記〔四〇〕。

〔五三〕古文孝經述義　原作「千文孝經述義」，據通志卷六三藝文略孝經、玉海卷四一藝文漢古文孝經改。按，宋甲本作「十文」，亦誤。

〔五四〕諫議大夫翼奉　「諫議大夫」，當作「諫大夫」，漢書卷三〇藝文志孝經類小序、卷七五本傳、經典釋文卷一序録皆無「議」字。參見本卷校勘記〔四五〕。

〔五五〕長有閨門一章　「長」下原衍「孫」字。按，上文明謂長孫氏所傳孝經爲「十八章」，與漢書卷三〇藝文志著録合，屬今文學，而此敍古文孝經，不得夾入今文家。又據漢書藝文志，知古文孝經較今文多一章，經典釋文卷一序録明言古文孝經「別有閨門一章」，是長孫氏孝經無閨門一章無疑。「長有」成詞，意謂多出，爲六朝人校勘之語。皇侃論語義疏敍言「齊論題目與魯論大體不殊，而長有問王、知道二篇」，是其例。今據删。

〔五六〕孟整　原作「孟釐」，據經典釋文卷一序録、册府卷六〇五學校部注釋改。

〔五七〕暢惠明　原作「陽惠明」，據舊唐書卷四六經籍志上、新唐書卷五七藝文志一改。按，通志卷二九氏族略去聲：「陳留風俗傳有暢氏，不詳所出。齊有暢惠明，撰論語義十卷。」鄧名世古今姓氏書辨證卷三三引風俗通同。

〔五八〕梁有漢劉歆犍爲文學中黄門李巡爾雅注各三卷　「注」字原闕。按，經典釋文卷一序録爾雅「李巡注，三卷，汝南人，後漢中黄門」。舊唐書卷四六經籍志上、新唐書卷五七藝文志一同，今據補。

〔五九〕五經祕表要　「五經」，原作「五卷」，據宋甲本、至順本、殿本改。

〔六〇〕謚法五卷梁太府卿賀瑒　「卿」字原闕，據宋甲本、至順本補。又，「賀瑒」，舊唐書卷四六經籍志上、新唐書卷五七藝文志一作「賀琛」。按，賀琛爲賀瑒從子，叔侄俱以禮學名家。賀瑒梁書卷四八有傳，賀琛梁書卷三八有傳。據本傳，賀琛梁武帝時任太府卿，「詔琛撰新謚法，至今施用」。而賀瑒歷官無太府卿，且本傳亦不載曾著謚法一書，疑此處「賀瑒」當作「賀琛」。

〔六一〕禮緯三卷鄭玄注亡　據隋志著録體例，正文不録亡書，此「亡」字疑衍。

〔六二〕崔瑗　原作「崔援」，據宋甲本、汲本改。舊唐書卷四六經籍志上、新唐書卷五七藝文志一、通志卷六四藝文略法書亦作「崔瑗」。

〔六三〕束晳　原作「束晢」，據宋甲本、南監本改。晉書卷五一有傳，作「束晳」，「晢」通「晳」。據傳，晳才學博通，「其五經通論、發蒙記、補亡詩、文集數十篇，行于世云」。

〔六四〕錯誤字一卷並張揖撰　廣韻數引字諟，未及撰者。册府卷六〇八學校部小學著録有張揖撰「諟字一卷」，姚振宗考證卷一〇認爲，册府「諟字」應是「字諟」誤倒，而字諟則是錯誤字諟的省稱。此處「字」下疑奪「諟」字。

〔六五〕陽承慶　原作「楊承慶」，據魏書卷七二陽尼傳改。

〔六六〕陳左衞將軍顧野王　「衞」字原闕，據本書卷三五經籍志四集部别集類陳左衞將軍顧野王集補。又，陳書卷三〇、南史卷六九顧野王傳稱，至德二年贈「右衞將軍」，「左」、「右」形近易訛，姑存疑。

〔六七〕要用字對誤　日本國見在書目著録周字對語二卷，姚振宗考證卷一〇認爲，二者是同一書，「周」爲「用」之訛字，「對誤」應作「對語」。

〔六八〕釋字同音　原作「擇字同音」，據至順本、南監本、汲本、殿本改。册府卷六〇八學校部小學正作「釋字同音」。

〔六九〕陽休之　原作「楊休之」，據宋甲本改。陽休之，北齊書卷四二有傳。

〔七〇〕三字石經　原作「一字石經」，據三國志卷二一魏書劉劭傳裴注引衛恒序、晉書卷三六衛恒傳改。「三字石經」，又稱「三體石經」。

〔七一〕學不心解　「心」，原作「必」，據宋甲本、大德本、至順本、汲本改。

隋書卷三十三

志第二十八

經籍二 史

史記一百三十卷目録一卷，漢中書令司馬遷撰。
史記八十卷宋南中郎外兵參軍裴駰注。
史記音義十二卷宋中散大夫徐野民撰。
史記音三卷梁輕車録事參軍鄒誕生撰。
古史考二十五卷晉義陽亭侯譙周撰。
漢書一百一十五卷漢護軍班固撰，太山太守應劭集解。
漢書集解音義二十四卷應劭撰。
漢書音訓一卷服虔撰。
漢書音義七卷韋昭撰。
漢書音二卷梁尋陽太守劉顯撰。
漢書音二卷夏侯詠撰。
漢書音義十二卷國子博士蕭該撰。

漢書音十二卷廢太子勇命包愷等撰。

漢書集注十三卷晉灼撰。

漢書注一卷齊金紫光祿大夫陸澄撰。

漢書續訓三卷梁平北諮議參軍韋稜撰〔一〕。

漢書訓纂三十卷陳吏部尚書姚察撰。

漢書集解一卷姚察撰。

論前漢事一卷蜀丞相諸葛亮撰。

漢書駁議二卷晉安北將軍劉寶撰。

定漢書疑二卷姚察撰。

漢書敍傳五卷項岱撰。

漢疏四卷梁有漢書孟康音九卷〔二〕，劉孝標注漢書一百四十卷，陸澄注漢書一百二卷，梁元帝注漢書一百一十五卷，並亡。

東觀漢記一百四十三卷起光武記注至靈帝，長水校尉劉珍等撰。

後漢書一百三十卷無帝紀，吳武陵太守謝承撰。

後漢記六十五卷本一百卷，梁有，今殘缺。晉散騎常侍薛瑩撰。

續漢書八十三卷晉祕書監司馬彪撰。

後漢書十七卷本九十七卷，今殘缺。晉少府卿華嶠撰。

後漢書八十五卷本一百二十二卷，晉祠部郎謝沈撰。

後漢南記四十五卷〔三〕本五十五卷，今殘缺。晉江州從事張瑩撰。

後漢書九十五卷本一百卷，晉祕書監袁山松撰。

後漢書九十七卷宋太子詹事范曄撰。

後漢書一百二十五卷范曄本，梁剡令劉昭注。

後漢書音一卷後魏太常劉芳撰。

范漢音訓三卷陳宗道先生臧競撰〔四〕。

范漢音三卷蕭該撰。

後漢書讚論四卷范曄撰。

漢書纘十八卷范曄撰。梁有蕭子顯後漢書一百卷，王韶後漢林二百卷，韋闡後漢音二卷，亡。

魏書四十八卷晉司空王沈撰。

吴書二十五卷韋昭撰。本五十五卷，梁有，今殘缺。

吴紀九卷晉太學博士環濟撰。晉有張勃吴録三十卷，亡。

三國志六十五卷敍録一卷。晉太子中庶子陳壽撰，宋太中大夫裴松之注。

魏志音義一卷盧宗道撰。

論三國志九卷何常侍撰。

三國志評三卷徐爰撰〔五〕。梁有三國志序評三卷，晉著作佐郎王濤撰，亡。

晉書八十六卷本九十三卷，今殘缺。晉著作郎王隱撰。

晉書二十六卷本四十四卷，訖明帝，今殘缺。晉散騎常侍虞預撰。

晉書十卷未成，本十四卷，今殘缺。晉中書郎朱鳳撰，訖元帝。

晉中興書七十八卷起東晉。宋湘東太守何法盛撰。

晉書三十六卷宋臨川内史謝靈運撰。

晉書一百一十卷齊徐州主簿臧榮緒撰。

晉書十一卷本一百二卷，梁有，今殘缺。蕭子雲撰。

晉史草三十卷梁蕭子顯撰。梁有鄭忠晉書七卷，沈約晉書一百一十一卷，庾銑東晉新書七卷，亡。

宋書六十五卷宋中散大夫徐爰撰。

宋書六十五卷齊冠軍録事參軍孫嚴撰。

宋書一百卷梁尚書僕射沈約撰。梁有宋大明中所撰宋書六十一卷，亡。

齊書六十卷梁吏部尚書蕭子顯撰。

齊紀十卷劉陟撰。

齊紀二十卷沈約撰。梁有江淹齊史十三卷，亡。

梁書四十九卷梁中書郎謝吳撰，本一百卷〔六〕。

梁史五十三卷陳領軍、大著作郎許亨撰。

梁書帝紀七卷姚察撰。

通史四百八十卷梁武帝撰。起三皇，訖梁。

後魏書一百三十卷後齊僕射魏收撰。

後魏書一百卷著作郎魏彦深撰。

陳書四十二卷訖宣帝，陳吏部尚書陸瓊撰。

周史十八卷未成。吏部尚書牛弘撰。

右六十七部，三千八十三卷。通計亡書，合八十部，四千三十卷。

古者天子諸侯，必有國史，以紀言行，後世多務，其道彌繁。夏殷已上，左史記言，右史記事，周則太史、小史、内史、外史、御史，分掌其事，而諸侯之國，亦置史官。又春秋國語引周志、鄭書之説，推尋事迹，似當時記事，各有職司，後又合而撰之，總成書記。其後陵夷衰亂，史官放絶，秦滅先王之典，遺制莫存。至漢武帝時，始置太史公，命司馬談爲之，以掌其職。時天下計書，皆先上太史，副上丞相，遺文古事，靡不畢臻。談乃據左氏、國語、世本、戰國策、楚漢春秋，接其後事，成一家之言。談卒，其子遷又爲太史令，嗣成其志。上自黄帝，訖于炎漢，合十二本紀、十表、八書、三十世家、七十列傳，謂之史記。遷卒以後，好事者亦頗著述，然多鄙淺，不足相繼。至後漢扶風班彪，綴後傳數十篇，并譏正前失。彪卒，明帝命其子固，續成其志。以爲唐、虞、三代，世有典籍，史遷所記，乃以漢氏繼於百王之末，非其義也。故斷自高祖，終於孝平王莽之誅，爲十二紀、八表、十志、六十九傳，潛心積思，二十餘年。建初中，始奏表及紀傳，其十志竟不能就。固卒後，始命曹大家續成之。先是明帝召固爲蘭臺令史，與諸先輩陳宗、尹敏、孟冀等，共成光武本紀。擢固爲郎，典校祕書。固撰後漢事，作列傳載記二十八篇。其後劉珍、劉毅、劉陶、伏無忌等，相次著述東觀，謂之漢記。及三國鼎峙，魏氏及吴，並有史官。晉時，巴西陳壽删集三國之事，唯魏帝爲紀，其功臣及吴、蜀之主，並皆爲傳，仍各依其國，部類相從，謂之三國志。壽卒後，梁州大中正范頵表奏其事〔七〕，帝詔河南尹、洛陽令，就壽家寫之。自是世有著述，皆擬班、馬，以爲正史，作者尤廣。一代之史，至數十家。唯史記、漢書，師法相傳，並有解釋。三國志及范曄後漢，雖有音注，既近世之作，並讀之可知。梁時，明漢書有劉顯、韋稜，陳時有姚察，隋代有包愷、蕭該，並爲名家。史記傳者甚微。今依其世代，聚而編之，以備正史。

紀年十二卷汲冢書，并竹書同異一卷。

漢紀三十卷魏祕書監荀悦撰〔八〕。

後漢紀三十卷袁彦伯撰。

後漢紀三十卷張璠撰。

獻帝春秋十卷袁曄撰。

魏氏春秋二十卷孫盛撰。

魏紀十二卷左將軍陰澹撰。

漢魏春秋九卷孔舒元撰。

晉紀四卷陸機撰。

晉紀二十三卷〔九〕干寶撰。訖愍帝。

晉紀十卷晉前軍諮議曹嘉之撰。

漢晉陽秋四十七卷訖愍帝。晉滎陽太守習鑿齒撰。

晉紀十一卷訖明帝。晉荆州別駕鄧粲撰。

晉陽秋三十二卷訖哀帝。孫盛撰。

晉紀二十三卷宋中散大夫劉謙之撰。

晉紀十卷宋吴興太守王韶之撰。

晉紀四十五卷宋中散大夫徐廣撰。

續晉陽秋二十卷宋永嘉太守檀道鸞撰。

續晉紀五卷宋新興太守郭季産撰〔一〇〕。

宋略二十卷梁通直郎裴子野撰。

宋春秋二十卷梁吴興令王琰撰。

齊春秋三十卷梁奉朝請吴均撰。

齊典五卷王逸撰。

齊典十卷

三十國春秋三十一卷梁湘東世子蕭方等撰〔一一〕。

戰國春秋二十卷李槩撰。

梁典三十卷劉璠撰。

梁典三十卷陳始興王諮議何之元撰。

梁撮要三十卷陳征南諮議陰僧仁撰。

梁後略十卷姚最撰〔一二〕。

梁太清紀十卷梁長沙蕃王蕭韶撰。

淮海亂離志四卷蕭世怡撰〔一三〕。敍梁末侯景之亂。

齊紀三十卷紀後齊事。崔子發撰。

齊志十卷後齊事。王劭撰。

右三十四部，六百六十六卷。

自史官放絶，作者相承，皆以班、馬爲準。起漢獻帝，雅好典籍，以班固漢書文繁難省，命潁川荀悅作春秋左傳之體，爲漢紀三十篇。言約而事詳，辯論多美，大行於世。至晉太康元年，汲郡人發魏襄王冢，得古竹簡書，字皆科斗。發冢者不以爲意，往往散亂。帝命中書監荀勖、令和嶠，撰次爲十五部，八十七卷。多雜碎怪妄，不可訓知，唯周易、紀年，最爲分了。其周易上下篇，與今正同。紀年皆用夏正建寅之月爲歲首，起自夏、殷、周三代王事，無諸侯國別。唯特記晉國，起自殤叔，次文侯、昭侯，以至曲沃莊伯，盡晉國滅。獨記魏事，下至魏哀王，謂之「今王」。蓋魏國之史記也。其著書皆編年相次，文意大似春秋經。諸所記事，多與春秋左氏扶同。學者因之，以爲春秋則古史記之正法，有所著述，多依春秋之體。今依其世代，編而敍之，以見作者之別，謂之古史。

周書十卷汲冢書，似仲尼删書之餘。
古文瑣語四卷汲冢書。
春秋前傳十卷何承天撰。
春秋前傳雜語九卷何承天撰〔一四〕。
春秋後傳三十一卷晉著作郎樂資撰。
戰國策三十二卷劉向録。
戰國策二十一卷高誘撰注。
戰國策論一卷漢京兆尹延篤撰。
楚漢春秋九卷陸賈撰。
古今注八卷伏無忌撰。
越絶記十六卷子貢撰。
吴越春秋十二卷趙曄撰。
吴越春秋削繁五卷楊方撰。
吴越春秋十卷皇甫遵撰。
吴越記六卷
南越志八卷沈氏撰。
小史八卷
漢靈獻二帝紀三卷漢侍中劉艾撰〔一五〕，殘缺。
梁有六卷。
山陽公載記十卷樂資撰。
漢末英雄記八卷王粲撰，殘缺。梁有十卷。
九州春秋十卷司馬彪撰，記漢末事。
魏武本紀四卷梁并曆五卷。
魏尚書八卷孔衍撰。梁十卷，成。
魏晉世語十卷晉襄陽令郭頒撰。
魏末傳二卷梁又有魏末傳并魏氏大事三卷，亡。
吕布本事一卷毛范撰。

晉諸公讚二十一卷晉祕書監傅暢撰。
晉後略記五卷晉下邳太守荀綽撰。
晉書鈔三十卷梁豫章内史張緬撰。
晉書鴻烈六卷張氏撰。
宋中興伐逆事二卷
宋拾遺十卷梁少府卿謝綽撰。
左史六卷李槩撰。
魏國統二十卷梁祚撰。
梁帝紀七卷
梁太清録八卷
梁承聖中興略十卷劉仲威撰。
梁末代紀一卷
梁皇帝實録三卷周興嗣撰。記武帝事。
梁皇帝實録五卷梁中書郎謝吴撰〔一六〕。記元帝事。
棲鳳春秋五卷臧嚴撰。
陳王業曆一卷陳中書郎趙齊旦撰。
史要十卷漢桂陽太守衛颯撰。約史記要言，以類相從。
典略八十九卷魏郎中魚豢撰。
史漢要集二卷晉祠部郎王蔑撰。抄史記，入春秋者不録。
三史略二十九卷吴太子太傅張温撰。
史記正傳九卷張瑩撰。
後漢略二十五卷張緬撰。
漢皇德紀三十卷漢有道徵士侯瑾撰〔一七〕。起光武，至沖帝。
洞紀四卷韋昭撰。記庖犧已來，至漢建安二十七年。
續洞紀一卷臧榮緒撰。

帝王世紀十卷皇甫謐撰。起三皇，盡漢、魏。

帝王世紀音四卷虞綽撰。

帝王本紀十卷來奥撰。

續帝王世紀十卷何茂林撰〔一八〕。

十五代略十卷吉文甫撰。起庖犧，至晉。

帝王要略十二卷環濟撰。紀帝王及天官、地理、喪服。

周載八卷東晉臨賀太守孟儀撰。略記前代，下至秦。本三十卷，今亡。

漢書鈔三十卷晉散騎常侍葛洪撰。

拾遺録二卷僞秦姚萇方士王子年撰。

王子年拾遺記十卷蕭綺撰。

華夷帝王世紀三十卷楊曄撰。

正史削繁九十四卷阮孝緒撰。

童悟十二卷

帝王世録一卷甄鸞撰。

先聖本紀十卷劉縚撰。

年曆帝紀三十卷姚恭撰。

帝王諸侯世略十一卷

王霸記三卷潘傑撰。

歷代記三十二卷

隋書六十卷未成。祕書監王劭撰〔一九〕。

右七十二部，九百一十七卷。通計亡書，七十三部，九百三十九卷。

自秦撥去古文，篇籍遺散。漢初，得戰國策，蓋戰國遊士記其策謀。其後陸賈作楚漢春秋，以述誅鋤秦、項之事。又有越絶，相承以爲子貢所作。後漢趙曄，又爲吴越春秋。其屬辭比事，皆不與春秋、史記、漢書相似，蓋率爾而作，非史策之正也。靈、獻之世，天下大亂，史官失其常守。博達之士，愍其廢絶，各記聞見，以備遺亡。是後羣才景慕，作者甚衆。又自後漢已來，學者多鈔撮舊史，自爲一書，或起自人皇，或斷之近代，亦各其志，而體制不經。又有委巷之説，迂怪妄誕，真虚莫測。然其大抵皆帝王之事，通人君子，必博采廣覽，以酌其要，故備而存之，謂之雜史。

趙書十卷一曰二石集，記石勒事。僞燕太傅長史田融撰。

二石傳二卷晉北中郎參軍王度撰。

二石僞治時事二卷王度撰。

漢之書十卷常璩撰。

華陽國志十二卷常璩撰。梁有蜀平記十卷，蜀漢僞官故事一卷，亡。

燕書二十卷記慕容儁事。僞燕尚書范亨撰。

南燕録五卷記慕容德事。僞燕尚書郎張詮撰。

南燕録六卷記慕容德事。僞燕中書郎王景暉撰。

南燕書七卷遊覽先生撰。

燕志十卷記馮跋事〔一〇〕。後魏侍中高閭撰〔一一〕。

秦書八卷何仲熙撰〔一二〕。記苻健事。

秦記十一卷宋殿中將軍裴景仁撰，梁雍州主簿席惠明注〔一三〕。

秦紀十卷記姚萇事。魏左民尚書姚和都撰。

涼記八卷記張軌事。僞燕右僕射張諮撰。

涼書十卷記張軌事。僞涼大將軍從事中郎劉

景撰。

西河記二卷記張重華事。晉侍御史喻歸撰。

涼記十卷記吕光事。僞涼著作佐郎段龜龍撰。

涼書十卷高道讓撰。

涼書十卷沮渠國史。

托跋涼録十卷

敦煌實録十卷劉景撰。

十六國春秋一百卷魏崔鴻撰。

纂録一十卷

戰國春秋二十卷李槩撰。

漢趙記十卷和苞撰。

吐谷渾記二卷宋新亭侯段國撰。梁有翟遼書二卷，諸國略記二卷，永嘉後纂年記二卷，段業傳一卷，亡。

天啓紀十卷記梁元帝子諝據湘州事。

右二十七部，三百三十五卷。通計亡書，合三十三部，三百四十六卷。

傳曰：「不有君子，其能國乎？」自晉永嘉之亂，皇綱失馭，九州君長，據有中原者甚衆。或推奉正朔，或假名竊號，然其君臣忠義之節，經國字民之務，蓋亦勤矣。而當時臣子，亦各記録。後魏克平諸國，據有嵩、華，始命司徒崔浩，博采舊聞，綴述國史。諸國記注，盡集祕閣。尒朱之亂，並皆散亡。今舉其見在，謂之霸史。

穆天子傳六卷汲冢書。郭璞注。

漢獻帝起居注五卷

晉泰始起居注二十卷李軌撰。

晉咸寧起居注十卷李軌撰。

晉泰康起居注二十一卷李軌撰。

晉元康起居注一卷梁有永平元康永寧起居注六卷，又有惠帝起居注二卷，永嘉建興起居注十三卷，亡。

晉建武大興永昌起居注九卷梁有二十卷。

晉元康起居注一卷〔二四〕

晉咸和起居注十六卷李軌撰。

晉咸康起居注二十二卷

晉建元起居注四卷

晉永和起居注十七卷梁有二十四卷。

晉升平起居注十卷

晉隆和興寧起居注五卷

晉咸安起居注三卷

晉泰和起居注六卷梁十卷。

晉寧康起居注六卷

晉泰元起居注二十五卷梁五十四卷。

晉隆安起居注十卷

晉元興起居注九卷

晉義熙起居注十七卷梁三十四卷。

晉元熙起居注二卷

晉起居注三百一十七卷宋北徐州主簿劉道會撰。梁有三百二十二卷。

流別起居注三十七卷梁有晉宋起居注鈔五十一卷，晉宋先朝起居注二十卷，亡。

宋永初起居注十卷

宋景平起居注三卷

宋元嘉起居注五十五卷梁六十卷。

宋孝建起居注十二卷

宋大明起居注十五卷梁三十四卷，又有景和起居注四卷，明帝在蕃注三卷，亡。

宋泰始起居注十九卷梁二十三卷。

宋泰豫起居注四卷梁有宋元徽起居注二十卷〔二五〕，昇明起居注六卷，亡。

齊永明起居注二十五卷梁有三十四卷，又有建元起居注十二卷，隆昌延興建武起居注四卷，中興起居注四卷，亡。

梁大同起居注十卷

後魏起居注三百三十六卷

陳永定起居注八卷

陳天嘉起居注二十三卷

陳天康光大起居注十卷

陳太建起居注五十六卷

陳至德起居注四卷

後周太祖號令三卷

隋開皇起居注六十卷

南燕起居注一卷

右四十四部，一千一百八十九卷。

起居注者，録紀人君言行動止之事。春秋傳曰：「君舉必書，書而不法，後嗣何觀？」周官，内史掌王之命，遂書其副而藏之，是其職也。漢武帝有禁中起居注，後漢明德馬后撰明帝起居注，然則漢時起居，似在宮中，爲女史之職。然皆零落，不可復知。今之存者，有漢獻帝及晉代已來起居注，皆近侍之臣所録。晉時，又得汲冢書，有穆天子傳，體制與今起居正同，蓋周時内史所記王命之副也。近代已來，別有其職，事在百官志，今依其先後，編而次之。其僞國起居，唯南燕一卷，不可別出，附之於此。

漢武帝故事二卷

西京雜記二卷

漢魏吳蜀舊事八卷

晉朝雜事二卷

晉宋舊事一百三十五卷

晉要事三卷

晉故事四十三卷

晉建武故事一卷

晉咸和咸康故事四卷晉孔愉撰。

晉修復山陵故事五卷車灌撰。

交州雜事九卷記士燮及陶璜事〔二六〕。

晉八王故事十卷

晉四王起事四卷晉廷尉盧綝撰。

大司馬陶公故事三卷

郗太尉爲尚書令故事三卷

桓玄僞事三卷

晉東宮舊事十卷

秦漢已來舊事十卷

尚書大事二十卷范汪撰。

沔南故事三卷應思遠撰。

天正舊事三卷釋撰，亡名。

皇儲故事二卷

梁舊事三十卷内史侍郎蕭大圜撰〔二七〕。

東宮典記七十卷左庶子宇文愷撰。

開業平陳記二十卷

右二十五部，四百四卷。

古者朝廷之政，發號施令，百司奉之，藏于官府，各脩其職，守而弗忘。春秋傳曰「吾視諸故府」，則其事也。周官，御史掌治朝之法，太史掌萬民之約契與質劑，以逆邦國之治。然則百司庶府，各藏其事，太史之職，又總而掌之。漢時，蕭何定律令，張蒼制章程，叔孫通定儀法，條流派別，制度漸廣。晉初，甲令已下，至九百餘卷，晉武帝命車騎將軍賈充，博引羣儒，刪采其要，增律十篇。其餘不足經遠者爲法令，施行制度者爲令，品式章程者爲故事，各還其官府。搢紳之士，撰而録之，遂成篇卷，然亦隨代遺失。今據其見存，謂之舊事篇。

漢官解詁三篇漢新汲令王隆撰，胡廣注。

漢官五卷應劭注。

漢官儀十卷應劭撰。

漢官典職儀式選用二卷漢衛尉蔡質撰。梁有

荀攸魏官儀一卷，韋昭官儀職訓一卷，亡。

晉公卿禮秩故事九卷傅暢撰。

晉新定儀注十四卷梁有徐宣瑜晉官品一卷，

荀綽百官表注十六卷，干寶司徒儀一卷，宋職

官記九卷，晉百官儀服録五卷，大興二年定官

品事五卷，百官品九卷，亡。

百官階次一卷

齊職儀五十卷齊長水校尉王珪之撰。梁有王

珪之齊儀四十九卷，亡。
齊職儀五卷
梁選簿三卷徐勉撰。
梁勳選格一卷
職官要録三十卷陶藻撰。
梁官品格一卷
百官階次三卷
新定將軍名一卷
吏部用人格一卷
官族傳十四卷何晏撰。
百官春秋五十卷王秀道撰〔二八〕。
百官春秋二十卷
魏晉百官名五卷
晉百官名三十卷
晉官屬名四卷
陳百官簿狀二卷
陳將軍簿一卷
新定官品二十卷梁沈約撰。
梁尚書職制儀注四十一卷
職令古今百官注十卷郭演撰。

右二十七部，三百三十六卷。通計亡書，合三十六部，四百三十三卷。

古之仕者，名書於所臣之策，各有分職，以相統治。周官，冢宰掌建邦之六典，而御史數凡從正者。然則冢宰總六卿之屬，以治其政，御史掌其在位名數，先後之次焉。今漢書百官表列衆職之事，記在位之次，蓋亦古之制也。漢末，王隆、應劭等，以百官表不具，乃作漢官解詁、漢官儀等書。是後相因，正史表志，無復百僚在官之名矣。搢紳之徒，或取官曹名品之書，撰而録之，别行於世。宋、齊已後，其書益繁，而篇卷零疊，易爲亡散；又多瑣細，不足可紀，故删。其見存可觀者，編爲職官篇。

漢舊儀四卷衛敬仲撰。梁有衛敬仲漢中興儀一卷，亡。

晉新定儀注四十卷晉安成太守傅瑗撰。

晉雜儀注十一卷

晉尚書儀十卷

甲辰儀五卷江左撰。

封禪儀六卷

宋儀注十卷

宋儀注二十卷

宋尚書雜注十八卷本二十卷。

宋東宫儀記二十三卷宋新安太守張鏡撰。

徐爰家儀一卷

東宫新記二十卷蕭子雲撰。

梁吉禮儀注十卷明山賓撰。

梁賓禮儀注九卷賀瑒撰。案：梁明山賓撰吉儀注二百六卷，録六卷；嚴植之撰凶儀注四百七十九卷，録四十五卷；陸璉撰軍儀注一百九十卷，録二卷；司馬褧撰嘉儀注一百一十二卷〔二九〕，録三卷。並亡。存者唯嘉、吉及賓〔三〇〕，合十九卷。

皇典二十卷梁豫章太守丘仲孚撰。

雜凶禮四十二卷

政禮十卷何胤撰。梁有何胤士喪儀注九卷，亡。

雜儀注一百八十卷
陳尚書雜儀注五百五十卷
陳吉禮一百七十一卷
陳賓禮六十五卷
陳軍禮六卷
陳嘉禮一百二卷
後魏儀注五十卷
後齊儀注二百九十卷
雜嘉禮三十八卷
國親皇太子序親簿一卷
隋朝儀禮一百卷牛弘撰。
大漢輿服志一卷魏博士董巴撰。
魏晉謚議十三卷何晏撰。
汝南君諱議二卷
決疑要注一卷摯虞撰。
車服雜注一卷徐廣撰。
禮儀制度十三卷王逡之撰。
古今輿服雜事二十卷梁周遷撰。
晉鹵簿圖一卷
鹵簿儀二卷
陳鹵簿圖一卷
齊鹵簿儀一卷
諸衞左右廂旗圖樣十五卷
内外書儀四卷謝元撰。
書儀二卷蔡超撰。
書筆儀二十一卷謝朏撰。
宋長沙檀太妃薨弔答書十二卷
弔答儀十卷王儉撰。
書儀十卷王弘撰。
皇室儀十三卷鮑行卿撰。

吉書儀二卷王儉撰。

書儀疏一卷周捨撰。

新儀三十卷鮑泉撰。

文儀二卷梁脩端撰。

趙李家儀十卷録一卷，李穆叔撰。

書儀十卷唐瑾撰。

言語儀十卷

嚴植之儀二卷

邇儀四卷馬樞撰。

婦人書儀八卷

僧家書儀五卷釋曇瑗撰。

要典雜事五十卷

右五十九部，二千二十九卷。通計亡書，合六十九部，三千九十四卷。

儀注之興，其所由來久矣。自君臣父子，六親九族，各有上下親疏之別。養生送死，弔恤賀慶，則有進止威儀之數。唐、虞已上，分之爲三，在周因而爲五。周官，宗伯所掌吉、凶、賓、軍、嘉，以佐王安邦國，親萬民，而太史執書以協事之類是也。是時典章皆具，可履而行。周衰，諸侯削除其籍。至秦，又焚而去之。漢興，叔孫通定朝儀，武帝時始祀汾陰后土，成帝時初定南北之郊，節文漸具。後漢又使曹褒定漢儀，是後相承，世有制作。然猶以舊章殘缺，各遵所見，彼此紛爭，盈篇滿牘。而後世多故，事在通變，或一時之制，非長久之道，載筆之士，删其大綱，編于史志。而或傷於淺近，或失於未達，不能盡其旨要。遺文餘事，亦多散亡。今聚其見存，以爲儀注篇。

律本二十一卷杜預撰。

漢晉律序注一卷晉僮長張斐撰。

雜律解二十一卷張斐撰。案：梁有杜預雜律七卷，亡。

晉宋齊梁律二十卷蔡法度撰。

梁律二十卷梁義興太守蔡法度撰。

後魏律二十卷

北齊律十二卷目一卷。

陳律九卷范泉撰。

周律二十五卷

周大統式三卷

隋律十二卷

隋大業律十一卷

晉令四十卷

梁令三十卷録一卷。

梁科三十卷

北齊令五十卷

北齊權令二卷

陳令三十卷范泉撰。

陳科三十卷范泉撰。

隋開皇令三十卷目一卷。

隋大業令三十卷

漢朝議駮三十卷應劭撰。案：梁有建武律令故事二卷〔三一〕，劉劭律略論五卷〔三二〕，亡。

晉雜議十卷

晉彈事十卷

南臺奏事二十二卷

漢名臣奏事三十卷

魏王奏事十卷

魏名臣奏事四十卷目一卷，陳壽撰。

魏臺雜訪議三卷高堂隆撰。

魏廷尉決事十卷

晉駁事四卷

晉雜制六十卷

晉刺史六條制一卷

齊五服制一卷

陳新制六十卷

右三十五部，七百一十二卷。通計亡書，合三十八部，七百二十六卷。

刑法者，先王所以懲罪惡，齊不軌者也。書述唐、虞之世，五刑有服，而夏后氏正刑有五，科條三千。周官，司寇掌三典以刑邦國；司刑掌五刑之法，麗萬民之罪；太史又以典法逆于邦國；内史執國法以考政事。春秋傳曰：「在九刑不忘。」然則刑書之作久矣。蓋藏于官府，懼人之知爭端，而輕於犯。及其末也，肆情越法，刑罰僭濫。至秦，重之以苛虐，先王之正刑滅矣。漢初，蕭何定律九章，其後漸更增益，令甲已下，盈溢架藏。晉初，賈充、杜預，删而定之，有律，有令，有故事。梁時，又取故事之宜於時者爲梁科。後齊武帝時，又於麟趾殿删正刑典，謂之麟趾格。後周太祖，又命蘇綽撰大統式。隋則律令格式並行。自律已下，世有改作，事在刑法志。漢律久亡，故事駁議，又多零失。今録其見存可觀者，編爲刑法篇。

三輔决録七卷漢太僕趙岐撰，摯虞注。
海内先賢傳四卷魏明帝時撰。
四海耆舊傳一卷
海内士品一卷
先賢集三卷
兗州先賢傳一卷
徐州先賢傳一卷
徐州先賢傳贊九卷劉義慶撰。
海岱志二十卷齊前將軍記室崔慰祖撰〔三三〕。
交州先賢傳三卷晉范瑗撰〔三四〕。
益部耆舊傳十四卷陳長壽撰。
續益部耆舊傳二卷
諸國清賢傳一卷
魯國先賢傳二卷晉大司農白褒撰。
楚國先賢傳贊十二卷晉張方撰。
汝南先賢傳五卷魏周斐撰。
陳留耆舊傳二卷漢議郎圈稱撰。
陳留耆舊傳一卷魏散騎侍郎蘇林撰。
陳留先賢像贊一卷陳英宗撰。
陳留志十五卷東晉剡令江敞撰。
濟北先賢傳一卷
廬江七賢傳二卷
東萊耆舊傳一卷王基撰。
襄陽耆舊記五卷習鑿齒撰。
會稽先賢傳七卷謝承撰。
會稽後賢傳記二卷鍾離岫撰。
會稽典録二十四卷虞豫撰。
會稽先賢像贊五卷

漢世要記一卷

吴先賢傳四卷吴左丞相陸凱撰。

東陽朝堂像讚一卷晉南平太守留叔先撰。

豫章烈士傳三卷徐整撰。

豫章舊志三卷晉會稽太守熊默撰。

豫章舊志後撰一卷熊欣撰。

零陵先賢傳一卷

長沙耆舊傳讚三卷〔三五〕晉臨川王郎中劉彧撰。

桂陽先賢畫贊一卷〔三六〕吴左中郎張勝撰。

武昌先賢志二卷宋天門太守郭緣生撰。

蜀文翁學堂像題記二卷

聖賢高士傳贊三卷嵇康撰，周續之注。

高士傳六卷皇甫謐撰。

逸士傳一卷皇甫謐撰。

逸民傳七卷張顯撰。

高士傳二卷虞槃佐撰。

至人高士傳讚二卷晉廷尉卿孫綽撰。

高隱傳十卷阮孝緒撰。

高隱傳十卷

高僧傳六卷虞孝敬撰。

止足傳十卷

續高士傳七卷周弘讓撰。

孝子傳讚三卷王韶之撰〔三七〕。

孝子傳十五卷晉輔國將軍蕭廣濟撰。

孝子傳十卷宋員外郎鄭緝之撰。

孝子傳八卷師覺授撰。

孝子傳二十卷宋躬撰〔三八〕。

孝子傳略二卷

孝德傳三十卷梁元帝撰。

孝友傳八卷

曾參傳一卷

忠臣傳三十卷梁元帝撰。

顯忠録二十卷元懌撰〔三九〕。

丹陽尹傳十卷梁元帝撰。

英藩可録二卷張萬賢撰，邵武侯新注。

高才不遇傳四卷後齊劉晝撰。

良吏傳十卷鍾岏撰。

海内名士傳一卷

正始名士傳三卷袁敬仲撰〔四〇〕。

江左名士傳一卷劉義慶撰。

竹林七賢論二卷晉太子中庶子戴逵撰。

七賢傳五卷孟氏撰。

文士傳五十卷張隱撰〔四一〕。

列士傳二卷劉向撰。

陰德傳二卷宋光禄大夫范晏撰。

悼善傳十一卷

雜傳三十六卷任昉撰。本一百四十七卷，亡。

東方朔傳八卷

毌丘儉記三卷

管輅傳三卷管辰撰。

雜傳四十卷賀蹤撰。本七十卷，亡。

雜傳十九卷陸澄撰。

雜傳十一卷

玄晏春秋三卷皇甫謐撰。

孔子弟子先儒傳十卷

李氏家傳一卷

桓任家傳一卷〔四二〕

王朗王肅家傳一卷

太原王氏家傳二十三卷

褚氏家傳一卷褚覬等撰。

薛常侍家傳一卷

江氏家傳七卷江祚等撰。

庾氏家傳一卷庾斐撰。

裴氏家傳四卷裴松之撰。

虞氏家記五卷虞覽撰。

曹氏家傳一卷曹毗撰。

范氏家傳一卷〔四三〕范汪撰。

紀氏家紀一卷紀友撰。

韋氏家傳一卷

何顒使君家傳一卷

明氏家訓一卷僞燕衛尉明岌撰。

明氏世録六卷梁信武記室明粲撰。

陸史十五卷

王氏江左世家傳二十卷王褒撰。

孔氏家傳五卷

崔氏五門家傳二卷崔氏撰。

暨氏家傳一卷

周齊王家傳一卷姚氏撰。

尒朱家傳二卷王氏撰。

周氏家傳一卷

令狐氏家傳一卷

新舊傳四卷

漢南庾氏家傳三卷〔四四〕

何氏家傳三卷

童子傳二卷王瑱之撰。

幼童傳十卷劉昭撰。

訪來傳十卷來奥撰。

懷舊志九卷梁元帝撰。

知己傳一卷盧思道撰。

全德志一卷梁元帝撰。

同姓名録一卷梁元帝撰。
列女傳十五卷劉向撰，曹大家注。
列女傳七卷趙母注。
列女傳八卷高氏撰。
列女傳頌一卷劉歆撰。
列女傳頌一卷曹植撰。
列女傳讚一卷繆襲撰。
列女後傳十卷項原撰。
列女傳六卷皇甫謐撰。
列女傳七卷綦毋邃撰。
列女傳要録三卷
女記十卷杜預撰。
美婦人傳六卷
妬記二卷虞通之撰。
道人善道開傳一卷〔四五〕康泓撰。
名僧傳三十卷釋寶唱撰。
高僧傳十四卷釋慧皎撰〔四六〕。
江東名德傳三卷釋法進撰。
法師傳十卷王巾撰。
衆僧傳二十卷裴子野撰。
薩婆多部傳五卷釋僧祐撰。
梁故草堂法師傳一卷
尼傳二卷皎法師撰〔四七〕。
法顯傳二卷
法顯行傳一卷
梁武皇帝大捨三卷嚴暠撰。
列仙傳讚三卷劉向撰，鬷續〔四八〕，孫綽讚。
列仙傳讚二卷劉向撰，晉郭元祖讚。
神仙傳十卷葛洪撰。
説仙傳一卷朱思祖撰。

養性傳二卷

漢武内傳三卷

太元真人東嶽上卿司命茅君内傳一卷〔四九〕弟子李遵撰。

清虛真人王君内傳一卷弟子華存撰。

清靈真人裴君内傳一卷〔五〇〕

正一真人三天法師張君内傳一卷

太極左仙公葛君内傳一卷

仙人馬君陰君内傳一卷

仙人許遠遊傳一卷

靈人辛玄子自序一卷

劉君内記一卷王珍撰。

陸先生傳一卷孔稚珪撰。

列仙讚序一卷郭元祖撰。

集仙傳十卷

洞仙傳十卷

王喬傳一卷

關令内傳一卷鬼谷先生撰。

南嶽夫人内傳一卷

蘇君記一卷周季通撰。

嵩高寇天師傳一卷

華陽子自序一卷

太上真人内記一卷李氏撰。

道學傳二十卷

宣驗記十三卷劉義慶撰。

應驗記一卷宋光禄大夫傅亮撰。

冥祥記十卷王琰撰。

列異傳三卷魏文帝撰。

感應傳八卷王延秀撰。

古異傳三卷宋永嘉太守袁王壽撰。

甄異傳三卷晉西戎主簿戴祚撰。
述異記十卷祖沖之撰。
異苑十卷宋給事劉敬叔撰。
續異苑十卷
搜神記三十卷干寶撰。
搜神後記十卷陶潛撰。
靈鬼志三卷荀氏撰。
志怪二卷祖台之撰。
志怪四卷孔氏撰。
神録五卷劉之遴撰。
齊諧記七卷宋散騎侍郎東陽无疑撰〔五一〕。
續齊諧記一卷吳均撰。
幽明録二十卷劉義慶撰。
補續冥祥記一卷王曼潁撰。
漢武洞冥記一卷郭氏撰。
嘉瑞記三卷陸瓊撰。
祥瑞記三卷
符瑞記十卷許善心撰。
靈異録十卷
靈異記十卷
研神記十卷蕭繹撰。
旌異記十五卷侯君素撰。
近異録二卷劉質撰。
鬼神列傳一卷謝氏撰。
志怪記三卷殖氏撰。
舍利感應記三卷王劭撰。
真應記十卷
周氏冥通記一卷
集靈記二十卷顏之推撰。
冤魂志三卷顏之推撰。

右二百一十七部，一千二百八十六卷。通計亡書，合二百一十九部，一千五百三卷。

古之史官，必廣其所記，非獨人君之舉。周官，外史掌四方之志，則諸侯史記，兼而有之。春秋傳曰：「虢仲、虢叔，王季之穆，勳在王室，藏於盟府。」臧紇之叛，季孫命太史召掌惡臣而盟之。周官司寇凡大盟約，涖其盟書，登于天府。太史、內史、司會、六官皆受其貳而藏之。是則王者誅賞，具録其事，昭告神明，百官史臣，皆藏其書。故自公卿諸侯，至于羣士，善惡之迹，畢集史職。而又閭胥之政，凡聚衆庶，書其敬敏任卹者，族師每月書其孝悌睦婣有學者，黨正歲書其德行道藝者，而入之於鄉大夫。鄉大夫三年大比，考其德行道藝，舉其賢者能者，而獻其書。王再拜受之，登于天府，內史貳之。是以窮居側陋之士，言行必達，皆有史傳。自史官曠絶，其道廢壞，漢初，始有丹書之約，白馬之盟。武帝從董仲舒之言，始舉賢良文學。天下計書，先上太史，善惡之事，靡不畢集。司馬遷、班固，撰而成之，股肱輔弼之臣，扶義俶儻之士，皆有記録。而操行高絜，不涉於世者，史記獨傳夷齊，漢書但述楊王孫之儔，其餘皆略而不說〔五二〕。又漢時，阮倉作列仙圖，劉向典校經籍，始作列仙、列士、列女之傳，皆因其志尚，率爾而作，不在正史。後漢光武，始詔南陽，撰作風俗，故沛、三輔有耆舊節士之序，魯、廬江有名德先賢之讚。郡國之書，由是而作。魏文帝又作列異，以序鬼物奇怪之事，嵇康作高士傳，以敍聖賢之風。因其事類，相繼而作者甚衆，名目轉廣，而又雜以虛誕怪妄之説。推其本源，蓋亦史官之末事也。載筆之士，删採其要焉。魯、沛、三輔，序贊並亡，後之作者，亦多零失。今取其見存，部而類之，謂之雜傳。

山海經二十三卷郭璞注。

水經三卷郭璞注。

黄圖一卷記三輔宮觀、陵廟、明堂、辟雍、郊畤等事。

洛陽記四卷

洛陽記一卷陸機撰。

洛陽宮殿簿一卷

洛陽圖一卷晉懷州刺史楊佺期撰〔五三〕。

述征記二卷郭緣生撰。

西征記二卷戴延之撰。

婁地記一卷吴顧啓期撰。

風土記三卷晉平西將軍周處撰。

吴興記三卷山謙之撰。

吴郡記一卷顧夷撰。

京口記二卷宋太常卿劉損撰。

南徐州記二卷山謙之撰。

會稽土地記一卷朱育撰。

會稽記一卷賀循撰。

隨王入沔記六卷〔五四〕宋侍中沈懷文撰。

荆州記三卷宋臨川王侍郎盛弘之撰。

神壤記一卷記滎陽山水。黄閔撰。

豫章記一卷雷次宗撰。

蜀王本記一卷揚雄撰。

三巴記一卷譙周撰。

珠崖傳一卷僞燕聘晉使蓋泓撰。

陳留風俗傳三卷圈稱撰。

鄴中記二卷晉國子助教陸翽撰。

春秋土地名三卷晉裴秀客京相璠撰。

衡山記一卷宗居士撰[五五]。

遊名山志一卷謝靈運撰。

聖賢冢墓記一卷李彤撰。

佛國記一卷沙門釋法顯撰。

遊行外國傳一卷沙門釋智猛撰。

交州以南外國傳一卷

十洲記一卷東方朔撰。

神異經一卷東方朔撰，張華注。

異物志一卷後漢議郎楊孚撰。

南州異物志一卷吴丹陽太守萬震撰。

蜀志一卷東京武平太守常寬撰。

發蒙記一卷束晳撰。載物產之異。

地理書一百四十九卷録一卷。陸澄合山海經已來一百六十家，以爲此書。澄本之外，其舊事並多零失。見存別部自行者，唯四十二家，今列之於上。

三輔故事二卷晉世撰。

湘州記二卷庾仲雍撰。

吴郡記二卷晉本州主簿顧夷撰。

日南傳一卷

江記五卷庾仲雍撰。

漢水記五卷庾仲雍撰。

居名山志一卷謝靈運撰。

西征記一卷戴祚撰。

廬山南陵雲精舍記一卷

永初山川古今記二十卷齊都官尚書劉澄之撰。

元康三年地記六卷

司州記二卷

并帖省置諸郡舊事一卷

地記二百五十二卷梁任昉增陸澄之書八十四家，以爲此記。其所增舊書，亦多零失。見存別部行者，唯十二家，今列之於上。

山海經圖讚二卷郭璞注。

山海經音二卷

水經四十卷酈善長注。

廟記一卷

地理書抄二十卷陸澄撰。

地理書抄九卷任昉撰。

地理書抄十卷劉黃門撰。

洛陽伽藍記五卷後魏楊衒之撰。

荊南地志二卷蕭世誠撰。

巴蜀記一卷

交州異物志一卷楊孚撰。

元康六年户口簿記三卷

元嘉六年地記三卷

九州郡縣名九卷

扶南異物志一卷朱應撰。

臨海水土異物志一卷〔五六〕沈瑩撰。

益州記三卷李氏撰。

湘州記一卷郭仲彥撰〔五七〕。

湘州圖副記一卷

四海百川水源記一卷釋道安撰。

京師寺塔記十卷録一卷。劉璆撰。

華山精舍記一卷張光禄撰。

南雍州記六卷鮑至撰。

京師寺塔記二卷釋曇宗撰〔五八〕。

張騫出關志一卷

外國傳五卷釋曇景撰。

歷國傳二卷釋法盛撰。

西京記三卷

京師録七卷

尋江源記一卷

後園記一卷

江表行記一卷

淮南記一卷

古來國名二卷

十三州志十卷闞駰撰。

慧生行傳一卷

宋武北征記一卷戴氏撰。

林邑國記一卷

涼州異物志一卷

閟象傳二卷閭先生撰。

司州山川古今記三卷劉澄之撰。

江圖一卷張氏撰。

江圖二卷劉氏撰。

廣梁南徐州記九卷虞孝敬撰。

水飾圖二十卷

甌閩傳一卷

北荒風俗記二卷

諸蕃風俗記二卷

男女二國傳一卷

突厥所出風俗事一卷

古今地譜二卷

輿地志三十卷陳顧野王撰。
序行記十卷姚最撰。
魏永安記三卷温子昇撰。
國都城記二卷
周地圖記一百九卷
冀州圖經一卷
齊州圖經一卷
齊州記四卷李叔布撰。
幽州圖經一卷
魏聘使行記六卷
聘北道里記三卷江德藻撰。
李諧行記一卷
聘遊記三卷劉師知撰。
朝覲記六卷
封君義行記一卷李繪撰。
輿駕東行記一卷薛泰撰。
北伐記七卷諸葛穎撰。
巡撫揚州記七卷諸葛穎撰。
大魏諸州記二十一卷
并州入朝道里記一卷蔡允恭撰。
趙記十卷
代都略記三卷
世界記五卷釋僧祐撰。
州郡縣簿七卷
大隋翻經婆羅門法師外國傳五卷
隋區宇圖志一百二十九卷
隋西域圖三卷裴矩撰。
隋諸州圖經集一百卷郎蔚之撰。
隋諸郡土俗物産一百五十一卷
西域道里記三卷

并州總管内諸州圖一卷

諸蕃國記十七卷

方物志二十卷許善心撰。

右一百三十九部，一千四百三十二卷。通計亡書，合一百四十部，一千四百三十四卷。

昔者先王之化民也，以五方土地，風氣所生，剛柔輕重，飲食衣服，各有其性，不可遷變。是故疆理天下，物其土宜，知其利害，達其志而通其欲，齊其政而脩其教。故曰廣谷大川異制，人居其間異俗。書録禹别九州，定其山川，分其圻界，條其物産，辨其貢賦，斯之謂也。周則夏官司險，掌建九州之圖，周知山林川澤之阻，達其道路。地官誦訓，掌方志以詔觀事，以知地俗。春官保章，以星土辨九州之地，所封之域，以觀祆祥。夏官職方〔五九〕，掌天下之圖地，辨四夷八蠻九貉五戎六狄之人，與其財用九穀六畜之數，周知利害，辨九州之國，使同其貫。司徒掌邦之土地之圖，與其人民之教，以佐王擾邦國，周知九州之域，廣輪之數，辨其山林川澤丘陵墳衍原隰之名物，及土會之法。然則其事分在衆職，而冢宰掌建邦之六典，實總其事。太史以典逆冢宰之治，其書蓋亦總爲史官之職。漢初，蕭何得秦圖書，故知天下要害。後又得山海經，相傳以爲夏禹所記。武帝時，計書既上太史，郡國地志，固亦在焉。而史遷所記，但述河渠而已。其後劉向略言地域，丞相張禹使屬朱貢條記風俗，班固因之作地理志。其州國郡縣山川夷險時俗之異，經星之分，風氣所生，區域之廣，户口之數，各有攸敍，與古禹貢、周官所記相埒。是後載筆之士，管窺末學，不能及遠，但記州郡之名而已。晉世，摯虞依禹貢、周官，作畿服經，其州郡及縣分野封略事業，國邑山陵水泉，鄉亭城道里土田，民物風俗，先賢舊好，靡不具悉，凡一百七十卷，今亡。而學者因其經歷，並有記載，然不能成一家之體。齊時，陸澄聚一百六十家之説，依其前後遠近，編而爲部，謂之地理書。任昉又增陸澄之書八十四家，謂之地記。陳時，顧野王抄撰衆家之言，作輿地志。隋大業中，普詔天下諸郡，條其風俗物産地圖，上于尚書。故隋代有諸郡物産土俗記一百五十一卷，區宇圖志一百二十九卷，諸州圖經集一百卷。其餘記注甚衆。今任、陸二家所記之内而又別行者，各録在其書之上，自餘次之於下，以備地理之記焉。

世本王侯大夫譜二卷

世本二卷劉向撰。

世本四卷宋衷撰〔六〇〕。

漢氏帝王譜三卷梁有宋譜四卷，劉湛百家譜二卷，亡。

齊帝譜屬十卷

百家集譜十卷王儉撰。梁有王逡之續儉百家譜四卷，南族譜二卷，百家譜拾遺一卷，又有齊梁帝譜四卷，梁帝譜十三卷，亡。

百家譜三十卷王僧孺撰。

百家譜集鈔十五卷王僧孺撰。
百家譜二十卷賈執撰。
百家譜十五卷傅昭撰〔六一〕。
百家譜世統十卷
百家譜鈔五卷
姓氏英賢譜一百卷賈執撰。案：梁有王司空新集諸州譜十一卷，又別有諸姓譜一百一十六卷，益州譜四十卷，關東關北譜三十三卷，梁武帝總責境内十八州譜六百九十卷〔六二〕，亡。
後魏辯宗録二卷元暉業撰〔六三〕。
後魏皇帝宗族譜四卷
魏孝文列姓族牒一卷
後齊宗譜一卷
益州譜三十卷
冀州姓族譜二卷
洪州諸姓譜九卷
吉州諸姓譜八卷
江州諸姓譜十一卷
諸州雜譜八卷
袁州諸姓譜八卷
揚州譜鈔五卷
京兆韋氏譜二卷
謝氏譜一十卷
楊氏血脉譜二卷
楊氏家譜狀并墓記一卷
楊氏枝分譜一卷
楊氏譜一卷
北地傅氏譜一卷
蘇氏譜一卷
述系傳一卷姚最撰。

氏族要狀十五卷

竹譜一卷

姓苑一卷何氏撰。

錢譜一卷顧烜撰。

複姓苑一卷

錢圖一卷

齊永元中表簿五卷

右四十一部，三百六十卷。通計亡書，合五十三部，一千二百八十卷。

氏姓之書，其所由來遠矣。書稱：「別生分類。」傳曰：「天子建德，因生以賜姓。」周家小史定繫世〔六四〕，辨昭穆，則亦史之職也。秦兼天下，剗除舊迹，公侯子孫，失其本繫。漢初，得世本，敍黄帝已來祖世所出。而漢又有帝王年譜，後漢有鄧氏官譜。晉世，摯虞作族姓昭穆記十卷，齊、梁之間，其書轉廣。後魏遷洛，有八氏十姓，咸出帝族。又有三十六族，則諸國之從魏者；九十二姓，世爲部落大人者，並爲河南洛陽人。其中國士人，則第其門閥，有四海大姓、郡姓、州姓、縣姓。及周太祖入關，諸姓子孫有功者，並令爲其宗長，仍撰譜録，紀其所承。又以關内諸州，爲其本望。其鄧氏官譜及族姓昭穆記，晉亂已亡。自餘亦多遺失。今録其見存者，以爲譜系篇。

七略別録二十卷劉向撰。

七略七卷劉歆撰。

晉中經十四卷荀勖撰。

晉義熙已來新集目録三卷

宋元徽元年四部書目録四卷王儉撰。

今書七志七十卷王儉撰。

梁天監六年四部書目録四卷殷鈞撰。

梁東宮四部目録四卷劉遵撰。

梁文德殿四部目録四卷劉孝標撰。

七録十二卷阮孝緒撰。

魏闕書目録一卷

陳祕閣圖書法書目録一卷

陳天嘉六年壽安殿四部目録四卷

陳德教殿四部目録四卷

陳承香殿五經史記目録二卷

開皇四年四部目録四卷

開皇八年四部書目録四卷

香厨四部目録四卷

隋大業正御書目録九卷

法書目録六卷

雜儀注目録四卷

雜撰文章家集敘十卷荀勖撰。

文章志四卷摯虞撰。

續文章志二卷傅亮撰。

晉江左文章志三卷宋明帝撰。

宋世文章志二卷沈約撰。

書品二卷

名手畫録一卷

正流論一卷

右三十部，二百一十四卷。

古者史官既司典籍，蓋有目録，以爲綱紀，體制堙滅，不可復知。孔子删書，别爲之序，各陳作者所由。韓、毛二詩，亦皆相類。漢時劉向别録、劉歆七略，剖析條流，各有其部，推尋事迹，疑則古之制也。自是之後，不能辨其流别，但記書名而已。博覽之士，疾其渾漫，故王儉作七志，阮孝緒作七録，並皆别行。大體雖準向、歆，而遠不逮矣。其先代目録，亦多散亡。今總其見存，編爲簿録篇。

凡史之所記，八百一十七部，一萬三千二百六十四卷。通計亡書，合八百七十四部，一萬六千五百五十八卷。

夫史官者，必求博聞强識，疏通知遠之士，使居其位，百官衆職，咸所貳焉。是故前言往行，無不識也；天文地理，無不察也；人事之紀，無不達也。内掌八柄，以詔王治，外執六典，以逆官政。書美以彰善，記惡以垂戒，範圍神化，昭明令德，窮聖人之至賾，詳一代之亹亹。自史官廢絶久矣，漢氏頗循其舊，班、馬因之。魏、晉已來，其道逾替。南、董之位，以禄貴遊，政、駿之司〔六五〕，罕因才授。故梁世諺曰：「上車不落則著作，體中何如則祕書。」於是尸素之儔，盱衡延閣之上，立言之士，揮翰蓬茨之下。一代之記，至數十家，傳説不同，聞見舛駁，理失中庸，辭乖體要。致令允恭之德，有闕於典墳，忠肅之才，不傳於簡策。斯所以爲蔽也。班固以史記附春秋，今開其事類，凡十三種，別爲史部。

校勘記

〔一〕平北諮議參軍韋稜　「平北」，原作「北平」，錢大昕考異卷三四謂當作「平北」。按，韋稜見梁書卷一二韋叡傳，其父叡曾任平北將軍，又本書卷二八百官志下載梁將軍號有「平北」，無「北平」，今據改。

〔二〕漢書孟康音　舊唐書卷四六經籍志上、新唐書卷五八藝文志二、通志卷六五藝文略正史作孟康漢書音義。

〔三〕後漢南記　舊唐書卷四六經籍志上、新唐書卷五八藝文志二作「漢南紀」。世説新語卷上言語及文學劉孝標注、北堂書鈔卷二三后妃部臨朝、初學記卷二四居處部門、御覽卷五七地部二二林、玉海卷四七藝文漢紀等所引亦無「後」字。

〔四〕臧競　後漢書卷一上光武帝紀上李賢注、雲笈七籤卷五引唐茅山昇真王先生傳作「臧矜」。又藝文類聚卷七八引有周王褒過臧矜道館；徐鉉騎省集卷一二王棲霞碑載，建康有陳宣帝爲臧矜先生所建玄貞觀。

〔五〕三國志評三卷徐爰撰　「徐爰」，三國志卷七魏書臧洪傳裴注、舊唐書卷四六經籍志上、新唐書卷五八藝文志二作「徐衆」。册府卷六〇六學校部注釋：「徐爰，字季玉，爲太中大夫。注周易繫辭，爲易音、毛詩音、禮記音二卷，三國志評三卷。」

〔六〕梁書四十九卷梁中書郎謝吴撰本一百卷　舊唐書卷四六經籍志上、新唐書卷五八藝文志二著録「謝吴、姚察梁書三十四卷」。舊唐書卷七三姚思廉傳：「受詔與祕書監魏徵同撰梁、陳二史，思廉又採謝炅（「昊」之誤字，玉海卷四六藝文梁書引正作「昊」）等諸家梁史續成父書，并推究陳事，删益傳緯、顧野王所修舊史，撰成梁書五十卷、陳書三十卷。」又，史通卷一二古今正史：「梁史，武帝時，沈約與給事中周興嗣、步兵校尉鮑行卿、秘書監謝吴相承撰録，已有百篇。」此「已有百篇」，蓋即「本一百卷」。南史卷五一蕭猷傳附蕭韶傳、梁書曾鞏序、册府卷五五五國史部採撰作「謝吴」；下文雜史類著録梁皇帝實録作者「謝吴」，與册府同。新唐書卷五八藝文志二、通志卷六五藝文略雜史、玉海卷四八藝文梁實録亦作「謝吴」。

〔七〕范頵　原作「范穎」，據晉書卷八二陳壽傳、史通卷一二古今正史、册府卷五五五國史部採撰改。

〔八〕魏祕書監荀悦　據後漢書卷六二荀淑傳附荀悦傳，荀悦卒於漢獻帝建安十四年，「魏」應作「漢」。

〔九〕晉紀　原作「晉記」，據宋甲本、至順本、汲本改。舊唐書卷四六經籍志上、新唐書卷五八藝文志二亦作「晉紀」。

〔一〇〕郭季産　原作「郭李産」，據宋甲本、至順本、南監本、汲本改。舊唐書卷四六經籍志上、新唐書卷五八藝文志二亦作「郭季産」。

〔一一〕三十國春秋三十一卷梁湘東世子蕭方等撰　「蕭方等」，原作「蕭萬等」，據宋甲本改。梁書卷四四世祖二子忠壯世子方等傳：「所撰三十國春秋及靜住子，行於世。」即此。蓋「方」因形近訛「万」，又從而作「萬」。

〔一二〕梁後略十卷姚最撰　「姚最」，原作「姚勖」，據至順本、汲本、舊唐書卷四六經籍志上、新唐書卷五八藝文志二改。周書卷四七藝術姚最傳：「撰梁後略十卷，行於世。」即此。又，「梁後略」，兩唐志作「梁昭後略」。

〔一三〕淮海亂離志四卷蕭世怡撰　「蕭世怡」，史通卷五補注作「蕭大圜」，舊唐書卷四六經籍志上、新唐書卷五八藝文志二作「蕭大圓」。周書卷四二蕭圓肅傳：「又撰時人詩筆爲文海四十卷，廣堪十卷，淮海亂離志四卷，行於世。」又，冊府卷五五五國史部採撰：「蕭世怡，一云大圜，封樂浪王。仕隋，位内史侍郎。撰淮海亂離志四卷。」

〔一四〕春秋前傳雜語　原作「春秋前雜傳」，據舊唐書卷四六經籍志上、新唐書卷五八藝文志二改。按，宋書卷六四何承天傳：「先是，禮論有八百卷，承天刪減并合，以類相從，凡爲三百卷，并前傳、雜語、纂文、論並傳於世。」

〔一五〕劉艾　原作「劉芳」，據宋甲本、汲本改。舊唐書卷四六經籍志上、新唐書卷五八藝文志二、冊府卷五五五國史部採撰亦作「劉艾」。

〔一六〕謝吴　或作「謝昊」。參見本卷校勘記〔六〕。

〔一七〕侯瑾　原作「侯謹」，據宋甲本、至順本、汲本改。舊唐書卷四六經籍志上、新唐書卷五八藝文志二亦作「侯瑾」。

〔一八〕何茂林　原作「何茂材」，據宋甲本、至順本改。日本國見在書目、新唐書卷五八藝文志二亦作「何茂林」。

〔一九〕隋書六十卷未成祕書監王劭撰　本書卷六九王劭傳：「劭在著作，將二十年，專典國史，撰隋書八十卷。」史通卷一六家：「至隋祕書監太原王劭，又録開皇、仁壽時事，編而次之，以類相從，各爲其目，勒成隋書八十卷。尋其義例，皆準尚書。」舊唐書卷四六經籍志上、新唐書卷五八藝文志二亦著録「王劭隋書八十卷」。此稱「未成」，或指劭書之別本。

〔二〇〕馮跋　原作「馬跋」，據宋甲本、汲本改。

〔二一〕後魏侍中高閭　「後」字原闕，據宋甲本、至順本補。按，高閭，魏書卷五四有傳。

〔二二〕何仲熙　十六國春秋卷四二前秦録作「何熙仲」。

〔二三〕席惠明　舊唐書卷四六經籍志上、新唐書卷五八藝文志二作「杜惠明」。

〔二四〕晉元康起居注一卷　上文已出「晉元康起居注一卷」，此重出。本卷「起居注」敍稱，「依其先後，編而次之」。晉元帝之後爲明帝，在位三年，改元太寧。姚振宗考證卷一四認爲本條或是「太寧起居注」之誤。

〔二五〕宋元徽起居注　原作「宋成徽起居注」，據宋甲本改。

〔二六〕陶璜　原作「陶黄」，據宋甲本、汲本改。陶璜，晉書卷五七有傳。

〔二七〕梁舊事三十卷内史侍郎蕭大圜　「蕭大圜」，原作「蕭大環」，周書卷四二蕭大圜傳「撰梁舊事三十卷」，今據改。新唐書卷五八藝文志二作「蕭大圓梁魏舊事三十卷」。

〔二八〕王秀道　舊唐書卷四六經籍志上、新唐書卷五八藝文志二、唐六典卷九中書省注作「王道秀」。

〔二九〕司馬褧　原作「司馬聚」，據至順本、南監本改。

〔三〇〕存者唯嘉吉及賓　「嘉」，原作「士」，宋甲本、至順本、汲本作「上」。按，梁書卷三武帝紀下：「天監初，則何佟之、賀瑒、嚴植之、明山賓等覆述制旨，並撰吉凶軍賓嘉五禮，凡一千餘卷，高祖稱制斷疑。」又據本條上文及梁書卷四〇司馬褧傳，嘉禮儀注爲司馬褧所撰。可知「士」、「上」俱誤，今據改。

〔三一〕梁有建武律令故事　「有」字原闕，據隋志著録體例，「梁」下應有「有」字，今據補。唐六典卷六刑部郎中注：「漢建武有律令故事」，即此。

〔三二〕劉劭律略論　「劉劭」，原作「應劭」，據舊唐書卷四六經籍志上、新唐書卷五八藝文志二改。按，三國志卷二一魏書劉劭傳「作新律十八篇，著律略論」，可證。

〔三三〕崔慰祖　原作「崔蔚祖」，南齊書卷五二文學崔慰祖傳云「慰祖著海岱志」，南史卷七二文學崔慰祖傳、册府卷六〇七學校部撰集同，今據改。

〔二四〕范瑗撰　「撰」，原作「傳」，據宋甲本、南監本、北監本、汲本、殿本改。

〔二五〕長沙耆舊傳讚　原作「長沙舊傳讚」，按，説郛（宛委山堂本）卷五八引劉彧長沙耆舊傳，本書卷一〇禮儀志五、水經注卷一五洛水、初學記卷二天部霽晴、藝文類聚卷二天部霽、御覽卷二六八職官部六六良令長下並引長沙耆舊傳，北堂書鈔卷七三設官部從事引長沙耆舊傳讚，今據改。

〔二六〕桂陽先賢畫贊　原作「桂陽先賢書讚」，據舊唐書卷四六經籍志上、新唐書卷五八藝文志二、通志卷六五藝文略傳記改。按，水經注卷二一汝水、北堂書鈔卷一四五酒食部肉、御覽卷四二一人事部六二義中並引桂陽先賢畫讚，可證。

〔二七〕王韶之　原作「王昭之」，據南史卷二四王韶之傳、舊唐書卷四六經籍志上、新唐書卷五八藝文志二改。

〔二八〕宗躬　原作「宋躬」，據宋甲本改。舊唐書卷四六經籍志上、新唐書卷五八藝文志二亦作「宗躬」。本書卷三五經籍志四集部別集類有宗躬集，即此人。

〔二九〕元懌　原作「梁元帝」，蓋涉上下文之「梁元帝」而誤。據舊唐書卷四六經籍志上、新唐書卷五八藝文志二删改。按，魏書卷六〇韓麒麟傳附韓子熙傳載韓子熙表云，元懌「撰顯忠録，區目十篇，分卷二十」，北史卷一九孝文六王清河王懌傳：「懌以忠而獲謗，乃鳩集昔忠烈之士，爲顯忠録二十卷以見意焉。」

〔四〇〕正始名士傳三卷袁敬仲撰　「袁敬仲」，當作「袁彦伯」。通志卷六五藝文略傳記「正始名士傳三卷，袁宏撰」，宋史卷二〇三藝文志二同；舊唐書卷四六經籍志上、新唐書卷五八藝文志二省稱作「袁宏名士傳」。按，東漢衞宏，字敬仲，晉袁宏字彦伯，隋志袁宏與衞宏相亂，因誤題作袁敬仲。參見本書卷三二校勘記〔五二〕。

〔四一〕張隱　舊唐書卷四六經籍志上、新唐書卷五八藝文志二作「張騭」。按，三國志卷二一魏書王粲傳裴注兩引文士傳作「張騭」，卷九曹肇傳裴注引又作「張隱」，姑存疑。

〔四二〕桓任家傳　北堂書鈔卷五八設官部散騎侍郎、御覽卷二二四職官部二二散騎侍郎引作「桓氏家傳」。

〔四三〕范氏家傳　宋甲本、汲本作「范氏世傳」，通志卷六五藝文略傳記同。

〔四四〕漢南庾氏家傳三卷　「庾氏」二字原闕，據新唐書卷五八藝文志二、通志卷六五藝文略傳記補。舊唐書卷四六經籍志上：「庾氏家傳三卷，庾守業撰。」可證。

〔四五〕道人善道開傳　「善道開」，當作「單道開」。參見晉書卷九五藝術單道開傳、高僧傳卷九晉羅浮山單道開傳。

〔四六〕釋慧皎　原作「釋僧祐」，據開元釋教録卷六、舊唐書卷四六經籍志上、新唐書卷五九藝文志三改。

〔四七〕尼傳二卷皎法師撰　開元釋教録卷六釋寶唱「別撰尼傳四卷」，舊唐書卷四六經籍志上、新唐書卷五九藝文志三著録寶唱比丘尼傳四卷。據此則尼傳或比丘尼傳應是釋寶唱所撰同一書，惟卷數稍異。但通志卷六七藝文略釋家又分別著録皎法師「尼傳二卷」，釋寶唱「比丘尼傳四卷」，姑存疑。

〔四八〕列仙傳讚三卷劉向撰鬷續　四庫全書總目卷一六四：「『鬷續』上似奪一字，有續傳一卷，故爲三卷也。」姚振宗考證卷二〇：「『鬷』是姓，非名，此蓋『鬷』下奪一字也。」

〔四九〕太元真人東嶽上卿司命茅君内傳　原作「太元真人東鄉司命茅君内傳」，據神仙傳卷五茅君傳、御覽卷六六一道部三真人下引茅君傳、雲笈七籤卷一〇四太元真人東嶽上卿司命真君傳改補。

〔五〇〕清靈真人裴君内傳　「清靈真人」，原作「清虚真人」，蓋涉上文「清虚真人王君内傳」而誤，今據雲笈七籤卷二三太素真人受太帝君日月訣法、卷一〇五清靈真人裴君傳改。

〔五一〕東陽无疑　原作「東陽元疑」，據新唐書卷五九藝文志三改。文選卷二〇應詔讌曲水作李善注、舊唐書卷四六經籍志上、廣韻卷一作「東陽無疑」。

〔五二〕略而不説　「説」，北監本、汲本、殿本作「記」。

〔五三〕晉懷州刺史楊佺期　錢大昕考異卷三四：「晉無『懷州』，當是『雍州』之訛。」按，晉書卷八四楊佺期傳，佺期曾任「都督梁雍秦三州諸軍事、雍州刺史」。

〔五四〕隨王入沔記　原作「隋王入沔記」，新唐書卷五八藝文志二作「隨王入沔記」。按，宋書卷八二沈懷文傳載，隨王誕鎮襄陽，懷文爲後軍主簿，「入沔」者蓋即此事。今據改。

〔五五〕衡山記一卷宗居士撰　「宗居士」，原作「宋居士」，南齊書卷五四高逸宗測傳：「又嘗遊衡山七嶺，著衡山、廬山記。」今據改。

〔五六〕臨海水土異物志　「異」字原闕，據舊唐書卷四六經籍志上、新唐書卷五八藝文志二補。

〔五七〕郭仲彦　寰宇記卷一六三嶺南道昭州、太平廣記卷四八二蠻夷木客引湘州記作「郭仲産」。

〔五八〕京師寺塔記二卷釋曇宗撰　「釋曇宗」，原作「釋曇景」。按，高僧傳卷一三曇宗傳「著京師塔寺記二卷」，卷一四序録亦載「沙門曇宗京師寺記」，此蓋涉下文「曇景」而誤，今據改。

〔五九〕夏官職方　「夏官」，原作「秋官」，據周禮夏官改。

〔六〇〕世本四卷宋衷撰　「宋衷」，原作「宋表」，據至順本、南監本、汲本、殿本改。

〔六一〕傅昭　原作「溥昭」，據宋甲本、至順本、汲本、殿本改。傅昭，梁武帝時人，梁書卷二六有傳。

〔六二〕梁武帝總責境内十八州譜六百九十卷　梁書卷三三王僧孺傳「僧孺集十八州譜七百一十卷」，「責」作「集」。又，舊唐書卷四六經籍志上、新唐書卷五八藝文志二俱載王僧孺「十八州譜七百一十二卷」，與本條「六百九十卷」差歧較著，姑存疑。

〔六三〕後魏辯宗録二卷元暉業撰　「元暉業」，原作「元曄業」，據北史卷一七景穆十二王上濟成王小新成傳附元暉業傳、舊唐書卷四六經籍志上、新唐書卷五八藝文志二改。又，北史本傳稱「乃撰魏藩王家世，號爲辨宗録四十卷」，卷數差別懸隔，或有訛誤。

〔六四〕周家小史定繫世　「周家」，疑當作「周官」。按，周禮春官：「小史掌邦國之志，奠繫世，辨昭穆。」本書引周禮多稱周官，不稱「周家」。

〔六五〕政駿之司　「政」，原作「正」，據殿本改。劉向，字子政；劉歆，字子駿。

隋書卷三十四

志第二十九

經籍三 子

晏子春秋七卷齊大夫晏嬰撰。

曾子二卷目一卷。魯國曾參撰。

子思子七卷魯穆公師孔伋撰。

公孫尼子一卷尼，似孔子弟子。

孟子十四卷齊卿孟軻撰，趙岐注。

孟子七卷鄭玄注。

孟子七卷劉熙注。梁有孟子九卷，綦毋邃撰，亡。

孫卿子十二卷楚蘭陵令荀況撰。梁有王孫子一卷，亡。

董子一卷戰國時，董無心撰。

魯連子五卷、録一卷魯連，齊人，不仕，稱爲先生。

新語二卷陸賈撰。

賈子十卷録一卷。漢梁太傅賈誼撰。

鹽鐵論十卷漢廬江府丞桓寬撰〔一〕。

新序三十卷録一卷。劉向撰。

説苑二十卷劉向撰。

揚子法言十五卷、解一卷揚雄撰，李軌注。梁有揚子法言六卷，侯苞注〔二〕，亡。

揚子法言十三卷宋衷注〔三〕。

揚子太玄經九卷宋衷注。梁有揚子太玄經九卷，揚雄自作章句，亡。

揚子太玄經十卷陸績、宋衷注〔四〕。

揚子太玄經十卷蔡文邵注。梁有揚子太玄經十四卷，虞翻注；揚子太玄經十三卷，陸凱注；揚子太玄經七卷，王肅注。亡。

桓子新論十七卷後漢六安丞桓譚撰。

潛夫論十卷後漢處士王符撰。梁有王逸正部論八卷，後漢侍中王逸撰；後序十二卷，後漢司隸校尉應奉撰；周生子要論一卷，録一卷，魏侍中周生烈撰。亡。

申鑒五卷荀悦撰。

魏子三卷後漢會稽人魏朗撰。梁有文檢六卷，似後漢末人作，亡。

牟子二卷後漢太尉牟融撰。

典論五卷魏文帝撰。

徐氏中論六卷魏太子文學徐幹撰，梁目一卷。

王子正論十卷王肅撰。梁有去伐論集三卷，王粲撰，亡。

杜氏體論四卷魏幽州刺史杜恕撰。梁有新書五卷，王基撰；周子九卷，吳中書郎周昭撰。亡。

顧子新語十二卷吳太常顧譚撰。通語十卷，

晉尚書左丞殷興撰；典語十卷、典語別二卷，並吳中夏督陸景撰。亡。

譙子法訓八卷譙周撰。梁有譙子五教志五卷，亡。

袁子正論十九卷袁準撰。梁又有袁子正書二十五卷，袁準撰；孫氏成敗志三卷，孫毓撰；古今通論二卷，王嬰撰；蔡氏化清經十卷，松滋令蔡洪撰〔五〕；通經二卷，晉丞相從事中郎王長文撰〔六〕。亡。

新論十卷晉散騎常侍夏侯湛撰。梁有楊子物理論十六卷，楊子大元經十四卷，並晉徵士楊泉撰；新論十卷，晉金紫光祿大夫華譚撰；梅子新論一卷。亡。

志林新書三十卷虞喜撰。梁有廣林二十四卷，又後林十卷，虞喜撰；干子十八卷，干寶撰；閎論二卷，晉江州從事蔡韶撰；顧子十卷，晉揚州主簿顧夷撰。亡。

要覽十卷晉郡儒林祭酒呂竦撰〔七〕。

正覽六卷梁太子詹事周捨撰。梁有三統五德論二卷，曹思文撰，亡。

諸葛武侯集誡二卷

衆賢誡十三卷

女篇一卷

女鑒一卷

婦人訓誡集十一卷

娣姒訓一卷〔八〕

曹大家女誡一卷

貞順志一卷〔九〕

右六十二部，五百三十卷。通計亡書，合六十七部，六百九卷。

儒者，所以助人君明教化者也。聖人之教，非家至而户說，故有儒者宣而明之。其大抵本於仁義及五常之道，黄帝、堯、舜、禹、湯、文、武，咸由此則。周官，太宰以九兩繫邦國之人，其四曰儒，是也。其後陵夷衰亂，儒道廢闕。仲尼祖述前代，修正六經，三千之徒，並受其義。至于戰國，孟軻、子思、荀卿之流〔一〇〕，宗而師之，各有著述，發明其指。所謂中庸之教，百王不易者也。俗儒爲之，不顧其本，苟欲譁衆，多設問難，便辭巧說，亂其大體，致令學者難曉，故曰「博而寡要」。

鬻子一卷周文王師鬻熊撰。

老子道德經二卷周柱下史李耳撰。漢文帝時，河上公注。梁有戰國時河上丈人注老子經二卷，漢長陵三老毌丘望之注老子二卷，漢徵士嚴遵注老子二卷〔一一〕，虞翻注老子二卷，亡。

老子道德經二卷王弼注。梁有老子道德經二卷，張嗣注；老子道德經二卷，蜀才注。亡。

老子道德經二卷鍾會注。梁有老子道德經二卷，晉太傅羊祜解釋；老子經二卷，東晉江州刺史王尚述注；老子二卷，晉郎中程韶集解；老子二卷，邯鄲氏注；老子二卷，常氏傳；老子二卷，孟氏注；老子二卷，盈氏注。亡。

老子道德經二卷、音一卷晉尚書郎孫登注。

老子道德經二卷劉仲融注。梁有老子道德經二卷，巨生解；老子道德經二卷，晉西中郎將袁真注；老子道德經二卷，張憑注；老子道德經二卷，釋惠琳注；老子道德經二卷，釋惠嚴注；老子道德經二卷，王玄載注。亡。

老子道德經二卷盧景裕撰。

老子音一卷李軌撰。梁有老子音一卷，晉散騎常侍戴逵撰，亡。

老子四卷梁曠撰〔一二〕。

老子指歸十一卷嚴遵注。

老子指趣三卷毌丘望之撰。

老子義綱一卷顧歡撰。梁有老子道德論二卷，何晏撰；老子序決一卷，葛仙公撰〔一三〕；老子雜論一卷，何、王等注；老子私記十卷，梁簡文帝撰；老子玄示一卷，韓壯撰；老子玄譜一卷，晉柴桑令劉遺民撰；老子玄機三卷，宗塞撰；老子幽易五卷，又老子志一卷，山琮撰。亡。

老子義疏一卷顧歡撰。梁有老子義疏一卷，釋慧觀撰，亡。

老子義疏五卷孟智周私記。

老子義疏四卷韋處玄撰。

老子講疏六卷梁武帝撰。

老子義疏九卷戴詵撰。

老子節解二卷

老子章門一卷

文子十二卷文子，老子弟子。七略有九篇，梁七錄十卷，亡。

鶡冠子三卷楚之隱人。

列子八卷鄭之隱人列禦寇撰，東晉光祿勳張湛注。

莊子二十卷梁漆園吏莊周撰，晉散騎常侍向秀注。本二十卷，今闕[一四]。梁有莊子十卷，東晉議郎崔譔注，亡。

莊子十六卷司馬彪注。本二十一卷，今闕。

莊子三十卷、目一卷晉太傅主簿郭象注。梁七録三十三卷。

集注莊子六卷梁有莊子三十卷，晉丞相參軍李頤注；莊子十八卷，孟氏注，録一卷。亡。

莊子音一卷李軌撰。

莊子音三卷徐邈撰。

莊子集音三卷徐邈撰。

莊子注音一卷司馬彪等撰。

莊子音三卷郭象撰。梁有向秀莊子音一卷。

莊子外篇雜音一卷

莊子内篇音義一卷

莊子講疏十卷梁簡文帝撰。本二十卷，今闕。

莊子講疏二卷張譏撰，亡[一五]。

莊子講疏八卷

莊子文句義二十八卷本三十卷，今闕。梁有莊子義疏十卷，又莊子義疏三卷，宋處士王叔之撰[一六]，亡。

莊子内篇講疏八卷周弘正撰。

莊子義疏八卷戴詵撰。

南華論二十五卷梁曠撰，本三十卷。

南華論音三卷

莊成子十二卷梁有蹇子一卷，今亡。

玄言新記明莊部二卷梁澡撰。

守白論一卷

任子道論十卷魏河東太守任嘏撰。梁有渾輿經一卷，魏安成令桓威撰，亡。

唐子十卷吳唐滂撰。梁有蘇子七卷，晉北中郎參軍蘇彥撰；宣子二卷，晉宣城令宣舒撰〔一七〕；陸子十卷，陸雲撰。亡。

杜氏幽求新書二十卷杜夷撰。

抱朴子內篇二十一卷、音一卷葛洪撰。梁有顧道士新書論經三卷，晉方士顧谷撰，亡。

孫子十二卷孫綽撰。

符子二十卷東晉員外郎符朗撰。梁有賀子述言十卷，宋太學博士賀道養撰；少子五卷，齊司徒左長史張融撰；梁有養生論三卷，嵇康撰；攝生論二卷，晉河內太守阮侃撰；無宗論四卷，聖人無情論六卷。亡。

夷夏論一卷顧歡撰。梁二卷。梁又有談衆三卷，亡。

簡文談疏六卷晉簡文帝撰。

無名子一卷張太衡撰。

玄子五卷

遊玄桂林二十一卷、目一卷張譏撰。

廣成子十三卷商洛公撰。張太衡注，疑近人作。

右七十八部，合五百二十五卷。

道者，蓋爲萬物之奥，聖人之至賾也。易曰：「一陰一陽之謂道。」又曰：「仁者見之謂之仁，智者見之謂之智，百姓日用而不知。」夫陰陽者，天地之謂也。天地變化，萬物蠢生，則有經營之迹。至於道者，精微淳粹，而莫知其體，處陰與陰爲一，在陽與陽不二。仁者資道以成仁，道非仁之謂也；智者資道以爲智，道非智之謂也；百姓資道而日用，而不知其用也。聖人體道成性，清虛自守，爲而不恃，長而不宰，故能不勞聰明而人自化，不假脩營而功自成。其玄德深遠，言象不測。先王懼人之惑，置于方外，六經之義，是所罕言。周官九兩，其三曰師，蓋近之矣。然自黄帝以下，聖哲之士，所言道者，傳之其人，世無師說。漢時，曹參始薦蓋公能言黄老，文帝宗之。自是相傳，道學衆矣。下士爲之，不推其本，苟以異俗爲高，狂狷爲尚，迂誕譎怪而失其真。

管子十九卷齊相管夷吾撰。

商君書五卷秦相衛鞅撰。梁有申子三卷，韓相申不害撰，亡。

慎子十卷戰國時處士慎到撰。

韓子二十卷、目一卷韓非撰。梁有朝氏新書三卷，漢御史大夫鼂錯撰〔一八〕，亡。

正論六卷漢大尚書崔寔撰。梁有法論十卷，劉邵撰；政論五卷，魏侍中劉廙撰；阮子正論五卷，魏清河太守阮武撰。亡。

世要論十二卷魏大司農桓範撰。梁有二十卷。又有陳子要言十四卷，吴豫章太守陳融撰；蔡司徒難論五卷，晉三公令史黄命撰。亡。

右六部，合七十二卷。

法者，人君所以禁淫慝，齊不軌，而輔於治者也。易著「先王明罰飭法」，書美「明于五刑，以弼五教」。周官，司寇「掌建國之三典，以佐王刑邦國，詰四方」；司刑「以五刑之法，麗萬民之罪」，是也。刻者爲之，則杜哀矜，絕仁愛，欲以威劫爲化，殘忍爲治，乃至傷恩害親。

鄧析子一卷析，鄭大夫。

尹文子二卷尹文，周之處士，遊齊稷下。

士操一卷魏文帝撰〔一九〕。梁有刑聲論一卷，亡。

人物志三卷劉邵撰。梁有士緯新書十卷，姚信撰，又姚氏新書二卷，與士緯相似；九州人士論一卷，魏司空盧毓撰；通古人論一卷。亡。

右四部，合七卷。

名者，所以正百物，敍尊卑，列貴賤，各控名而責實，無相僭濫者也。春秋傳曰：「古者名位不同，節文異數。」孔子曰：「名不正則言不順，言不順則事不成。」周官，宗伯「以九儀之命，正邦國之位，辨其名物之類」，是也。拘者爲之，則苛察繳繞，滯於析辭而失大體。

墨子十五卷、目一卷宋大夫墨翟撰。

隨巢子一卷巢，似墨翟弟子。

胡非子一卷非，似墨翟弟子。梁有田俅子一卷〔二〇〕，亡。

右三部，合一十七卷。

墨者，强本節用之術也。上述堯、舜、夏禹之行，茅茨不翦，糲粱之食，桐棺三寸，貴儉兼愛，嚴父上德，以孝示天下，右鬼神而非命。漢書以爲本出清廟之守。然則周官宗伯「掌建邦之天神地祇人鬼」，肆師「掌立國祀及兆中廟中之禁令」，是其職也。愚者爲之，則守於節儉，不達時變，推心兼愛，而混於親疎也。

鬼谷子三卷皇甫謐注。鬼谷子，周世隱於鬼谷。梁有補闕子十卷，湘東鴻烈十卷，並元帝撰，亡。

鬼谷子三卷樂一注。

右二部，合六卷。

從横者，所以明辯説，善辭令，以通上下之志者也。漢書以爲本出行人之官，受命出疆，臨事而制。故曰：「誦詩三百，使于四方，不能專對，雖多亦奚以爲？」周官，掌交「以節與幣，巡邦國之諸侯及萬姓之聚，導王之德意志慮，使辟行之，而和諸侯之好，達萬民之説；諭以九税之利，九儀之親，九牧之維，九禁之難，九戎之威」，是也。佞人爲之，則便辭利口，傾危變詐，至於賊害忠信，覆邦亂家。

尉繚子五卷梁并録六卷。尉繚，梁惠王時人。　　尸子二十卷、目一卷梁十九卷。秦相衞鞅上客尸佼撰。其九篇亡，魏黃初中續。

呂氏春秋二十六卷秦相呂不韋撰，高誘注。

淮南子二十一卷漢淮南王劉安撰，許慎注。

淮南子二十一卷高誘注。

論衡二十九卷後漢徵士王充撰。梁有洞序九卷、録一卷，應奉撰，亡。

風俗通義三十一卷録一卷。應劭撰。梁三十卷。

仲長子昌言十二卷録一卷。漢尚書郎仲長統撰。

蔣子萬機論八卷蔣濟撰。梁有篤論四卷，杜恕撰；芻蕘論五卷，鍾會撰；梁有諸葛子五卷，吳太傅諸葛恪撰。亡。

傅子百二十卷晉司隸校尉傅玄撰。嘿記三卷，吳大鴻臚張儼撰。裴氏新言五卷，吳大鴻臚裴玄撰[一二]。梁有新義十八卷，吳太子中庶子劉廞撰；析言論二十卷，晉議郎張顯撰；桑丘先生書二卷，晉征南軍師楊偉撰。亡。

時務論十二卷楊偉撰。梁有古世論十七卷，桓子一卷，秦子三卷，吳秦菁撰；劉子十卷，何子五卷。亡。

立言六卷蘇道撰。梁有孔氏說林二卷，孔衍撰，亡。

抱朴子外篇三十卷葛洪撰。梁有五十一卷。

金樓子十卷梁元帝撰。

博物志十卷張華撰。

張公雜記一卷張華撰。梁有五卷，與博物志相似，小小不同。又有雜記十卷，何氏撰，亡。

雜記十一卷張華撰。梁有子林二十卷，孟儀撰，亡。

廣志二卷郭義恭撰。

部略十五卷

博覽十三卷

諫林五卷齊晉陵令何望之撰〔二二〕。

述政論十三卷陸澄撰。

古今注三卷崔豹撰。

古今訓十一卷張顯撰。

古今善言三十卷宋車騎將軍范泰撰。

善諫二卷宋領軍長史虞通之撰。

缺文十三卷陸澄撰。

政論十三卷陸澄撰。

記聞二卷宋後軍參軍徐益壽撰。

新舊傳四卷

釋俗語八卷劉霽撰。

稱謂五卷後周大將軍盧辯撰。

備遺記三卷

纂要一卷戴安道撰，亦云顏延之撰。

方類六卷

俗說三卷沈約撰。梁五卷。

雜說二卷沈約撰。

袖中記二卷沈約撰。

袖中略集一卷沈約撰。

珠叢一卷沈約撰。

採璧三卷梁中書舍人庾肩吾撰。

物始十卷謝吳撰〔二三〕。

宜覽二十二卷

玉府集八卷

鴻寶十卷

顯用九卷

墳典三十卷盧辯撰。

玉燭寶典十二卷著作郎杜臺卿撰。
典言四卷後魏人李穆叔撰。
典言四卷後齊中書郎荀士遜等撰。
補文六卷
四時録十二卷
正訓二十卷
内訓二十卷
雜略十三卷
清神三卷
前言八卷
會林五卷
對林十卷
道言六卷叱羅羨撰。
道術志三卷
述伎藝一卷
諸書要略一卷魏彦深撰。
文府五卷梁有文章義府三十卷。
語對十卷朱澹遠撰。
語麗十卷朱澹遠撰。
對要三卷
雜語三卷
衆書事對三卷
廊廟五格二卷王彬撰。
名數八卷
新言四卷裴立撰〔二四〕。
善説五卷
君臣相起發事三卷
物重名五卷
真注要録一卷
天地體二卷

雜事鈔二十四卷

雜書鈔四十四卷

子抄三十卷梁黟令庾仲容撰。

子鈔二十卷梁有子鈔十五卷，沈約撰，亡。

論集八十六卷殷仲堪撰。梁九十六卷。梁又有雜論五十八卷，雜論十三卷，亡。

皇覽一百二十卷繆襲等撰〔二五〕。梁六百八十卷。梁又有皇覽一百二十三卷，何承天合；皇覽五十卷，徐爰合，皇覽目四卷；又有皇覽抄二十卷，梁特進蕭琛抄。亡。

帝王集要三十卷崔安撰〔二六〕。

類苑一百二十卷梁征虜刑獄參軍劉孝標撰。梁七録八十二卷。

華林遍略六百二十卷梁綏安令徐僧權等撰。

要録六十卷

壽光書苑二百卷梁尚書左丞劉杳撰。

科録二百七十卷〔二七〕元暉撰。

書圖泉海二十卷陳張式撰。

聖壽堂御覽三百六十卷

長洲玉鏡二百三十八卷

書鈔一百七十四卷

釋氏譜十五卷

内典博要三十卷

淨住子二十卷齊竟陵王蕭子良撰。

因果記十卷

歷代三寶記三卷費長房撰。

真言要集十卷

義記二十卷蕭子良撰。

感應傳八卷宋尚書郎王延秀撰〔二八〕。

衆僧傳二十卷裴子野撰。

高僧傳六卷虞孝敬撰。

皇帝菩薩清淨大捨記三卷謝吳撰，亡。

寶臺四法藏目録一百卷大業中撰。

玄門寶海一百二十卷大業中撰。

右九十七部，合二千七百二十卷。

雜者，兼儒、墨之道，通衆家之意，以見王者之化，無所不冠者也。古者，司史歷記前言往行，禍福存亡之道。然則雜者，蓋出史官之職也。放者爲之，不求其本，材少而多學，言非而博，是以雜錯漫羨，而無所指歸。

氾勝之書二卷漢議郎氾勝之撰。

四人月令一卷〔一九〕後漢大尚書崔寔撰。

禁苑實録一卷

齊民要術十卷賈思勰撰。

春秋濟世六常擬議五卷楊瑾撰。梁有陶朱公養魚法，卜式養羊法、養猪法、月政畜牧栽種法，各一卷，亡。

右五部，一十九卷。

農者，所以播五穀，藝桑麻，以供衣食者也。書敍八政，其一曰食，二曰貨。孔子曰：「所重民食。」周官，冢宰「以九職任萬民」，其一曰「三農生九穀」；地官司稼「掌巡邦野之稼，而辨穜稑之種，周知其名與其所宜地，以爲法而縣于邑閭」，是也。鄙者爲之，則棄君臣之義，佝耕稼之利，而亂上下之序。

燕丹子一卷丹，燕王喜太子。梁有青史子一卷；又宋玉子一卷、録一卷，楚大夫宋玉撰；羣英論一卷，郭頒撰；語林十卷，東晉處士裴啓撰。亡。

雜語五卷

郭子三卷東晉中郎郭澄之撰。

雜對語三卷

要用語對四卷

文對三卷

瑣語一卷梁金紫光禄大夫顧協撰。

笑林三卷後漢給事中邯鄲淳撰。

笑苑四卷

解頤二卷楊松玢撰〔三〇〕。

世説八卷宋臨川王劉義慶撰。

世説十卷劉孝標注。梁有俗説一卷，亡。

小説十卷梁武帝勑安右長史殷芸撰。梁目，三十卷。

小説五卷

邇説一卷梁南臺治書伏挺撰〔三一〕。

辯林二十卷蕭賁撰。

辯林二卷席希秀撰。

瓊林七卷周獸門學士陰顥撰〔三二〕。

古今藝術二十卷

雜書鈔十三卷

座右方八卷庾元威撰。

座右法一卷

魯史欹器圖一卷儀同劉徽注〔三三〕。

器準圖三卷後魏丞相士曹行參軍信都芳撰。

水飾一卷

右二十五部，合一百五十五卷。

小説者，街説巷語之説也。傳載輿人之誦，詩美詢于芻蕘。古者聖人在上，史爲書，瞽爲詩，工誦箴諫，大夫規誨，士傳言而庶人謗。孟春，徇木鐸以求歌謠，巡省觀人詩，以知風俗。過則正之，失則改之，道聽塗説，靡不畢紀。周官，誦訓「掌道方志以詔觀事，道方慝以詔辟忌，以知地俗」；而訓方氏「掌道四方之政事，與其上下之志，誦四方之傳道而觀新物」〔三四〕，是也。孔子曰：「雖小道，必有可觀者焉，致遠恐泥。」

司馬兵法三卷齊將司馬穰苴撰。

孫子兵法二卷吳將孫武撰，魏武帝注。梁三卷。

孫子兵法一卷魏武、王凌集解。

孫武兵經二卷張子尚注。

鈔孫子兵法一卷魏太尉賈詡鈔。梁有孫子兵法二卷，孟氏解詁；孫子兵法二卷，吳處士沈友撰；又孫子八陣圖一卷。亡。

吳起兵法一卷賈詡注。

吳孫子牝牡八變陣圖二卷〔三五〕

續孫子兵法二卷魏武帝撰。

孫子兵法雜占四卷梁有諸葛亮兵法五卷，又

慕容氏兵法一卷，亡。
皇帝兵法一卷宋武帝所傳神人書。梁有雜兵注二十四卷，兵法序二卷，亡。
太公六韜五卷梁六卷。周文王師姜望撰。
太公陰謀一卷梁六卷。梁又有太公陰謀三卷，魏武帝解。
太公陰符鈐録一卷
太公金匱二卷
太公兵法二卷梁三卷。
太公兵法六卷梁有太公雜兵書六卷。
太公伏符陰陽謀一卷
黄帝兵法孤虚雜記一卷
太公三宫兵法一卷梁有太一三宫兵法立成圖二卷。
太公書禁忌立成集二卷
太公枕中記一卷
周書陰符九卷
周呂書一卷
黄石公内記敵法一卷
黄石公三略三卷下邳神人撰，成氏注。梁又有黄石公記三卷，黄石公略注三卷〔三六〕。
黄石公三奇法一卷梁有兵書一卷，張良經與三略往往同，亡。
黄石公五壘圖一卷
黄石公陰謀行軍祕法一卷梁有黄石公祕經二卷。
大將軍兵法一卷
黄石公兵書三卷
兵書接要十卷魏武帝撰。梁有兵書接要別本五卷，又有兵書要論七卷，亡。

兵法接要三卷魏武帝撰。

三宮用兵法一卷

兵書略要九卷魏武帝撰。梁有兵要二卷。

魏武帝兵法一卷梁有魏時羣臣表伐吳策一卷，諸州策四卷，軍令八卷，尉繚子兵書一卷。

兵林六卷東晉江都相孔衍撰。

兵林一卷

玄女戰經一卷

武林一卷王略撰。

黃帝問玄女兵法四卷梁三卷。

秦戰鬭一卷

梁主兵法一卷

梁武帝兵書鈔一卷〔三七〕

梁武帝兵書要鈔一卷

玉韜十卷梁元帝撰。

金韜十卷

金策十九卷

兵書要略五卷後周齊王宇文憲撰。

兵書七卷

兵書要術四卷伍景志撰。

兵記八卷司馬彪撰。一本二十卷。

兵書要序十卷趙氏撰。

兵法五卷

雜兵書十卷梁有雜兵書八卷，三家兵法要集三卷，戎略機品二卷，亡。

大將軍一卷

雜兵圖二卷

兵略五卷

軍勝見十卷許昉撰。

戎決十三卷許昉撰。

陣圖一卷

陰策二十二卷大都督劉祐撰。

陰策林一卷

承神兵書二十卷

真人水鏡十卷

戰略二十六卷金城公趙煚撰。

金海三十卷蕭吉撰。

兵書二十五卷

雜撰陰陽兵書五卷莫珍寶撰。

黃帝兵法雜要決一卷

黃帝軍出大師年命立成一卷

黃帝複姓符二卷許昉撰。梁有辟兵法一卷。

黃帝太一兵歷一卷

黃帝蚩尤風后行軍祕術二卷梁有黃帝蚩尤兵法一卷，亡。

老子兵書一卷

吴有道占出軍決勝負事一卷梁二卷。又黃帝出軍雜用決十二卷，風氣占軍決勝戰二卷，太史令吴範撰〔三八〕。

對敵權變一卷吴氏撰。

對敵占風一卷梁有黃帝夏氏占氣六卷，兵法風氣等占三卷，亡。

對敵權變逆順一卷

兵法權儀一卷

六甲孤虛雜決一卷梁有孫子戰鬬六甲兵法一卷。

六甲孤虛兵法一卷

孤虛法十卷梁有兵法遁甲孤虛斗中域法九卷。

兵書雜占十卷梁有兵法日月風雲背向雜占十二卷，兵法三卷，虛占三卷，京氏征伐軍候八卷。

兵書雜歷八卷

太一兵書一十一卷梁二十卷。

兵書內術二卷

兵法要決九卷〔三九〕闕一卷。

軍國要略一卷

兵法要録二卷

用兵撮要二卷

用兵要術一卷

用兵祕法雲氣占一卷

五家兵法一卷

兵法三家軍占祕要一卷李行撰。

氣經上部占一卷

天大芒霧氣占一卷

鬼谷先生占氣一卷

五行候氣占災一卷

乾坤氣法一卷

雜匈奴占一卷漢武帝王朔注〔四〇〕。

對敵占一卷

雜占八卷梁有推元嘉十二年日時兵法二卷，逆推元嘉二十年太歲計用兵法一卷〔四一〕。

兵殺歷一卷

馬槊譜一卷梁二卷。梁有騎馬都格一卷，騎馬變圖一卷，馬射譜一卷，亡。

棊勢四卷梁有術藝略序五卷，孫暢之撰；圍棊勢七卷，湘東太守徐泓撰；齊高棊圖二卷；圍棊九品序録五卷，范汪等撰；圍棊勢二十九卷，晉趙王倫舍人馬朗等撰；棊品敍略三卷；建元永明棊品二卷，宋員外殿中將軍褚思莊撰；天監棊品一卷，梁尚書僕射柳惲撰。亡。

雜博戲五卷

投壺經一卷

梁東宮撰太一博法一卷

雙博法一卷

皇博法一卷梁有大小博法一卷，投壺經四卷，投壺變一卷，晉左光禄大夫虞潭撰；投壺道一卷，郝沖撰；擊壤經一卷。亡。

象經一卷周武帝撰。

博塞經一卷邵綱撰。

碁勢十卷沈敞撰。

碁勢十卷二卷，成。

碁勢十卷王子沖撰。

碁勢八卷

碁圖勢十卷

碁九品序録一卷范汪等注。

碁後九品序一卷袁遵撰。

圍碁品一卷梁武帝撰。

碁品序一卷陸雲公撰〔四二〕。

碁法一卷梁武帝撰。

彈碁譜一卷徐廣撰。

二儀十博經一卷

象經一卷王褒注。

象經三卷王裕注。

象經一卷何妥注。

象經發題義一卷

右一百三十三部，五百一十二卷。

兵者，所以禁暴靜亂者也。易曰：「古者弦木爲弧，剡木爲矢，弧矢之利，以威天下。」

孔子曰：「不教人戰，是謂棄之。」周官，大司馬「掌九法九伐，以正邦國」，是也。然皆動之以仁，行之以義，故能誅暴靜亂，以濟百姓。下至三季，恣情逞欲，爭伐尋常，不撫其人，設變詐而滅仁義，至乃百姓離叛，以致於亂。

周髀一卷趙嬰注。

周髀一卷甄鸞重述。

周髀圖一卷

靈憲一卷張衡撰。

渾天象注一卷吳散騎常侍王蕃撰。

渾天義二卷

渾天圖一卷石氏。

渾天圖一卷

渾天圖記一卷梁有昕天論一卷，姚信撰；安天論六卷，虞喜撰〔四三〕；圖天圖一卷，原天論一卷，神光內抄一卷。

定天論三卷

天儀說要一卷陶弘景撰。

玄圖一卷

石氏星簿經讚一卷

星經二卷

甘氏四七法一卷

巫咸五星占一卷

天儀說要一卷陶弘景撰。

録軌象以頌其章一卷內有圖。

天文集占十卷晉太史令陳卓定。

天文要集四十卷晉太史令韓楊撰。

天文要集四卷

天文要集三卷

天文集占十卷梁百卷。梁有石氏、甘氏天文占各八卷。

天文占六卷李暹撰。

天文占一卷

天文占氣書一卷

天文集要鈔二卷

天文書二卷梁有雜天文書二十五卷。

雜天文橫占一卷

天文橫圖一卷高文洪撰。

天文集占圖十一卷梁有天文五行圖十二卷，天文雜占十六卷，亡。

天文録三十卷梁奉朝請祖暅撰〔四四〕。

天文志十二卷吴雲撰。

天文志雜占一卷吴雲撰。梁有天文雜占十五卷，亡。

天文十二卷史崇注。

天文十二次圖一卷梁有天宮宿野圖一卷，亡。

婆羅門天文經二十一卷婆羅門捨仙人所說。

婆羅門竭伽仙人天文說三十卷

婆羅門天文一卷

陳卓四方宿占一卷梁四卷。

黄帝五星占一卷

五星占一卷丁巡撰。

五星占一卷梁有五星集占六卷，日月五星集占十卷。

五星占一卷陳卓撰。

五星犯列宿占六卷

雜星書一卷

星占二十八卷孫僧化等撰。

星占一卷梁有石氏星經七卷，陳卓記；又石氏星官十九卷，又星經七卷，郭歷撰。亡。

天官星占十卷陳卓撰。梁天官星占二十卷，吳襲撰。

星占八卷梁又有星占十八卷。

中星經簿十五卷梁有星官簿贊十三卷，又有星書三十四卷，雜家星占六卷，論星一卷，亡。

著明集十卷

雜星圖五卷

天文外官占八卷

雜星占七卷

雜星占十卷

海中星占一卷梁有論星一卷。

星圖海中占一卷

解天命星宿要決一卷

摩登伽經說星圖一卷

星圖二卷梁有星書圖七卷。

彗星占一卷

妖星流星形名占一卷

太白占一卷

流星占一卷

石氏星占一卷吳襲撰。

候雲氣一卷

星官次占一卷

彗孛占一卷

二十八宿二百八十三官圖一卷

荊州占二十卷宋通直郎劉嚴撰。梁二十二卷。

翼氏占風一卷

日月暈三卷梁日月暈圖二卷。

孝經内記二卷
京氏釋五星災異傳一卷
京氏日占圖三卷
夏氏日旁氣一卷許氏撰。梁四卷。
日食蔕候占一卷
魏氏日旁氣圖一卷
日旁雲氣圖五卷
天文占雲氣圖一卷梁有雜望氣經八卷，候氣占一卷，章賢十二時雲氣圖二卷。
天文洪範日月變一卷
洪範占二卷梁有洪範五行星曆四卷。
黄道晷景占一卷梁有晷景記二卷。
月行黄道圖一卷梁有日月交會圖鄭玄注一卷，又日月本次位圖二卷。
右九十七部，合六百七十五卷。

月暈占一卷
日月食暈占四卷
日食占一卷
日月薄蝕圖一卷
日變異食占一卷
日月暈珥雲氣圖占一卷梁有君失政大雲雨日月占二卷。
二十八宿十二次一卷
二十八宿分野圖一卷
五緯合雜一卷
五星合雜説一卷
垂象志一百四十八卷
太史注記六卷
靈臺祕苑一百一十五卷太史令庾季才撰。

天文者，所以察星辰之變，而參於政者也。易曰：「天垂象，見吉凶。」書稱：「天視自我人視，天聽自我人聽。」故曰：「王政不脩，謫見于天，日爲之蝕。后德不修，謫見于天，月爲之蝕。」其餘孛彗飛流，見伏陵犯，各有其應。周官，馮相「掌十有二歲、十有二月、十有二辰、十日、二十有八星之位，辨其敍事，以會天位」，是也。小人爲之，則指凶爲吉，謂惡爲善，是以數術錯亂而難明。

四分曆三卷梁四分曆三卷，漢修曆人李梵撰。梁又有三統曆法三卷，劉歆撰，亡。

趙隱居四分曆一卷

魏甲子元三統曆一卷

姜氏三紀曆一卷

曆序一卷姜氏撰。

乾象曆三卷吳太子太傅闞澤撰。梁有乾象曆五卷，漢會稽都尉劉洪等注；又有闞澤注五卷，又乾象五星幻術一卷。亡。

曆術一卷吳太史令吳範撰。

景初曆三卷晉楊偉撰。梁有景初曆術二卷，景初曆法三卷，又一本五卷，並楊偉撰；并景初曆略要二卷。亡。

景初壬辰元曆一卷楊沖撰。

正曆四卷晉太常劉智撰。

河西甲寅元曆一卷涼太史趙𢾺撰。

甲寅元曆序一卷趙𢾺撰。

宋元嘉曆二卷何承天撰。梁又有元嘉曆統二

卷，元嘉中論曆事六卷，元嘉曆疏一卷，元嘉二十六年度日景數一卷，亡。

曆術一卷何承天撰。梁有驗日食法三卷，何承天撰；又有論頻月合朔法五卷，雜曆七卷，曆法集十卷，又曆術十卷；京氏要集曆術四卷，姜岌撰。亡。

曆術一卷崔浩撰。

神龜壬子元曆一卷後魏護軍將軍祖瑩撰。

魏後元年甲子曆一卷

壬子元曆一卷後魏校書郎李業興撰。

甲寅元曆序一卷趙𢾺撰。

魏武定曆一卷

齊甲子元曆一卷宋氏撰。

宋景業曆一卷景業，後齊散騎常侍。

周天和年曆一卷甄鸞撰。

甲子元曆一卷李業興撰。

周大象年曆一卷王琛撰。

曆術一卷王琛撰。

壬辰元曆一卷

甲午紀曆術一卷

新造曆法一卷

開皇甲子元曆一卷

曆術一卷華州刺史張賓撰。

七曜本起三卷後魏甄叔遵撰。

七曜小甲子元曆一卷

七曜曆術一卷梁七曜曆法四卷。

七曜要術一卷

七曜曆法一卷

推七曜曆一卷

五星曆術一卷

天圖曆術一卷
陳永定七曜曆四卷
陳天嘉七曜曆七卷
陳天康二年七曜曆一卷
陳光大元年七曜曆二卷
陳光大二年七曜曆一卷
陳太建年七曜曆十三卷
陳至德年七曜曆二卷
陳禎明年七曜曆二卷
開皇七曜年曆一卷〔四五〕
仁壽二年七曜曆一卷
七曜曆經四卷張賓撰。
春秋去交分曆一卷
曆日義說一卷
律曆注解一卷

龍曆草一卷
推漢書律曆志術一卷
推曆法一卷崔隱居撰。
曆疑質讞序二卷
興和曆疏二卷
七曜曆數筭經一卷趙敺撰。
筭元嘉曆術一卷
七曜曆疏一卷李業興撰。
七曜義疏一卷李業興撰。
七曜術筭二卷甄鸞撰。
七曜曆疏五卷太史令張胄玄撰。
陰陽曆術一卷趙敺撰。梁有朔氣長曆二卷，皇甫謐撰；曆章句二卷，月令七十二候一卷，三五曆說圖一卷。亡。
雜注一卷

曆注一卷

曆記一卷

雜曆二卷

雜曆術一卷梁三棊推法一卷。

太史注記六卷

太史記注六卷

見行曆一卷

八家曆一卷

漏刻經一卷何承天撰。梁有後漢待詔太史霍融、何承天、楊偉等撰三卷，亡。

漏刻經一卷祖暅撰。

漏刻經一卷梁中書舍人朱史撰。

漏刻經一卷梁伏撰〔四六〕。梁有天監五年修漏刻事一卷，亡。

漏刻經一卷陳太史令宋景撰。

雜漏刻法十一卷皇甫洪澤撰。

晷漏經一卷

九章術義序一卷

九章筭術十卷劉徽撰。

九章筭術二卷徐岳、甄鸞重述。

九章筭術一卷李遵義疏。

九九筭術二卷楊淑撰。

九章別術二卷

九章筭經二十九卷徐岳、甄鸞等撰。

九章筭經二卷徐岳注。

九章六曹筭經一卷

九章重差圖一卷劉徽撰。

九章推圖經法一卷張峻撰。

綴術六卷

孫子筭經二卷

趙敺筭經一卷

夏侯陽筭經二卷

張丘建筭經二卷

五經筭術録遺一卷

五經筭術一卷

筭經異義一卷張纘撰。

張去斤筭疏一卷

筭法一卷

黃鍾筭法三十八卷

筭律呂法一卷

衆家筭陰陽法一卷

婆羅門筭法三卷

婆羅門陰陽筭曆一卷

婆羅門筭經三卷

右一百部，二百六十三卷。

曆數者，所以揆天道，察昬明，以定時日，以處百事，以辨三統，以知阨會，吉隆終始，窮理盡性，而至於命者也。易曰：「先王以治曆明時。」書敍：「朞，三百有六旬有六日，以閏月定四時，成歲。」春秋傳曰：「先王之正時也，履端於始，舉正於中，歸餘於終。」又曰：「閏以正時，時以序事，事以厚生，生民之道。」其在周官，則亦太史之職。小人爲之，則壞大爲小，削遠爲近，是以道術破碎而難知。

黃帝飛鳥曆一卷張衡撰。

黃帝四神曆一卷吳範撰。

黄帝地曆一卷

黄帝斗曆一卷

黄石公北斗三奇法一卷

風角集要占十二卷

風角要占三卷梁八卷，京房撰。

風角占三卷梁有侯公領中風角占四卷，亡。

風角總占要決十一卷梁有風角總集一卷，風角雜占要決十二卷，亡。

風角雜占四卷梁有風角雜占十卷，亡。

風角要集十卷

風角要集六卷梁十一卷。

風角要集一卷

風角要候十一卷翼奉撰。

風角書十二卷梁十卷。

風角七卷章仇太翼撰。

風角占候四卷梁有風角雜兵候十三卷，亡。

風角鐶歷占二卷呂氏撰。

風角要候一卷章仇太翼撰。

兵法風角式一卷

戰鬬風角鳥情三卷梁有風角五音六情經十三卷，風角兵候十二卷，亡。

風角鳥情一卷翼氏撰。

風角鳥情二卷儀同臨孝恭撰。

陰陽風角相動法一卷梁有風角迴風卒起占五卷，風角地辰一卷，風角望氣八卷，風雷集占一卷。

五音相動法二卷

五音相動法一卷梁有風角五音占五卷，京房撰，亡。

風角五音圖二卷

風角雜占五音圖五卷翼氏撰。梁十三卷，京房撰，翼奉撰，亡。
黄帝九宫經一卷
九宫經三卷鄭玄注。梁有黄帝四部九宫五卷，亡。
九宫行棊經三卷鄭玄注。
九宫行棊經三卷
九宫行棊法一卷房氏撰。
九宫行棊立成法一卷王琛撰〔四七〕。
九宫行棊雜法一卷
九宫行棊法一卷
行棊新術一卷
九宫行棊鈔一卷
九宫推法一卷
三元九宫立成二卷
九宫要集一卷豆盧晃撰。
九宫經解二卷李氏注。
九宫圖一卷
九宫變圖一卷
九宫八卦式蟠龍圖一卷
九宫郡縣録一卷
九宫雜書十卷梁有太一九宫雜占十二卷，亡。
射候二卷
太一飛鳥曆一卷王琛撰。
太一飛鳥曆一卷
太一飛鳥曆二卷
太一十精飛鳥曆一卷
太一飛鳥立成一卷
太一飛鳥雜決捕盜賊法一卷
太一三合五元要決一卷梁有黄帝太一雜書十

六卷，黄帝太一度厄祕術八卷，太一帝記法八卷，太一雜用十四卷，太一雜要七卷，雜太一經八卷，亡。

太一龍首式經一卷董氏注。梁三卷。梁又有式經三十三卷，亡。

太一經二卷宋琨撰。

太一式雜占十卷梁二十卷。

太一九宫雜占十卷

黄帝飛鳥曆一卷

黄帝集靈三卷

黄帝絳圖一卷

黄帝龍首經二卷

黄帝式經三十六用一卷曹氏撰。

黄帝式用當陽經二卷〔四八〕

黄帝奄心圖一卷

玄女式經要法一卷

黄帝陰陽遯甲六卷

遯甲決一卷吴相伍子胥撰。

遯甲文一卷伍子胥撰。

遯甲經要鈔一卷

遯甲萬一決二卷

遯甲九元九局立成法一卷

遯甲肘後立成囊中祕一卷葛洪撰。

遯甲囊中經一卷

遯甲囊中經疏一卷

遯甲立成六卷

遯甲敍三元玉曆立成一卷郭弘遠撰。

遯甲立成一卷

遯甲立成法一卷臨孝恭撰。

遯甲穴隱祕處經一卷

黃帝九元遯甲一卷王琛撰。

黃帝出軍遯甲式法一卷

遯甲法一卷

遯甲術一卷

陽遯甲用局法一卷臨孝恭撰。

雜遯甲鈔四卷

三元遯甲上圖一卷

三元遯甲圖三卷

遯甲九宮八門圖一卷

遯甲開山圖三卷榮氏撰。

遯甲返覆圖一卷葛洪撰。

遯甲年録一卷

遯甲支手決一卷

遯甲肘後立成一卷

遯甲行日時一卷

遯甲孤虛記一卷伍子胥撰。

遯甲孤虛注一卷

東方朔歲占一卷

斗中孤虛圖一卷

孤虛占一卷

遯甲九宮亭亭白姦書一卷

戰鬬博戲等法一卷

玉女反閉局法三卷

逆刺一卷京房撰。

逆刺占一卷

逆刺總決一卷

壬子決一卷

鳥情占一卷王喬撰。

鳥情逆占一卷

鳥情書二卷

鳥情雜占禽獸語一卷

占鳥情二卷

六情決一卷王琛撰。

六情鳥音内祕一卷焦氏撰。

孝經元辰決九卷

孝經元辰二卷

元辰本屬經一卷

推元辰厄會一卷

元辰事一卷

元辰救生削死法一卷

推元辰要祕次序一卷

元辰章用二卷

雜推元辰要祕立成六卷

元辰立成譜一卷

方正百對一卷京房撰。

晉災祥一卷京房撰。

災祥集七十六卷

地形志八十七卷庾季才撰。

海中仙人占災祥書三卷

周易占事十二卷漢魏郡太守京房撰。

遁甲三卷梁有遁甲經十卷，遁甲正經五卷，太一遁甲一卷，亡。

遁甲要用四卷葛洪撰。

遁甲祕要一卷葛洪撰。

遁甲要一卷葛洪撰。

遁甲三十三卷後魏信都芳撰。

三元遁甲六卷許昉撰。

三元遁甲六卷陳員外散騎常侍劉毗撰。

三元遁甲二卷梁太一遁甲一卷，遁甲三元三卷。

三元九宮遁甲二卷梁有遁甲三元三卷，亡。

三正遯甲一卷杜仲撰。

遯甲三十五卷

遯甲時下決三十三卷

陰陽遯甲十四卷

遯甲正經三卷梁五卷。

遯甲經十卷

遯甲開山圖一卷梁遯甲開山經圖一卷。

遯甲九星曆一卷

遯甲三奇三卷

遯甲推時要一卷

遯甲三元九甲立成一卷

雜遯甲五卷梁九卷。遯甲經外篇一百卷，六甲隱圖并遯甲圖二卷，亡。

陽遯甲九卷釋智海撰。

陰遯甲九卷

武王須臾二卷

六壬式經雜占九卷梁有六壬式經三卷，亡。

六壬釋兆六卷

破字要決一卷

桓安吴式經一卷梁有雜式占五卷，式經雜要決、式立成各九卷，式王曆〔四九〕、伍子胥式經章句、起射覆式、越相范蠡玉笥式，各二卷，亡。

光明符十二卷録一卷，梁簡文帝撰。

龜經一卷晉掌卜大夫史蘇撰。梁有史蘇龜經十卷〔五〇〕；龜決二卷，葛洪撰；管郭近要決、龜音色、九宮蓍龜序各一卷；龜卜要決、龜圖五行九親各四卷；又龜親經三十卷，周子曜撰。亡。

史蘇沉思經一卷

龜卜五兆動摇決一卷

周易占十二卷京房撰。梁周易妖占十三卷，京房撰。

周易守林三卷京房撰。

周易集林十二卷京房撰。七録云，伏萬壽撰。

周易飛候九卷京房撰。梁有周易飛候六日七分八卷，亡。

周易飛候六卷京房撰。

周易四時候四卷京房撰。

周易錯卦七卷京房撰。

周易混沌四卷京房撰。

周易委化四卷京房撰。

周易逆刺占災異十二卷京房撰。

周易占一卷張浩撰〔五一〕。

周易雜占十三卷

周易雜占十一卷

周易雜占九卷尚廣撰。梁有周易雜占八卷，武靖撰，亡。

易林十六卷焦贛撰。梁又本三十二卷。

易林變占十六卷焦贛撰。

易林二卷費直撰。梁五卷。

易內神筮二卷費直撰。梁有周易筮占林五卷，費直撰，亡。

易新林一卷後漢方士許峻等撰。梁十卷。

易災條二卷許峻撰。

易決一卷許峻撰。梁有易雜占七卷，許峻撰，又易要決三卷，亡。

周易通靈決二卷魏少府丞管輅撰。

周易通靈要決一卷管輅撰。

周易集林律曆一卷虞翻撰。梁有周易筮占二十四卷，晉徵士徐苗撰，亡。

周易新林四卷郭璞撰。梁有周易雜占十卷，葛洪撰，亡。
周易新林九卷郭璞撰。梁有周易林五卷，郭璞撰，亡。
易洞林三卷郭璞撰。
周易新林一卷
周易新林二卷
易林三卷魯洪度撰。
周易林十卷梁周易林三十三卷，録一卷。
易讚林二卷
易立成林二卷郭氏撰。
易立成四卷
易玄成一卷
周易立成占三卷顏氏撰。
神農重卦經二卷
文王幡音一卷
易三備三卷
易三備一卷
易占三卷
易射覆二卷
易射覆一卷
周易孔子通覆決三卷顏氏撰。
易林要決一卷
易要決二卷梁有周易曆、周易初學筮要法各一卷。
周易髓腦二卷
易腦經一卷鄭氏撰。
周易玄品二卷
易律曆一卷虞翻撰。
易曆七卷

易曆決疑二卷

周易卦林一卷

洞林三卷梁元帝撰。

連山三十卷梁元帝撰。

雜筮占四卷

五兆筭經一卷

十二靈棊卜經一卷梁有管公明筭占書一卷，

五行雜卜經十卷，亡。

京君明推偷盜書一卷

天皇大神氣君注曆一卷

太史公萬歲曆一卷

千歲曆祠一卷任氏撰。

萬歲曆祠二卷

萬年曆二十八宿人神一卷

六甲周天曆一卷孫僧化撰。

六十甲子曆八卷

曆祀一卷

田家曆十二卷

三合紀飢穰一卷

師曠書三卷

海中仙人占災祥書三卷

東方朔占二卷

東方朔書二卷

東方朔書鈔二卷

東方朔曆一卷

東方朔占候水旱卜人善惡一卷〔五二〕梁有擇

日書十卷，太歲所在占善惡書一卷，亡。

雜忌曆二卷魏光祿勳高堂隆撰。

百忌大曆要鈔一卷

百忌曆術一卷

百忌通曆法一卷梁有雜百忌五卷，亡。

曆忌新書十二卷

太史百忌曆圖一卷梁有太史百忌一卷，亡。

雜殺曆九卷梁有秦災異一卷，後漢中郎郗萌撰；後漢災異十五卷，晉災異簿二卷，宋災異簿四卷，雜凶妖一卷，破書、玄武書契各一卷。亡。

二儀曆頭堪餘一卷

堪餘曆二卷

注曆堪餘一卷

地節堪餘二卷

堪餘曆注一卷

堪餘四卷

大小堪餘曆術一卷梁大小堪餘三卷。

四序堪餘二卷殷紹撰。梁有堪餘天赦書七卷〔五三〕，雜堪餘四卷，亡。

八會堪餘一卷

雜要堪餘一卷

元辰五羅筭一卷

孝經元辰四卷梁有五行元辰厄會十三卷，孝經元辰會九卷，孝經元辰決一卷，亡。

元辰曆一卷

雜元辰禄命二卷

泚河禄命三卷梁有五行禄命厄會十卷，亡。

乾坤氣法一卷許辯撰。

易通統卦驗玄圖一卷

易通統圖二卷

易通統圖一卷

易新圖序一卷

易八卦命録斗内圖一卷郭璞撰。

易斗圖一卷郭璞撰。

易八卦斗內圖二卷

八卦斗內圖二卷梁有周易八卦五行圖、周易斗中八卦絕命圖、周易斗中八卦推遊年圖各一卷，亡。

周易分野星圖一卷

舉百事略一卷

五姓歲月禁忌一卷

舉百事要一卷

嫁娶經四卷

陰陽婚嫁書四卷

雜陰陽婚嫁書三卷

婚嫁書二卷

婚嫁黃籍科一卷

六合婚嫁曆一卷梁六合婚嫁書及圖，各一卷。

嫁娶迎書四卷

雜婚嫁書六卷

嫁娶陰陽圖二卷

陰陽嫁娶圖二卷

雜嫁娶房內圖術四卷

九天嫁娶圖一卷

六甲貫胎書一卷

產乳書二卷

產經一卷

推產婦何時產法一卷王琛撰。

推產法一卷

雜產書六卷

生產符儀一卷

產圖二卷

雜產圖四卷

拜官書三卷

臨官冠帶書一卷

仙人務子傳神通黃帝登壇經一卷

壇經一卷四等撰。

登壇經三卷

五姓登壇圖一卷

登壇文一卷梁有二公地基一卷，雜地基立成五卷，八神圖二卷，十二屬神圖一卷，亡。

沐浴書一卷梁有裁衣書一卷，亡。

占夢書三卷京房撰。

占夢書一卷崔元撰。

竭伽仙人占夢書一卷

占夢書一卷周宣等撰。

新撰占夢書十七卷并目録。

夢書十卷

解夢書二卷

海中仙人占體瞤及雜吉凶書三卷

海中仙人占吉凶要略二卷

雜占夢書一卷梁有師曠占五卷，東方朔占七卷，黃帝太一雜占十卷，和菟鳥鳴書、王喬解鳥語經、嚏書、耳鳴書、目瞤書各一卷，董仲舒請禱圖三卷，亡。

竈經十四卷梁簡文帝撰。梁又有祠竈書一卷，六甲祀書二卷，又有太玄禁經、白獸七變經、墨子枕中五行要記、淮南萬畢經、淮南變化術、陶朱變化術各一卷，三五步剛三十卷，五行變化墨子五卷，淮南中經四卷，六甲隱形圖五卷，太史公素王妙論二卷〔五四〕，亡。

瑞應圖三卷

瑞圖讚二卷梁有孫柔之瑞應圖記、孫氏瑞應圖贊各三卷，亡。

祥瑞圖十一卷

祥瑞圖八卷侯亶撰。

芝英圖一卷

祥異圖十一卷

災異圖一卷

地動圖一卷

張掖郡玄石圖一卷高堂隆撰。

張掖郡玄石圖一卷孟衆撰。梁有晉玄石圖一卷，晉德易天圖二卷，亡。

天鏡二卷

乾坤鏡二卷梁天鏡、地鏡、日月鏡、四規鏡經各一卷，地鏡圖六卷，亡。

望氣書七卷

雲氣占一卷梁望氣相山川寶藏祕記一卷，仙寶劍經二卷，亡。

地形志八十卷庾季才撰。

宅吉凶論三卷

相宅圖八卷

五姓墓圖一卷梁有冢書、黄帝葬山圖各四卷，五音相墓書五卷，五音圖墓書九十一卷，五姓圖山龍及科墓葬不傳各一卷，雜相墓書四十五卷，亡。

相書四十六卷

相經要録二卷蕭吉撰。相經三十卷，鍾武隸撰；相書十一卷，樊、許、唐氏〔五五〕。武王相書一卷，雜相書九卷，相書圖七卷。亡。

相手板經六卷梁相手板經、受版圖、韋氏相板印法指略抄、魏征東將軍程申伯相印法各一卷，亡。

大智海四卷

白澤圖一卷

相馬經一卷梁有伯樂相馬經、闕中銅馬法、周穆王八馬圖、齊侯大夫甯戚相牛經、王良相牛經、高堂隆相牛經、淮南八公相鵠經、浮丘公相鶴書、相鴨經、相雞經、相鵝經、相貝經、祖暅權衡記〔五六〕、稱物重率術各二卷，劉潛泉圖記三卷，亡。

右二百七十二部，合一千二十二卷。

五行者，金、木、水、火、土，五常之形氣者也。在天爲五星，在人爲五藏，在目爲五色，在耳爲五音，在口爲五味，在鼻爲五臭。在上則出氣施變，在下則養人不倦。故傳曰：「天生五材，廢一不可。」是以聖人推其終始，以通神明之變，爲卜筮以考其吉凶，占百事以觀於來物，覩形法以辨其貴賤。周官則分在保章、馮相、卜師、筮人、占夢、眂祲，而太史之職，實司總之。小數者纔得其十一，便以細事相亂，以惑於世。

黃帝素問九卷梁八卷。

黃帝甲乙經十卷音一卷。梁十二卷。

黃帝八十一難二卷梁有黃帝衆難經一卷，呂博望注，亡。

黃帝鍼經九卷梁有黃帝鍼灸經十二卷，徐悅、龍銜素鍼經並孔穴蝦蟆圖三卷〔五七〕，雜鍼經四卷，程天祚鍼經六卷，灸經五卷，曹氏灸方七卷，秦承祖偃側雜鍼灸經三卷，亡。

徐叔嚮鍼灸要鈔一卷

玉匱鍼經一卷

赤烏神鍼經一卷

岐伯經十卷

脉經十卷王叔和撰。

脉經二卷梁脉經十四卷，又脉生死要訣二卷；又脉經六卷，黄公興撰；脉經六卷，秦承祖撰；脉經十卷，康普思撰。亡。

黄帝流注脉經一卷梁有明堂流注六卷，亡。

明堂孔穴五卷梁明堂孔穴二卷，新撰鍼灸穴一卷，亡。

明堂孔穴圖三卷

明堂孔穴圖三卷梁有偃側圖八卷，又偃側圖二卷。

神農本草八卷梁有神農本草五卷，神農本草屬物二卷，神農明堂圖一卷，蔡邕本草七卷，華佗弟子吴普本草六卷，陶隱居本草十卷，隨費本草九卷，秦承祖本草六卷，王季璞本草經三卷，李譡之本草經、談道術本草經鈔各一卷，宋大將軍參軍徐叔嚮本草病源合藥要鈔五卷，徐叔嚮等四家體療雜病本草要鈔十卷，王末鈔小兒用藥本草二卷，甘濬之癰疽耳眼本草要鈔九卷，陶弘景本草經集注七卷，趙贊本草經一卷，本草經輕行、本草經利用各一卷，亡。

神農本草四卷雷公集注。

甄氏本草三卷

桐君藥録三卷梁有雲麾將軍徐滔新集藥録四卷，李譡之藥録六卷，藥法四十二卷，藥律三卷，藥性、藥對各二卷，藥目三卷，神農採藥經二卷，藥忌一卷，亡。

太清草木集要二卷陶隱居撰。

張仲景方十五卷仲景，後漢人。梁有黃素藥方二十五卷，亡。

華佗方十卷吴普撰。佗，後漢人。梁有華佗內事五卷，又耿奉方六卷，亡。

集略雜方十卷

雜藥方一卷梁有雜藥方四十六卷。

雜藥方十卷

寒食散論二卷梁有寒食散湯方二十卷，寒食散方一十卷，皇甫謐、曹翕論寒食散方二卷〔五八〕，亡。

寒食散對療一卷釋道洪撰。

解寒食散方二卷釋智斌撰。梁解散論二卷。

解寒食散論二卷梁有徐叔嚮解寒食散方六卷，釋慧義寒食解雜論七卷，亡。

雜散方八卷梁有解散方、解散論各十三卷，徐叔嚮解散消息節度八卷，范氏解散方七卷，解釋慧義解散方一卷，亡。

湯丸方十卷

雜丸方十卷梁有百病膏方十卷，雜湯丸散酒煎薄帖膏湯婦人少小方九卷，羊中散雜湯丸散酒方一卷，療下湯丸散方十卷。

石論一卷

醫方論七卷梁有張仲景辨傷寒十卷，療傷寒身驗方、徐方伯辨傷寒各一卷〔五九〕，傷寒總要二卷，支法存申蘇方五卷，王叔和論病六卷，張仲景評病要方一卷，徐叔嚮、談道述、徐悅體療雜病疾源三卷，甘濬之癰疽部黨雜病疾源三卷〔六〇〕，府藏要三卷，亡。

肘後方六卷葛洪撰。梁二卷。陶弘景補闕肘後百一方九卷，亡。

姚大夫集驗方十二卷

范東陽方一百五卷〔六一〕録一卷。范汪撰。梁一百七十六卷。梁又有阮河南藥方十六卷，阮文叔撰；釋僧深藥方三十卷，孔中郎雜藥方二十九卷，宋建平王典術一百二十卷；羊中散藥方三十卷，羊欣撰；褚澄雜藥方二十卷，齊吴郡太守褚澄撰。亡。

秦承祖藥方四十卷見三卷。梁有陽眄藥方二十八卷，夏侯氏藥方七卷，王季琰藥方一卷，徐叔嚮雜療方二十二卷，徐叔嚮雜病方六卷，李譡之藥方一卷，徐文伯藥方二卷，亡。

胡洽百病方二卷梁有治卒病方一卷；徐奘要方一卷，無錫令徐奘撰；遼東備急方三卷，都尉臣廣上；殷荆州要方一卷，殷仲堪撰。亡。

俞氏療小兒方四卷梁有范氏療婦人藥方十一卷，徐叔嚮療少小百病雜方三十七卷，療少小雜方二十卷，療少小雜方二十九卷，范氏療小兒藥方一卷，王末療小兒雜方十七卷，亡。

徐嗣伯落年方三卷梁有徐叔嚮療脚弱雜方八卷，徐方伯辨脚弱方一卷，甘濬之療癰疽金創要方十四卷，甘濬之療癰疽毒惋雜病方三卷，甘伯齊療癰疽金創方十五卷，亡。

陶氏效驗方六卷梁五卷。梁又有療目方五卷，甘濬之療耳眼方十四卷，神枕方一卷；雜戎狄方一卷，宋武帝撰；摩訶出胡國方十卷，摩訶胡沙門撰；又范曄上香方一卷，雜香膏方一卷。亡。

彭祖養性經一卷

養生要集十卷張湛撰。

玉房祕決十卷

墨子枕內五行紀要一卷梁有神枕方一卷，疑此即是。

如意方十卷

練化術一卷

神仙服食經十卷

雜仙餌方八卷

服食諸雜方二卷梁有仙人水玉酒經一卷。

老子禁食經一卷

崔氏食經四卷

食經十四卷梁有食經二卷，又食經十九卷，劉休食方一卷，齊冠軍將軍劉休撰。亡。

食饌次第法一卷梁有黃帝雜飲食忌二卷。

四時御食經一卷梁有太官食經五卷，又太官食法二十卷，食法、雜酒食要方、白酒并作物法十二卷〔六二〕，家政方十二卷，食圖、四時酒要方、白酒方、七日麪酒法、雜酒食要法、雜藏釀法、雜酒食要法、酒并飲食方、鮭及鐺蟹方、羹臛法、䱜膢朐法、北方生醬法各一卷〔六三〕，亡。

療馬方一卷梁有伯樂療馬經一卷，疑與此同。

黃帝素問八卷全元起注〔六四〕。

脉經二卷徐氏撰。

華佗觀形察色并三部脉經一卷

脉經決二卷徐氏新撰。

脉經鈔二卷許建吳撰。

黃帝素問女胎一卷

三部四時五藏辨診色決事脉一卷

脉經略一卷

辨病形證七卷

五藏決一卷

論病源候論五卷目一卷，吴景賢撰。

服石論一卷

癰疽論方一卷

五藏論五卷

瘧論并方一卷

神農本草經三卷

本草經四卷蔡英撰。

藥目要用二卷

本草經略一卷

本草二卷徐太山撰。

本草經類用三卷

本草音義三卷姚最撰。

本草音義七卷甄立言撰。

本草集録二卷

本草鈔四卷

本草雜要決一卷

本草要方三卷甘濬之撰。

依本草録藥性三卷録一卷。

靈秀本草圖六卷原平仲撰。

芝草圖一卷

入林採藥法二卷

太常採藥時月一卷

四時採藥及合目録四卷

藥録二卷李密撰。

諸藥異名八卷沙門行矩撰。本十卷，今闕。

諸藥要性二卷

種植藥法一卷

種神芝一卷

藥方二卷徐文伯撰。

解散經論并增損寒食節度一卷

張仲景療婦人方二卷

徐氏雜方一卷

少小方一卷

療小兒丹法一卷

徐太山試驗方二卷

徐文伯療婦人瘕一卷

徐太山巾箱中方三卷

藥方五卷徐嗣伯撰。

墮年方二卷〔六五〕徐太山撰。

効驗方三卷徐氏撰。

雜要方一卷

玉函煎方五卷葛洪撰。

小品方十二卷陳延之撰。

千金方三卷范世英撰。

徐王方五卷

徐王八世家傳効驗方十卷

徐氏家傳祕方二卷

藥方五十七卷後齊李思祖撰〔六六〕。本百一十卷。

稟丘公論一卷

太一護命石寒食散二卷宋尚撰。

皇甫士安依諸方撰一卷〔六七〕

序服石方一卷

服玉方法一卷

劉涓子鬼遺方十卷龔慶宣撰。

療癰經一卷

療三十六瘻方一卷

王世榮單方一卷

集驗方十卷姚僧垣撰〔六八〕。

集驗方十二卷

備急草要方三卷許澄撰〔六九〕。

藥方二十一卷徐辨卿撰。

名醫集驗方六卷

名醫別録三卷陶氏撰。

删繁方十三卷謝士秦撰。

吴山居方三卷

新撰藥方五卷

療癰疽諸瘡方二卷秦政應撰。

單複要驗方二卷釋莫滿撰。

釋道洪方一卷

小兒經一卷

散方二卷

雜散方八卷

療百病雜丸方三卷釋曇鸞撰。

療百病散三卷

雜湯方十卷成毅撰。

雜療方十三卷

雜藥酒方十五卷

趙婆療漯方一卷

議論備豫方一卷于法開撰。

扁鵲陷冰丸方一卷

扁鵲肘後方三卷

療消渴衆方一卷謝南郡撰。

論氣治療方一卷釋曇鸞撰。

梁武帝所服雜藥方一卷

大略丸五卷

靈壽雜方二卷

經心録方八卷宋俠撰〔七〇〕。

黄帝養胎經一卷

療婦人産後雜方三卷
黄帝明堂偃人圖十二卷
黄帝鍼灸蝦蟇忌一卷
明堂蝦蟇圖一卷
鍼灸圖要決一卷
鍼灸圖經十一卷本十八卷。
十二人圖一卷
鍼灸經一卷
扁鵲偃側鍼灸圖三卷
流注鍼經一卷
曹氏灸經一卷
偃側人經二卷秦承祖撰。
華佗枕中灸刺經一卷
謝氏鍼經一卷
殷元鍼經一卷
要用孔穴一卷
九部鍼經一卷
釋僧匡鍼灸經一卷
三奇六儀鍼要經一卷
黄帝十二經脉明堂五藏人圖一卷
老子石室蘭臺中治癩符一卷
龍樹菩薩藥方四卷
西域諸仙所説藥方二十三卷目一卷。本二十五卷。
香山仙人藥方十卷
西域波羅仙人方三卷〔七一〕
西域名醫所集要方四卷本十二卷。
婆羅門諸仙藥方二十卷
婆羅門藥方五卷
耆婆所述仙人命論方二卷目一卷。本三卷。

乾陀利治鬼方十卷

新録乾陀利治鬼方四卷本五卷，闕。

伯樂治馬雜病經一卷

治馬經三卷俞極撰，亡〔七二〕。

治馬經四卷

治馬經目一卷

治馬經圖二卷

馬經孔穴圖一卷

雜撰馬經一卷

治馬牛駝騾等經三卷目一卷。

香方一卷宋明帝撰。

雜香方五卷

龍樹菩薩和香法二卷

食經三卷馬琬撰。

會稽郡造海味法一卷

論服餌一卷

淮南王食經并目百六十五卷〔七三〕大業中撰。

膳羞養療二十卷

金匱録二十三卷目一卷。京里先生撰。

練化雜術一卷陶隱居撰。

玉衡隱書七十卷目一卷。周弘讓撰。

太清諸丹集要四卷陶隱居撰。

雜神丹方九卷

合丹大師口訣一卷

合丹節度四卷陶隱居撰。

合丹要略序一卷孫文韜撰。

仙人金銀經并長生方一卷

狐剛子萬金決二卷葛仙公撰。

雜仙方一卷

神仙服食經十卷

神仙服食神祕方二卷
神仙服食藥方十卷抱朴子撰。
神仙餌金丹沙祕方一卷
衞叔卿服食雜方一卷
金丹藥方四卷
雜神仙丹經十卷
雜神仙黃白法十二卷
神仙雜方十五卷
神仙服食雜方十卷
神仙服食方五卷
服食諸雜方二卷
服餌方三卷陶隱居撰。
真人九丹經一卷
太極真人九轉還丹經一卷
練寶法二十五卷目三卷。本四十卷，闕。

太清璇璣文七卷沖和子撰〔七四〕。
陵陽子說黃金祕法一卷
神方二卷
狐子雜決三卷
太山八景神丹經一卷
太清神丹中經一卷
養生注十一卷目一卷。
養生術一卷翟平撰。
龍樹菩薩養性方一卷
引氣圖一卷
道引圖三卷立一，坐一，卧一。
養身經一卷
養生要術一卷
養生服食禁忌一卷
養生傳二卷

帝王養生要方二卷蕭吉撰。
素女祕道經一卷并玄女經。
素女方一卷
彭祖養性一卷
郯子說陰陽經一卷
序房内祕術一卷葛氏撰。
玉房祕決八卷
徐太山房内祕要一卷
新撰玉房祕決九卷
四海類聚方二千六百卷
四海類聚單要方三百卷

右二百五十六部，合四千五百一十卷。

醫方者，所以除疾疢，保性命之術者也。天有陰陽風雨晦明之氣，人有喜怒哀樂好惡之情。節而行之，則和平調理，專壹其情，則溺而生疢。是以聖人原血脉之本，因鍼石之用，假藥物之滋，調中養氣，通滯解結，而反之於素。其善者，則原脉以知政，推疾以及國。周官，醫師之職「掌聚諸藥物，凡有疾者治之」，是其事也。鄙者爲之，則反本傷性。故曰：「有疾不治，恒得中醫。」

凡諸子，合八百五十三部，六千四百三十七卷。

易曰：「天下同歸而殊塗，一致而百慮。」儒、道、小說，聖人之教也，而有所偏。兵及醫方，聖人之政也，所施各異。世之治也，列在衆職，下至衰亂，官失其守。或以其業遊説諸侯，各崇所習，分鑣並騖。若使總而不遺，折之中道，亦可以興化致治者矣。漢書有諸子、兵書、數術、方伎之略，今合而敍之，爲十四種，謂之子部。

校勘記

〔一〕漢廬江府丞桓寬　姚振宗考證卷二四：「此『府丞』當是『郡丞』。」按，漢書卷六六車千秋傳，寬任廬江郡太守丞。漢行郡縣制，姚校是。

〔二〕侯苞　殿本作「侯芭」，漢書卷八七下揚雄傳下、玉海卷五五藝文漢法言同。參見本書卷三二校勘記〔一三〕。

〔三〕揚子法言十三卷宋衷注　「注」，原作「撰」，據舊唐書卷四七經籍志下、新唐書卷五九藝文志三、玉海卷五五藝文漢法言改。

〔四〕揚子太玄經十卷陸績宋衷注　「注」，原作「撰」，姚振宗考證卷二四：「案當云『宋衷、陸績注』。」通志卷六三藝文略易、玉海卷三六藝文漢揚雄太玄作「注」。今據改。參見本卷校勘記〔三〕。

〔五〕古今通論二卷王嬰撰蔡氏化清經十卷松滋令蔡洪撰　「松滋令」三字原在「王嬰」上，按晉書卷九二文苑王沈傳，蔡洪曾任松滋令，本書卷三五經籍志四集部別集類有「松滋令蔡洪集二卷」，今據乙正。

〔六〕王長文　原作「王長元」，據晉書卷八二本傳、華陽國志卷一一後賢志改。

〔七〕晉郡儒林祭酒　姚振宗考證卷二四：「『晉』下似有脱文。」

〔八〕娣姒訓一卷　「娣姒訓」，原作「婦姒訓」，據本書卷三五經籍志四集部總集類改。通志卷六五藝文略傳記有馮少胄「娣姒訓一卷」，即此。

〔九〕貞順志　原作「真順志」，據宋甲本、汲本改。

〔一〇〕荀卿之流　「荀卿」，宋甲本、至順本作「孫卿」。按，漢時避宣帝諱，稱「荀卿」爲「孫卿」。本卷上文著録「孫卿子十二卷」，「孫卿之流」顯指上文而言。「荀卿」是後人所改。

〔一一〕漢徵士嚴遵　「徵」，南監本、北監本、殿本作「隱」。參見張元濟校勘記。

〔一二〕老子四卷梁曠撰　舊唐書卷四七經籍志下有梁曠注老子道德經品四卷，新唐書卷五九藝文志三、通志卷六七藝文略道家亦著録梁曠撰道德經品四卷，此「老子」下疑有奪文。

〔一三〕老子序決一卷葛仙公撰　「決」，北監本、殿本作「次」。按，葛仙公即葛玄，舊唐書卷四七經籍志下、新唐書卷五九藝文志三著録葛洪老子道德經序訣二卷。姚振宗考證卷二五：「案，葛洪，葛玄之從孫也，此或誤題爲洪，或洪注玄書，廣爲二卷，『序訣』爲『序註』之誤，皆未可知也。」

〔一四〕「莊子二十卷」至「本二十卷今闕」　上文作「莊子二十卷」，注稱「今闕」，則本來卷數當在二十以上」，此「本二十卷」，與上文不符。經典釋文卷一序録：「向秀注二十卷二十六篇（一作二十七篇，一作二十八篇，亦無雜篇，爲音三卷）。」或「本二十卷」指傳本，「今闕」者是雜篇注。

〔一五〕莊子講疏二卷張譏撰亡　「張譏」，原作「張機」，據陳書卷三三本傳改。下文同改，不另出校。又，據隋志著録體例，正文不録亡書。上文「莊子音三卷」下注文稱「梁有向秀莊子音一卷」，闕「亡」字，本條「亡」字或爲上文錯簡，或上有奪文。

〔一六〕王叔之　原作「李叔之」，經典釋文卷一序録、册府卷六〇六學校部注釋作「王叔之」，舊唐書卷四七經籍志下、新唐書卷六〇藝文志四有王叔之集，今據改。

〔一七〕宣舒　原作「宣聘」，經典釋文卷一序録作「宣舒」，本書卷三五經籍志四集部别集類、通志卷六九藝文略别集有宣舒集，今據改。

〔一八〕梁有朝氏新書三卷漢御史大夫鼂錯撰　「朝氏新書」，原作「韓氏新書」，據宋甲本、至順本、汲本改。又「鼂錯」，宋甲本、至順本、汲本、玉海卷五五藝文漢晁氏新書引隋志作「朝錯」，「鼂錯」應是後人所改。

〔一九〕士操一卷魏文帝撰　姚振宗考證卷二七：「案魏武諱操，文帝安得以『操』名書？此必『士品』之誤。魏文有海内士品一卷，見史部雜傳類，而即其書，實重複也。」按，雜傳類之海内士品不著撰人。舊唐書卷四六經籍志上、新唐書卷五八藝文志二、通志卷六五藝文略傳記著録魏文帝海內士品録，應即姚振宗考證所稱之「海內士品」。

〔二〇〕田俅子　原作「田休子」，至順本、南監本、汲本、殿本作「田休子」，據漢書卷三〇藝文志、卷二〇古今人表改。

〔二一〕嘿記三卷吴大鴻臚張儼撰裴氏新言五卷吴大鴻臚裴玄撰　下文載「梁有新義十八卷」，姚振宗考證卷三〇：「按，此兩書以下始注『梁有』字，似原本爲大字，傳寫誤入注文也。」

〔二二〕何望之　疑當作「何翌之」，宋書卷九後廢帝紀，元徽元年「散騎常侍顧長康、長水校尉何翌之表上所撰諫林，上自虞、舜，下及晉武，凡十二卷」。翌之，何尚之（宋書卷六六有傳）弟。

〔二三〕謝吴　舊唐書卷四七經籍志下、新唐書卷五九藝文志三、通志卷六八藝文略雜家作「謝昊」，參見本書卷三三校勘記〔六〕。又，下文皇帝菩薩清淨大捨記的作者「謝吴」，也應是此人，不另出校。

〔二四〕新言四卷裴立撰　「裴立」，疑當作「裴玄」。本書上文有裴玄撰裴氏新言五卷，此四卷之新言，疑即裴氏新言之別本。

〔二五〕繆襲　原作「繆卜」，史記卷一五帝本紀索隱作「繆襲」，今據改。

〔二六〕崔安　新唐書卷五九藝文志三作「崔宏」。

〔二七〕科録二百七十卷　「二百」二字原闕，據北史卷一五魏諸宗室元暉傳、舊唐書卷四六經籍志上、新唐書卷五八藝文志二補。

〔二八〕宋尚書郎王延秀　「宋」，原作「晉」，宋書卷六六何尚之傳，延秀宋文帝時人，今據改。

〔二九〕四人月令　「人」，當作「民」，唐人諱改。

〔三〇〕解頤二卷楊松玢撰　據姚振宗考證卷三二比定，解頤應是談藪之異名。按，御覽卷三八〇人事部二一美丈夫下、卷四〇九人事部五〇交友、通鑑卷一三七齊紀三武帝永明九年考異引、通志卷六八藝文略小説俱作「楊松玠談藪」，「玢」疑是「玠」之誤字。又，史通卷一〇雜述、直齋書録解題卷七史部傳記類作「陽玠松」，姑存疑。

〔三一〕邇説一卷梁南臺治書伏挺撰　「伏挺」，原作「伏梴」，宋甲本作「伏捶」，據梁書卷五〇文學下伏挺傳、南史卷七一伏挺傳改。「一卷」，本傳作「十卷」。

〔三二〕獸門學士　「獸」，通志卷六八藝文略小説作「虎」，唐人諱改。

〔三三〕儀同劉徽　本書卷一七律曆志中有儀同劉暉其人，曾參與定新曆。姚振宗考證卷三二謂「劉徽」當是「劉暉」之誤。姑存疑。

〔三四〕觀新物　「新」，原作「衣」，據周禮夏官訓方氏改。

〔三五〕吳孫子牝牡八變陣圖　「牡」字原闕，據歷代名畫記卷三述古之祕畫珍圖補。

〔三六〕黃石公略注　姚振宗考證卷三三：「『略注』上或脱『記』字，或脱『三』字。」

〔三七〕梁武帝兵書鈔一卷　「一」字原闕，據宋甲本、至順本、南監本、北監本、汲本、殿本補。

〔三八〕吴範　原作「全範」，據三國志卷六三吴書吴範傳改。本卷下文另著録吴範曆術、黃帝四神曆。

〔三九〕兵法要決九卷　「兵法要決」，原作「兵法書決」，據宋甲本、至順本、汲本改。又，新唐書卷五九藝文志三著録「兵法要訣一卷」。

〔四〇〕雜匈奴占一卷漢武帝王朔注　通志卷六八藝文略兵家作「漢王朔撰」，疑「漢武帝」下有奪文。又，玉海卷一四〇兵制著録「漢匈奴占一卷」，不署撰人，或即此書。

〔四一〕逆推元嘉二十年太歲計用兵法　「二十」，原作「五十」，據至順本、汲本改。按，宋文帝元嘉共三十年，當以「二十」爲是。

〔四二〕陸雲公　原作「陸雲」，據梁書卷五〇文學下陸雲公傳補。

〔四三〕虞喜撰　「撰」字原闕，據舊唐書卷四七經籍志下補。

〔四四〕祖暅　原作「祖師」，據宋甲本、至順本、汲本改。

〔四五〕開皇七曜年曆　四庫全書考證卷二六：「刊本『年』字訛在『曜』字下。」文淵閣本隋書從作「開皇年七曜曆」，與上文陳至德年七曜曆、陳禎明年七曜曆等文例合。

〔四六〕梁伏　宋甲本、南監本、北監本作「梁代」。

〔四七〕九宮行棊立成法一卷王琛撰　「宮」，原作「州」，據舊唐書卷四七經籍志下、新唐書卷五九藝文志三、通志卷六八藝文略五行改。又，「王琛」，原作「王深」，據宋甲本、至順本、汲本改。

〔四八〕黄帝式用當陽經　新唐書卷五九藝文志三、玉海卷五天文黄帝式經作「黄帝式用常陽經」。

郡齋讀書志卷一四有常陽經一卷，晁公武題稱：「右崇文目題曰黄帝式用，蓋六壬占卜術也。」疑作「常」是。蓋「常」因形近訛「當」。

〔四九〕式王曆　姚振宗認爲「王」當作「玉」，考證卷三六：「案，唐日本國書目有赤松子玉曆一卷，似即此式玉曆。開元占經數引玉曆，似即其書。蓋依託赤松子者也。」

〔五〇〕梁有史蘇龜經十卷　「梁」字原在「卷」下，據隋志著録體例乙正。

〔五一〕張浩　宋甲本、通志卷六八藝文略五行作「張皓」。

〔五二〕東方朔占候水旱卜人善惡　「卜」，原作「下」，四庫全書總目卷一一〇東方朔占書條引作「卜」，姚振宗考證卷三六云「作『卜人』碻不可易」。按，本條注文有「太歲所在占善惡書一卷」，「占善惡」與「卜人善惡」文意差近，今據改。

〔五三〕梁有堪餘天赦書七卷　「有」字原在「赦」下，據隋志著録體例乙正。參見姚振宗考證卷三六。

〔五四〕素王妙論　原作「素王妙議」，據史記卷四一越王句踐世家集解、北堂書鈔卷四五刑法部律令、御覽卷四〇四人事部四五師、卷四七二人事部一一三富下引改。

〔五五〕相書十一卷樊許唐氏　「唐氏」下疑奪「撰」字。

〔五六〕祖晅權衡記　「祖晅」，原作「祖絙」，據宋甲本、至順本、南監本、北監本、汲本、殿本改。

〔五七〕鍼經並孔穴蝦蟇圖　「經」字原闕，據舊唐書卷四七經籍志下、新唐書卷五九藝文志三補。

〔五八〕曹翕　原作「曹歙」，據三國志卷二〇魏書武文世王公東平靈王徽傳改。

〔五九〕徐方伯辨傷寒　「徐方伯」，通志卷六九藝文略醫方下作「徐文伯」。下文有「徐方伯辨脚弱方」，通志亦作「徐文伯」，不另出校。按，南史卷三二徐文伯傳，文伯與從弟嗣伯俱宋時名醫，惟不載文伯曾撰辨傷寒及辨脚弱方。姚振宗考證卷三七認爲徐方伯或即徐文伯、徐成伯、徐嗣伯昆季；又疑「方伯」字誤。

〔六〇〕甘濬之癰疽部黨雜病疾源　「甘濬之」，原作「甘睿之」，據宋甲本、至順本、汲本改。本書著録「甘濬之」醫著多種。

〔六一〕范東陽方一百五卷　「范東陽」，原作「范陽東」，舊唐書卷四七經籍志下「雜藥方一百七十卷」下謂「范汪方，尹穆撰」，晉書卷七五范汪傳，汪曾任東陽太守，故稱范東陽。今據改。新唐書卷五九藝文志三、通志卷六九藝文略醫方上著録「范東陽雜藥方一百七十卷」，即此，惟卷數有差歧。

〔六二〕食法雜酒食要方白酒并作物法十二卷　姚振宗考證卷三七：「此不似書名，似誤鈔梁目解題之文，亦即似家政方十二卷解題之語也。」説詳本卷校勘記〔六三〕引。

〔六三〕「家政方」至「各一卷」　姚振宗考證卷三七：「此云各一卷者，食圖一卷、四時酒要方一卷、白酒方一卷、七日麪酒法一卷、雜酒食要法一卷、雜藏釀法一卷、雜酒食要法一卷、酒并飲食方一卷、鮭及鐺蟹方一卷、羹臛法一卷、䱉膢朐法一卷、北方生醬法一卷，凡十二卷，證以前一條所載，似即家政方之篇目。其首一卷爲食物之圖，故云食圖，而此之食圖，即前條之食法也；此四時酒要方，即前條之雜酒食要方也；此白酒方，即前條之白酒也；此七日麫酒法以下諸種，即前條作物法之省文也。蓋亦如前條誤鈔梁目解題之文，非家政方之篇目，即作物法之子卷，斷可識矣。」按，雜酒食要法一卷重出，如是複文，則不符合「十二卷」之數。姑存疑。

〔六四〕全元起　原作「全元越」，據日本國見在書目、新唐書卷五九藝文志三、南史卷五九王僧孺傳改。

〔六五〕墮年方　日本國見在書目作「隨手方」。姚振宗考證卷三七以爲「『墮年』爲『隨手』之誤」。

〔六六〕後齊李思祖　「後齊」，疑當作「後魏」。魏書卷九一術藝李脩傳，李脩字思祖，「在東宫，撰諸藥方百餘卷，皆行於世」。據本傳，「遷洛，爲前軍將軍，領太醫令。後數年，卒。」李脩遷洛後數年卒，不得爲後齊人。

〔六七〕皇甫士安依諸方撰一卷　皇甫謐，字士安，晉書卷五一有傳。「皇甫士安依諸方撰」不類書名。隋志上文著録皇甫謐與曹翕合撰論寒食散方二卷，本條前承宋尚撰太一護命石寒食散二卷，下接序服石方一卷，疑原爲小字注文，因有奪文而誤竄入正文。

〔六八〕姚僧垣　原作「姚僧坦」，據周書卷四七藝術姚僧垣傳改。

〔六九〕備急草要方三卷許澄撰　「許澄」，原作「許證」，據本書卷七八藝術許智藏傳附許澄傳改。又，

「草要方」不詞，下文有「四海類聚單要方」，疑「草」爲「單」之誤字。

〔七〇〕經心録方八卷宋俠撰　「宋俠」，原作「宋侯」，據舊唐書卷一九一方伎宋俠傳、通志卷六九藝文略醫方上改。又，「經心録方」，舊唐書卷四七經籍志下、新唐書卷五九藝文志三作「經心方」，舊唐書本傳作「經心録」。

〔七一〕西域波羅仙人方　原作「西録波羅仙人方」，據通志卷六九藝文略醫方上改。

〔七二〕治馬經三卷俞極撰亡　據隋志著録體例，正文不録亡書。此「亡」字或衍，或前有奪文。

〔七三〕淮南王食經　大業雜記作「淮南玉食經」，姚振宗考證卷三六認爲作「玉」是。

〔七四〕沖和子撰　「沖和子」，原作「沖子」，漏書「撰」字，據舊唐書卷四七經籍志下、新唐書卷五九藝文志三改補。

隋書卷三十五

志第三十

經籍四 集 道經 佛經

楚辭十二卷并目録。後漢校書郎王逸注。

楚辭三卷郭璞注。梁有楚辭十一卷，宋何偃删王逸注，亡。

楚辭九悼一卷楊穆撰。

參解楚辭七卷皇甫遵訓撰。

楚辭音一卷徐邈撰。

楚辭音一卷宋處士諸葛氏撰。

楚辭音一卷孟奥撰。

楚辭音一卷

楚辭音一卷釋道騫撰。

離騷草木疏二卷劉杳撰。

右十部，二十九卷。通計亡書，十一部，四十卷。

楚辭者，屈原之所作也。自周室衰亂，詩人寢息，謟佞之道興，諷刺之辭廢。楚有賢臣屈原，被讒放逐，乃著離騷八篇，言己離別愁思，申杼其心，自明無罪，因以諷諫，冀君覺悟，卒不省察，遂赴汨羅死焉。弟子宋玉，痛惜其師，傷而和之。其後，賈誼、東方朔、劉向、揚雄，嘉其文彩，擬之而作。蓋以原楚人也，謂之「楚辭」。然其氣質高麗，雅致清遠，後之文人，咸不能逮。始漢武帝命淮南王爲之章句，旦受詔，食時而奏之，其書今亡。後漢校書郎王逸，集屈原已下，迄於劉向，逸又自爲一篇〔一〕，并敍而注之，今行於世。隋時有釋道騫，善讀之，能爲楚聲，音韻清切，至今傳楚辭者，皆祖騫公之音。

楚蘭陵令荀況集一卷殘缺。梁二卷。

楚大夫宋玉集三卷

漢武帝集一卷梁二卷。

漢淮南王集一卷梁二卷。又有賈誼集四卷，鼂錯集三卷，漢弘農都尉枚乘集二卷，録各一卷，亡。

漢中書令司馬遷集一卷

漢太中大夫東方朔集二卷梁有漢光禄大夫吾丘壽王集二卷，亡。

漢孝文園令司馬相如集一卷〔二〕

漢膠西相董仲舒集一卷梁二卷。又有漢太常孔臧集二卷，亡。

漢騎都尉李陵集二卷梁有漢丞相魏相集二卷，録一卷；左馮翊張敞集一卷，録一卷。亡。

漢諫議大夫王褒集五卷〔三〕

漢諫議大夫劉向集六卷梁有漢射聲校尉陳湯集二卷，丞相韋玄成集二卷，亡。

漢諫議大夫谷永集二卷〔四〕梁有涼州刺史杜鄴集二卷，騎都尉李尋集二卷，亡。

漢司空師丹集一卷梁三卷，錄一卷。

漢光祿大夫息夫躬集一卷

漢太中大夫揚雄集五卷

漢太中大夫劉歆集五卷

漢成帝班婕妤集一卷梁有班昭集三卷，王莽建新大尹崔篆集一卷，保成師友唐林集一卷，中謁者史岑集二卷，後漢東平王蒼集五卷，桓譚集五卷，亡。

後漢司隸從事馮衍集五卷

後漢徐令班彪集二卷梁五卷。又有司徒掾陳元集一卷，王隆集二卷，雲陽令朱勃集二卷，後漢處士梁鴻集二卷，亡。

後漢車騎從事杜篤集一卷

後漢車騎司馬傅毅集二卷梁五卷。

後漢大將軍護軍司馬班固集十七卷梁有魏郡太守黃香集二卷，亡。

後漢長岑長崔駰集十卷

後漢侍中賈逵集一卷梁二卷。

後漢校書郎劉騊駼集一卷梁二卷，錄一卷。又有樂安相李尤集五卷，大鴻臚竇章集二卷，亡。

後漢濟北相崔瑗集六卷梁五卷。

後漢劉珍集二卷錄一卷。

後漢河間相張衡集十一卷〔五〕梁十二卷，又一本十四卷。又有郎中蘇順集二卷〔六〕，錄二卷；後漢太傅胡廣集二卷，録一卷。亡。

後漢黄門郎葛龔集六卷梁五卷，一本七卷。

後漢司空李固集十二卷梁十卷。

後漢南郡太守馬融集九卷梁有外黄令高彪集二卷，録一卷；王逸集二卷，録一卷；司徒掾桓麟集二卷〔七〕，録一卷。亡。

後漢徵士崔琦集一卷梁二卷。又有酈炎集二卷，録二卷；陳相邊韶集一卷，録一卷；益州刺史朱穆集二卷，録一卷。亡。

後漢京兆尹延篤集一卷梁二卷，録一卷。又有司農卿皇甫規集五卷；太常卿張奂集二卷，録一卷；王延壽集三卷；五原太守崔寔集二卷，録一卷；上計趙壹集二卷，録一卷。亡。

後漢諫議大夫劉陶集三卷梁二卷，録一卷。又有外黄令張升集二卷，録一卷；侯瑾集二卷，盧植集二卷，議郎廉品集二卷。亡。

後漢司空荀爽集一卷梁三卷，録一卷。

後漢野王令劉梁集三卷梁二卷，録一卷。又有鄭玄集二卷，録一卷，亡。

後漢左中郎將蔡邕集十二卷梁有二十卷，録一卷。又有尚書令士孫瑞集二卷，亡。

後漢太山太守應劭集二卷梁四卷。又有別部司馬張超集五卷，亡。

後漢少府孔融集九卷梁十卷，録一卷。

後漢侍御史虞翻集二卷梁三卷，録一卷。

後漢討虜長史張紘集一卷梁二卷，録一卷。梁有後漢處士禰衡集二卷，録一卷，亡。

後漢尚書右丞潘勖集二卷梁有録一卷，亡。

後漢丞相倉曹屬阮瑀集五卷梁有録一卷，亡。

魏太子文學徐幹集五卷梁有録一卷，亡。

魏太子文學應瑒集一卷梁有五卷，録一卷，亡。

後漢丞相軍謀掾陳琳集三卷梁十卷，録一卷。

魏太子文學劉楨集四卷録一卷。

後漢丞相主簿繁欽集十卷梁録一卷，亡。

後漢丞相主簿楊脩集一卷梁二卷，録一卷。

後漢侍中王粲集十一卷梁有魏國郎中令路粹集二卷，録一卷；行御史大夫袁渙集五卷，録一卷；魏國奉常王脩集二卷。亡。

後漢尚書丁儀集一卷梁二卷，録一卷。

後漢黄門郎丁廙集一卷梁二卷，録一卷。梁又有婦人後漢黄門郎秦嘉妻徐淑集一卷，後漢董祀妻蔡文姬集一卷，傅石甫妻孔氏集一卷，亡。

魏武帝集二十六卷梁三十卷，録一卷。梁又有武皇帝逸集十卷，亡。

魏武帝集新撰十卷

魏文帝集十卷梁二十三卷。

魏明帝集七卷梁五卷，或九卷，録一卷。梁又有高貴鄉公集四卷，亡。

魏陳思王曹植集三十卷梁又有司徒華歆集二卷，亡。

魏司徒王朗集三十四卷梁三十卷。又司空陳羣集五卷〔八〕，亡。

魏給事中邯鄲淳集二卷梁有録一卷。又有劉廙集二卷，侍中吴質集五卷，新城太守孟達集三卷，魏徵士管寧集三卷，録一卷，亡。

魏光禄勳高堂隆集六卷〔九〕梁十卷，録一卷。

又有光禄勳劉邵集二卷，録一卷[一〇]，亡。

魏散騎常侍繆襲集五卷梁有録一卷。又有散騎常侍王象集一卷，光禄大夫韋誕集三卷，録一卷；散騎常侍麋元集五卷；游擊將軍卞蘭集二卷，録一卷；隰陽侯李康集二卷，録一卷；陳郡太守孫該集二卷，録一卷；尚書傅巽集二卷，録一卷。亡。

魏章武太守殷褒集一卷梁二卷。

魏司空王昶集五卷梁有録一卷。

魏衞將軍王肅集五卷梁有録一卷。又有桓範集二卷，中領軍曹羲集五卷，録一卷，亡。

魏尚書何晏集十一卷梁十卷，録一卷。

魏衞尉卿應璩集十卷梁有録一卷。又有王弼集五卷，録一卷；中書令劉階集二卷；太常卿傅嘏集二卷，録一卷；樂安太守夏侯惠集二卷，録一卷。亡。

魏校書郎杜摯集二卷梁有毌丘儉集二卷，録一卷；征東軍司馬江奉集二卷。亡。

魏太常夏侯玄集三卷梁有車騎將軍鍾毓集五卷，録一卷，亡。

魏步兵校尉阮籍集十卷梁十三卷，録一卷。

魏中散大夫嵇康集十三卷梁十五卷，録一卷。又有魏徵士呂安集二卷，録一卷，亡。

魏司徒鍾會集九卷梁十卷，録一卷。

魏汝南太守程曉集二卷梁録一卷。

蜀丞相諸葛亮集二十五卷梁二十四卷。又有蜀司徒許靖集二卷，録一卷；征北將軍夏侯霸集二卷。亡。

吴輔義中郎將張温集六卷梁有士燮集五卷，亡。

吴偏將軍駱統集十卷梁有録一卷。又有太子少傅薛綜集三卷，録一卷，亡。

吴選曹尚書曁豔集二卷梁三卷，録一卷。又有姚信集二卷，録一卷；謝承集四卷〔一〕。今亡。

吴人楊厚集二卷梁又有録一卷。

吴丞相陸凱集五卷梁有録一卷。

吴侍中胡綜集二卷梁有録一卷。又有東觀令華覈集五卷〔二〕，録一卷，亡。

吴侍中張儼集一卷梁二卷，録一卷。又有韋昭集二卷，録一卷，亡。

吴中書令紀騭集三卷梁有録一卷。又有陸景集一卷，亡。

晉宣帝集五卷梁有録一卷。

晉文帝集三卷

齊王攸集二卷梁三卷。

晉王沈集五卷梁有鄭褒集二卷，亡。

晉宗正嵇喜集一卷〔三〕殘缺。梁二卷，録一卷。

晉散騎常侍應貞集一卷梁五卷。

晉司隸校尉傅玄集十五卷梁五十卷，録一卷，亡。

晉著作郎成公綏集九卷殘缺。梁十卷。又有裴秀集三卷，録一卷，亡。

晉金紫光禄大夫何楨集一卷〔四〕梁五卷。又有袁準集二卷，録一卷，亡。

晉少傅山濤集九卷梁五卷，録一卷，又一本十卷。齊奉朝請裴聿注〔五〕。又梁有向秀集二卷，録一卷；平原太守阮种集二卷，録一卷；阮侃集五卷，録一卷。亡。

晉太傅羊祜集一卷殘缺。梁二卷，錄一卷。又有蔡玄通集五卷；太宰賈充集五卷，錄一卷；荀勖集三卷，錄一卷。亡。

晉征南將軍杜預集十八卷

晉輔國將軍王濬集一卷殘缺。梁二卷，錄一卷。

晉徵士皇甫謐集二卷錄一卷。

晉侍中程咸集三卷梁有光祿大夫劉毅集二卷，錄一卷；晉侍中庾峻集二卷，錄一卷。亡。

晉巴西太守郤正集一卷

晉散騎常侍薛瑩集三卷梁又有散騎常侍陶濬集二卷，錄一卷，亡。

晉通事郎江偉集六卷梁有宣舒集五卷；散騎常侍曹志集二卷，錄一卷；鄒湛集三卷，錄一卷。亡。

晉汝南太守孫毓集六卷

晉處士楊泉集二卷錄一卷。梁有司徒王渾集五卷，冀州刺史王深集五卷，亡。

晉徵士閔鴻集三卷梁有光祿大夫裴楷集二卷，錄一卷，亡。

晉司空張華集十卷錄一卷。

晉尚書僕射裴頠集九卷梁有太子中庶子許孟集三卷，錄一卷；太宰何劭集二卷〔一六〕，錄一卷；光祿大夫劉頌集三卷，錄一卷；劉寔集二卷，錄一卷。亡。

晉散騎常侍王佑集三卷錄一卷。梁有晉驃騎將軍王濟集二卷，亡。

華嶠集八卷梁二卷。

晉祕書丞司馬彪集四卷梁三卷，錄一卷。又有尚書庾儵集二卷，錄一卷；國子祭酒謝衡集二卷。亡。

晉漢中太守李虔集一卷梁二卷，録一卷。

晉司隸校尉傅咸集十七卷梁三十卷，録一卷。又有太子中庶子棗據集二卷，録一卷；劉寶集三卷。亡。

晉馮翊太守孫楚集六卷梁十二卷，録一卷。

晉散騎常侍夏侯湛集十卷梁有録一卷。又有弋陽太守夏侯淳集二卷，散騎侍郎王讚集五卷，亡。

晉衛尉卿石崇集六卷梁有録一卷。

晉尚書郎張敏集二卷梁五卷。又有黃門郎伏偉集一卷，亡。

晉黃門郎潘岳集十卷

晉太常卿潘尼集十卷

晉頓丘太守歐陽建集二卷梁有宗正劉許集二卷〔一七〕，録一卷；散騎常侍李重集二卷；光禄大夫樂廣集二卷，録一卷；阮渾集三卷，録一卷。亡。

晉侍中嵇紹集二卷録一卷。梁有錢唐令楊建集九卷，長沙相盛彥集五卷，左長史楊乂集三卷，録一卷。

晉尚書盧播集一卷梁二卷，録一卷。又有欒肇集五卷，録一卷；南中郎長史應亨集二卷。亡。

晉國子祭酒杜育集二卷

晉太常卿摯虞集九卷梁十卷，録一卷。又祕書監繆徵集二卷，録一卷，亡。

晉齊王府記室左思集二卷梁有五卷，録一卷。又有晉豫章太守夏靖集二卷，録一卷；吴王文學鄭豐集二卷，録一卷；大司馬東曹掾張翰集二卷，録一卷；清河王文學陳略集二卷，録一卷；揚州從事陸沖集二卷，録一卷。亡。

晉平原内史陸機集十四卷梁四十七卷，録一卷，亡。

晉清河太守陸雲集十二卷梁十卷，録一卷。又有少府丞孫極集二卷〔八〕，録一卷，亡。

晉中書郎張載集七卷梁一本二卷，録一卷。

晉黄門郎張協集三卷梁四卷，録一卷。

晉著作郎束晳集七卷梁五卷，録一卷。又有征南司馬曹攄集三卷，録一卷；散騎常侍江統集十卷，録一卷；著作郎胡濟集五卷，録一卷。亡。

晉中書令卞粹集一卷梁五卷。又有光禄勳閭丘沖集二卷，録一卷，亡。

晉太傅從事中郎庾敳集一卷梁五卷，録一卷。又有太子中舍人阮瞻集二卷，録一卷；太子洗馬阮脩集二卷，録一卷；廣威將軍裴邈集二卷，録一卷。亡。

晉太傅主簿郭象集二卷〔九〕梁五卷，録一卷。又有廣州刺史嵇含集十卷，録一卷，亡。

晉安豐太守孫惠集八卷梁十一卷，録一卷。又有松滋令蔡洪集二卷，録一卷，亡。

晉平北將軍牽秀集四卷梁三卷，録一卷。又有車騎從事中郎蔡克集二卷，録一卷；游擊將軍索靖集三卷；隴西太守閻纂集二卷，録一卷；秦州刺史張輔集二卷，録一卷；交阯太守殷巨集二卷，録一卷；太子洗馬陶佐集五卷，録一卷；東晉鄱陽太守虞溥集二卷〔一〇〕，録一卷；益陽令吴商集五卷；仲長敖集二卷；晉太常卿劉弘集三卷，録一卷；開府山簡集二卷，録一卷；兗州刺史宗岱集二卷；侍中王峻集二卷，録一卷；濟陽內史王曠集五卷，録一卷。亡。

晉散騎常侍棗嵩集一卷梁二卷，録一卷。又有襄陽太守棗腆集二卷，録一卷，亡。

晉太尉劉琨集九卷梁十卷。

劉琨別集十二卷

晉司空從事中郎盧諶集十卷梁有録一卷。

晉祕書丞傅暢集五卷梁有録一卷。又有晉明帝集五卷，録一卷；簡文帝集五卷，録一卷；孝武帝集二卷，録一卷；彭城王紘集二卷；譙烈王集九卷，録一卷。亡。

晉會稽王司馬道子集八卷梁九卷。又有鎮東從事中郎傅毅集五卷，亡。

晉衡陽內史曾瓌集三卷梁四卷，録一卷。又有驃騎將軍顧榮集五卷，録一卷，亡。

晉司空賀循集十八卷梁二十卷，録一卷。又有散騎常侍張亢集二卷〔二〕，録一卷；車騎長史賈彬集三卷，録一卷。亡。

晉光禄大夫衞展集十二卷梁十五卷。又有東晉太尉荀組集三卷，録一卷，亡。

晉祕書郎張委集九卷梁五卷。又有關內侯傅珉集一卷；光禄大夫周顗集二卷，録一卷。亡。

晉太常謝鯤集六卷梁二卷。

晉驃騎將軍王廙集十卷梁三十四卷，録一卷。又有華譚集二卷，亡。

晉御史中丞熊遠集十二卷梁五卷，録一卷。又有湘州秀才谷儉集一卷；大鴻臚周嵩集三卷，録一卷。亡。

晉弘農太守郭璞集十七卷梁十卷，録一卷。

晉張駿集八卷殘缺。

晉大將軍王敦集十卷梁有吴興太守沈充集三卷；散騎常侍傅純集二卷，録一卷。亡。

晉光禄大夫梅陶集九卷梁二十卷，録一卷。又有金紫光禄大夫荀邃集二卷，録一卷，亡。

晉散騎常侍王鑒集九卷〔一二〕梁五卷。又有晉著作佐郎王濤集五卷；廷尉卿阮放集十卷，録一卷；宗正卿張悛集五卷〔一三〕，録一卷；汝南太守應碩集二卷；金紫光禄大夫張闓集二卷，録一卷；揚州從事陸沈集二卷，録一卷；驃騎將軍卞壼集二卷，録一卷；光禄勳鍾雅集一卷，衛尉卿劉超集二卷；衛將軍戴邈集五卷，録一卷；光禄大夫荀崧集一卷，亡。

晉大將軍温嶠集十卷梁録一卷。

晉侍中孔坦集十七卷梁五卷，録一卷。又有臧沖集一卷，晉鎮南大將軍應詹集五卷〔一四〕，亡。

晉太僕卿王嶠集八卷梁有衛尉荀闓集一卷，鎮北將軍劉隗集二卷；大司馬陶侃集二卷，録一卷。亡。

晉丞相王導集十一卷梁十卷，録一卷。

晉太尉郗鑒集十卷録一卷。

晉太尉庾亮集二十一卷梁二十卷，録一卷。又有虞預集十卷，録一卷；平越司馬黄整集十卷，録一卷。亡。

晉護軍長史庾堅集十三卷梁十卷，録一卷。

晉司空庾冰集七卷梁二十卷，録一卷。

晉給事中庾闡集九卷梁十卷，録一卷。

晉著作郎王隱集十卷梁二十卷，録一卷。

晉散騎常侍干寶集四卷梁五卷。

晉太常卿殷融集十卷梁有衞尉張虞集十卷；光禄大夫諸葛恢集五卷，録一卷。亡。

晉車騎將軍庾翼集二十二卷梁二十卷，録一卷。

晉司空何充集四卷梁五卷。又有御史中丞郝默集五卷，征西諮議甄述集十二卷，武昌太守徐彦則集十卷，亡。

晉散騎常侍王愆期集七卷梁十卷，録一卷。又有司徒左長史王濛集五卷；丹陽尹劉惔集二卷〔二五〕，録一卷；益州刺史袁喬集七卷。亡。

晉尚書令顧和集五卷梁有録一卷。又有尚書僕射劉遐集五卷；徵士江惇集三卷〔二六〕，録一卷；魏興太守荀述集一卷；平南將軍賀翹集五卷，李軌集八卷。亡。

晉李充集二十二卷梁十五卷，録一卷。

晉司徒蔡謨集十七卷梁四十三卷。

晉揚州刺史殷浩集四卷梁五卷，録一卷。又有吳興孝廉鈕滔集五卷，録一卷；宣城内史劉系之集五卷，録一卷。亡。

庾赤玉集四卷〔二七〕

晉尋陽太守庾統集八卷〔二八〕梁有驃騎司馬王修集二卷，録一卷；衞將軍謝尚集十卷，録一卷；青州刺史王浹集二卷〔二九〕。亡。

晉西中郎將王胡之集十卷梁五卷，録一卷。

晉中書令王洽集五卷録一卷。梁有宜春令范保集七卷；徵士范宣集十卷，録一卷；建安太守丁纂集四卷，録一卷。亡。

晉金紫光禄大夫王羲之集九卷梁十卷，録一卷。

晉散騎常侍謝萬集十六卷梁十卷。

晉司徒長史張憑集五卷梁有録一卷。梁有高涼太守楊方集二卷，亡。

晉徵士許詢集三卷梁八卷，録一卷。

晉征西將軍張望集十卷梁十二卷，録一卷。

晉餘姚令孫統集二卷梁九卷，録一卷。又有晉陵令戴元集三卷，録一卷，亡。

晉衞尉卿孫綽集十五卷梁二十五卷。

晉太常江逌集九卷梁有謝沈集十卷，亡。

晉李顒集十卷録一卷。

晉光禄勳曹毗集十卷梁十五卷，録一卷。又有郡主簿王篋集五卷，亡。

晉沙門支遁集八卷梁十三卷。又有劉彧集十六卷，亡。

張重華酒泉太守謝艾集七卷梁八卷。又有撫軍長史蔡系集二卷；護軍將軍江虨集五卷〔三〇〕，録一卷。亡。

晉范汪集一卷梁十卷。

晉尚書僕射王述集八卷梁又有王度集五卷，録一卷；中領軍庾龢集二卷，録一卷；將作大匠喻希集一卷；吳興太守孔嚴集十一卷，録一卷。亡。

晉大司馬桓温集十一卷梁有四十三卷。又有桓温要集二十卷，録一卷；豫章太守車灌集五卷，録一卷。亡。

晉尚書僕射王坦之集七卷梁五卷，録一卷，亡。

晉左光禄王彪之集二十卷梁有録一卷。

晉中書郎郄超集九卷梁十卷。又有南中郎桓嗣集五卷；平固令邵毅集五卷，録一卷；太學博士滕輔集五卷，録一卷。亡。

晉苻堅丞相王猛集九卷録一卷。梁有顧夷集五卷，散騎常侍鄭襲集四卷，撫軍掾劉暢集一卷，亡。

晉太常卿韓康伯集十六卷梁有黄門郎范啓集四卷；豫章太守王恪集十卷；零陵太守陶混集七卷，海鹽令祖撫集三卷；吴興太守殷康集五卷，録一卷。亡。

晉太傅謝安集十卷梁十卷，録一卷。又有中軍參軍孫嗣集三卷，録一卷；司徒左長史劉衮集三卷。亡。

晉御史中丞孔欣時集八卷梁七卷。

晉伏滔集十一卷并目録。梁五卷，録一卷。

晉滎陽太守習鑿齒集五卷

晉祕書監孫盛集五卷殘缺。梁十卷，録一卷。

晉東陽太守袁宏集十五卷梁二十卷，録一卷。又有晉黄門郎顧淳集一卷，尋陽太守熊鳴鵠集十卷，車騎司馬謝韶集三卷；金紫光禄大夫王獻之集十卷，録一卷；琅邪内史袁質集二卷，録一卷；太宰從事中郎袁邵集五卷，録一卷；車騎長史謝朗集六卷，録一卷；車騎將軍謝頠集十卷，録一卷。亡。

晉新安太守郗愔集四卷殘缺。梁五卷。又有吴郡功曹陸法之集十九卷，亡。

晉太常卿王珉集十卷〔三一〕梁録一卷。

晉中散大夫羅含集三卷梁有太宰長史庾倩集二卷〔三二〕，大司馬參軍庾悠之集三卷，司徒右長史庾凱集二卷，亡。

晉國子博士孫放集一卷殘缺。梁十卷。

晉聘士殷叔獻集四卷并目録。梁三卷，録

一卷。

晉湘東太守庾肅之集十卷録一卷。梁有晉北中郎參軍蘇彥集十卷；太子左率王肅之集三卷，録一卷；黃門郎王徽之集八卷；徵士謝敷集五卷，録一卷；太常卿孔汪集十卷，陳統集七卷，太常王愷集十五卷；右將軍王忱集五卷，録一卷；太常殷允集十卷。亡。

晉徵士戴逵集九卷殘缺。梁十卷，録一卷。又有晉光禄大夫孫廞集十卷〔三三〕，尚書左丞徐禪集六卷，亡。

晉太子前率徐邈集九卷并目録。梁二十卷，録一卷。

晉給事中徐乾集二十一卷并目録。梁二十卷，録一卷。又有晉冠軍將軍張玄之集五卷，録一卷；員外常侍荀世之集八卷，袁山松集十卷〔三四〕，黃門郎魏逷之集五卷，驃騎參軍卞湛集五卷；金紫光禄大夫褚爽集十六卷，録一卷。亡。

晉豫章太守范甯集十六卷梁有晉餘杭令范弘之集六卷，亡。

晉司徒王珣集十一卷并目録。梁十卷，録一卷，亡。

晉處士薄蕭之集九卷梁十卷。又有晉安北參軍薄要集九卷，薄邕集七卷；延陵令唐邁之集十一卷，録一卷。亡。

晉孫恩集五卷梁有晉殿中將軍傅綽集十五卷，驍騎將軍弘戎集十六卷，御史中丞魏叔齊集十五卷，司徒右長史劉寧之集五卷，亡。

晉臨海太守辛德遠集五卷梁四卷。又有晉車騎參軍何瑾之集十一卷；太保王恭集五卷，錄一卷；殷覬集十卷，錄一卷。亡。

晉荊州刺史殷仲堪集十二卷并目錄。梁十卷，錄一卷，亡。

晉驃騎長史謝景重集一卷

晉桓玄集二十卷梁有晉丹陽尹卞範之集五卷〔三五〕，錄一卷；光祿勳卞承之集十卷，錄一卷。亡。

晉東陽太守殷仲文集七卷梁五卷。

晉司徒王謐集十卷錄一卷。梁有晉光祿大夫伏系之集十卷，錄一卷，亡。

晉右軍參軍孔璠集二卷

晉衛軍諮議湛方生集十卷錄一卷。

晉光祿大夫祖台之集十六卷梁二十卷。

晉通直常侍顧愷之集七卷梁二十卷。

晉太常卿劉瑾集九卷梁五卷。

晉左僕射謝混集三卷梁五卷。

晉祕書監滕演集十卷錄一卷。

晉司徒長史王誕集二卷梁有晉太尉咨議劉簡之集十卷，亡。

晉丹陽太守袁豹集八卷梁十卷，錄一卷。又有晉廬江太守殷遵集五卷，錄一卷；興平令荀軌集五卷。亡。

晉西中郎長史羊徽集九卷梁十卷，錄一卷。

晉國子博士周祇集十一卷梁二十卷，錄一卷。又有晉相國主簿殷闡集十卷，錄一卷；太常傅迪集十卷。亡。

晉始安太守卞裕集十三卷梁十五卷。又有晉韋公藝集六卷，亡。

晉毛伯成集一卷

晉沙門支曇諦集六卷

晉沙門釋惠遠集十二卷

晉姚萇沙門釋僧肇集一卷

晉王茂略集四卷

晉曹毗集四卷

晉宗欽集二卷梁有晉中軍功曹殷曠之集五卷，太學博士魏説集十三卷；征西主簿丘道護集五卷，録一卷；柴桑令劉遺民集五卷，録一卷；郭澄之集十卷，徵士周續之集一卷〔三六〕，孔瞻集九卷。亡。

晉江州刺史王凝之妻謝道韞集二卷梁有婦人晉司徒王渾妻鍾夫人集五卷，晉武帝左九嬪集四卷，晉太宰賈充妻李扶集一卷，晉武平都尉陶融妻陳窈集一卷，晉都水使者妻陳玢集五卷〔三七〕，晉海西令劉臻妻陳珍集七卷〔三八〕，晉劉柔妻王卲之集十卷，晉散騎常侍傅伉妻辛蕭集一卷，晉松陽令鈕滔母孫瓊集二卷，晉成公道賢妻龐馥集一卷，晉宣城太守何殷妻徐氏集一卷，亡。

宋武帝集十二卷梁二十卷，録一卷。

宋文帝集七卷梁十卷，亡。

宋孝武帝集二十五卷梁三十一卷，録一卷。又有宋廢帝景和集十卷，録一卷；明帝集三十三卷。亡。

宋長沙王道憐集十卷録一卷。梁有宋臨川王道規集四卷，録一卷，亡。

宋臨川王義慶集八卷

宋江夏王義恭集十一卷梁十五卷，録一卷。又有江夏王集別本十五卷；宋衡陽王義季集十卷，録一卷。亡。

宋南平王鑠集五卷梁有宋竟陵王誕集二十

卷，建平王休度集十卷〔三九〕，新渝惠侯義宗集十二卷，散騎常侍祖柔之集二十卷，亡。

宋豫章太守謝瞻集三卷梁有宋征虜將軍沈林子集七卷，亡。

宋太常卿孔琳之集九卷并目録，梁十卷，録一卷。

宋王叔之集七卷梁十卷，録一卷。

宋太中大夫徐廣集十五卷録一卷。

宋秘書監盧繁集一卷殘缺。梁十卷，録一卷。

宋侍中孔甯子集十一卷并目録。梁十五卷，録一卷。

宋建安太守卞瑾集十卷梁十卷。

宋太常卿蔡廓集九卷并目録。梁十卷，録一卷。又有宋王韶之集二十四卷，亡。

宋尚書令傅亮集三十一卷梁二十卷，録一卷。又有宋征南長史孫康集十卷，左軍長史范述集三卷，亡。

宋太常卿鄭鮮之集十三卷梁二十卷，録一卷。

宋徵士陶潛集九卷梁五卷，録一卷。又有張野集十卷，宋零陵令陶階集八卷，東莞太守張元瑾集八卷；光禄大夫王曇首集二卷，録一卷。亡。

宋太常卿范泰集十九卷梁二十卷，録一卷。

宋中書郎荀昶集十四卷梁十五卷，録一卷。又有卞伯玉集五卷，録一卷；中散大夫羊欣集七卷。亡。

宋司徒王弘集一卷梁二十卷，録一卷。又有宋金紫光禄大夫沈演集十卷〔四〇〕，廣平太守范凱集八卷，亡。

宋沙門釋惠琳集五卷梁九卷，録一卷。又有宋范晏集十四卷，亡。

宋司徒府參軍謝惠連集六卷梁五卷，録一卷。又有宋太常謝弘微集二卷，亡。

宋臨川内史謝靈運集十九卷梁二十卷，録一卷。

宋給事中丘深之集七卷梁十五卷。又有義成太守祖仚之集五卷，荊州西曹孫詔集十卷，殷淳集二卷，揚州刺史殷景仁集九卷，國子博士姚濤之集二十卷，録一卷；周祋集十一卷。亡。

殷闡之集一卷

宋徵士宗景集十六卷〔四一〕梁十五卷。

宋徵士雷次宗集十六卷梁二十九卷，録一卷。

宋奉朝請伍緝之集十二卷梁有宋南蠻主簿衛令元集八卷，范曄集十五卷，録一卷，撫軍諮議范廣集一卷〔四二〕，右光禄大夫王敬集五卷〔四三〕，録一卷，任豫集六卷。

宋御史中丞何承天集二十卷梁三十二卷，亡。

宋太中大夫裴松之集十三卷梁二十一卷。又有王韶之集十九卷，宋光禄大夫江湛集四卷，録一卷。亡。

宋太尉袁淑集十一卷并目録。梁十卷，録一卷。

宋秘書監王微集十卷梁有録一卷。又有宋太子舍人王僧謙集二卷，金紫光禄大夫王僧綽集一卷，征北行參軍顧邁集二十卷，魚復令陳超之集十卷，平南將軍何長瑜集八卷，亡。

宋員外郎荀雍集二卷梁四卷。又有宋國子博

士范演集八卷，錢唐令顧昱集六卷，臨成令韓濬之集八卷，南陽太守沈亮之集七卷〔四四〕，國子博士孔欣集九卷，臨海太守江玄叔集四卷，尚書郎劉馥集十一卷，太子中舍人張演集八卷，南昌令蔡眇之集三卷，太學博士顧雅集十三卷，巴東太守孫沖之集十一卷〔四五〕，太尉諮議參軍謝元集一卷，南海太守陸展集九卷，棘陽令山謙之集十二卷，廣州刺史羊希集九卷〔四六〕，員外常侍周始之集十一卷，主客郎羊崇集六卷，太子舍人孔景亮集三卷，亡。

宋中書郎袁伯文集十一卷并目録。梁有宋丞相諮議蔡超集七卷，亡。

宋東中郎長史孫緬集八卷并目録。梁十一卷。又有宋賀道養集十卷，太子洗馬謝登集六卷，新安太守張鏡集十卷，兼中書舍人褚詮之集八卷，録一卷。亡。

宋特進顏延之集二十五卷梁三十卷。又有顏延之逸集一卷，亡。

宋東揚州刺史顏竣集十四卷并目録。

宋大司馬録事顏測集十一卷并目録。

宋護軍將軍王僧達集十卷梁有録一卷。又有國子博士羊戎集十卷，江寧令蘇寶生集四卷，兗州別駕范義集十二卷，吳興太守劉瑀集七卷，本郡孝廉劉氏集九卷，亡。

宋會稽太守張暢集十二卷殘缺。梁十四卷，録一卷。又有宋司空何尚之集十卷，亡。

宋吏部尚書何偃集十九卷梁十六卷。又有廬江太守周朗集八卷，亡。

宋侍中沈懷文集十二卷殘缺。梁十六卷。

宋北中郎長史江智深集九卷〔四七〕并目一卷。

宋太子中庶子殷琰集七卷梁又有宋武陵太守袁顗集八卷，荀欽明集六卷，安北參軍王詢之集五卷，越騎校尉戴法興集四卷，亡。

宋黄門郎虞通之集十五卷梁二十卷。

宋司徒左長史沈勃集十五卷梁二十卷。

宋金紫光禄大夫謝莊集十九卷梁十五卷。又有宋金紫光禄大夫謝協集三卷，三巴校尉張悦集十一卷，揚州從事賀頠集十一卷，領軍長史孔邁之集八卷，撫軍參軍賀弼集十六卷，本州秀才劉遂集二卷，亡。

宋建平王景素集十卷

宋征虜記室參軍鮑照集十卷梁六卷。又有宋武康令沈懷遠集十九卷，裴駰集六卷，删定郎劉鯤集五卷，宜都太守費脩集十卷，亡。

宋太中大夫徐爰集六卷梁十卷。又有宋護軍司馬孫勃集六卷，右光禄大夫張永集十卷，陽羡令趙繹集十六卷，亡。

宋庾蔚之集十六卷梁二十卷。又有太子中舍人徵不就王素集十六卷，亡。

宋豫章太守劉愔集八卷梁十卷。又有宋起部費鏡運集二十卷，光禄大夫孫敻集十一卷，太尉從事中郎蔡頤集三卷；司空劉勔集二十卷〔四八〕，録一卷；青州刺史明僧暠集十卷〔四九〕，吴興太守蕭惠開集七卷，沈宗之集十卷，大司農張辯集十六卷；金紫光禄大夫王瓚集十五卷，録一卷；郭坦之集五卷，會稽主簿辛湛之集八卷，太子舍人朱百年集二卷〔五〇〕，東海王常侍鮑德遠集六卷，會稽郡丞張緩集六卷。亡。

宋寧國令劉薈集七卷

宋江州從事吴邁遠集一卷殘缺。梁八卷，亡。

宋宛朐令湯惠休集三卷梁四卷。又有南海太守孫奉伯集十卷，右將軍成元範集十卷，奉朝請虞喜集十一卷，延陵令唐思賢集十五卷，戴凱之集六卷，亡。

宋司徒袁粲集十一卷并目録。梁九卷。又有婦人牽氏集一卷，宋後宫司儀韓蘭英集四卷，亡。

齊文帝集一卷殘缺。梁十一卷。又有齊晉安王子懋集四卷，録一卷；隨王子隆集七卷，亡。

齊竟陵王子良集四十卷梁又有齊聞喜公蕭遥欣集十一卷，領軍諮議劉祥集十卷，亡。

齊太宰褚彦回集十五卷梁又有齊黄門侍郎崔祖思集二十卷，中軍佐鍾蹈集十二卷；餘杭令丘巨源集十卷，録一卷。亡。

齊太尉王儉集五十一卷梁六十卷。又有齊東海太守謝顥集十六卷，謝瀹集十卷，豫州刺史劉善明集十卷，侍中褚賁集十二卷，徵士劉虯集二十四卷，司徒主簿徵不就庾易集十卷，顧歡集三十卷，劉瓛集三十卷，射聲校尉劉璡集三卷，亡。

齊中書郎周顒集八卷梁十六卷。又有齊左侍郎鮑鴻集二十卷，録一卷；雍州秀才韋瞻集十卷；正員郎劉懷慰集十卷，録一卷；永嘉太守江山圖集十卷，驃騎記室參軍苟憲集十一卷。亡。

齊前軍參軍虞羲集九卷殘缺。梁十一卷。又有平陽令韋沈集十卷，車騎參軍任文集十一卷，卞鑠集十六卷，婁幼瑜集六十六卷，長水校尉祖沖之集五十一卷，亡。

齊中書郎王融集十卷

齊吏部郎謝朓集十二卷

謝朓逸集一卷梁又有王巾集十一卷，亡。

齊司徒左長史張融集二十七卷梁十卷。又有張融玉海集十卷、大澤集十卷、金波集六十卷，又有齊羽林監庾韶集十卷，黄門郎王僧祐集十卷；太常卿劉悛集二十卷，録一卷；祕書王寂集五卷。亡。

齊金紫光禄大夫孔稚珪集十卷

齊後軍法曹參軍陸厥集八卷梁十卷。

齊太尉徐孝嗣集十卷梁七卷。又有侍中劉暄集一十一卷，通直常侍裴昭明集九卷，虞炎集七卷，吏部郎劉瑱集十卷，梁國從事中郎劉繪集十卷，亡。

齊侍中袁彖集五卷并録。

齊中書郎江奐集九卷并録。

齊平西諮議宗躬集十三卷

齊太子舍人沈驎士集六卷

梁武帝集二十六卷梁三十二卷。

梁武帝詩賦集二十卷

梁武帝雜文集九卷

梁武帝別集目録二卷

梁武帝淨業賦三卷

梁簡文帝集八十五卷陸罩撰，并録。

梁元帝集五十二卷

梁元帝小集十卷

梁昭明太子集二十卷梁有梁安成王集三十卷〔五一〕，亡。

梁岳陽王詧集十卷

梁王蕭歸集十卷

梁邵陵王綸集六卷

梁武陵王紀集八卷

梁蕭琮集七卷梁又有安成煬王集五卷，亡。

梁司徒諮議宗夬集九卷〔五二〕并録。

梁國子博士丘遲集十卷并録。梁十一卷，又有謝朏集十五卷，亡。

梁金紫光禄大夫江淹集九卷梁二十卷。

江淹後集十卷

梁尚書僕射范雲集十一卷并録。

梁太常卿任昉集三十四卷梁有晉安太守謝纂集十卷，撫軍將軍柳惔集二十卷〔五三〕，中護軍柳惲集十二卷，豫州刺史柳憕集六卷，尚書令柳忱集十三卷，義興郡丞何僩集三卷，撫軍中兵參軍韋温集十卷，鎮西録事參軍到洽集十一卷，太子洗馬劉苞集十卷，南徐州秀才諸葛璩集十卷，亡。

梁特進沈約集一百一卷并録。梁又有謝綽集十一卷，亡。

梁中軍府諮議王僧孺集三十卷

梁尚書左丞范縝集十一卷

梁護軍將軍周捨集二十卷梁有祕書張孅金河集六十卷，劉敲集八卷〔五四〕，玄貞處士劉訏集一卷〔五五〕，亡。

梁蕭洽集二卷

梁隱居先生陶弘景集三十卷

陶弘景内集十五卷

梁徵士魏道微集三卷

梁黄門郎張率集三十八卷

梁南徐州治中王冏集三卷

梁都官尚書江革集六卷

梁奉朝請吴均集二十卷

梁光禄大夫庾曇隆集十卷并録。

梁儀同三司徐勉前集三十五卷

徐勉後集十六卷并序録。

梁吏部郎王錫集七卷并録。

梁尚書左僕射王暕集二十一卷

梁平西刑獄參軍劉孝標集六卷

梁鴻臚卿裴子野集十四卷

梁仁威府長史司馬褧集九卷

梁蕭子暉集九卷

梁始興内史蕭子範集十三卷

梁建陽令江洪集二卷

梁鎮西府記室鮑畿集八卷

梁尚書祠部郎虞皭集十卷

梁新田令費昶集三卷

梁蕭機集二卷〔五六〕

梁東陽郡丞謝瑱集八卷

梁通直郎謝琛集五卷

梁仁威記室何遜集七卷梁有安西記室劉緩集四卷〔五七〕，沙門釋智藏集五卷，亡。

梁太常卿陸倕集十四卷

梁廷尉卿劉孝綽集十四卷

梁都官尚書劉孝儀集二十卷

梁太子庶子劉孝威集十卷

梁東陽太守王揖集五卷

梁黄門郎陸雲公集十卷

梁國子祭酒蕭子雲集十九卷

梁征西府長史楊眺集十一卷并録。

梁太子洗馬王筠集十一卷并録。

王筠中書集十一卷并録。

王筠臨海集十一卷并録。
王筠左佐集十一卷并録。
王筠尚書集九卷并録。
梁西昌侯蕭深藻集四卷并録。
梁中書郎任孝恭集十卷
梁平北府長史鮑泉集一卷
梁雍州刺史張纘集十一卷并録。
梁尚書僕射張綰集十一卷并録。
梁度支尚書庾肩吾集十卷
梁太常卿劉之遴前集十一卷
劉之遴後集二十一卷
梁豫章世子侍讀謝郁集五卷
梁安成蕃王蕭欣集十卷
梁中書舍人朱超集一卷
梁護軍將軍甄玄成集十卷并録。
梁散騎常侍沈君游集十三卷〔五八〕
梁臨安恭公主集三卷武帝女。
梁征西記室范靖妻沈滿願集三卷
梁太子洗馬徐悱妻劉令嫺集三卷〔五九〕
後魏孝文帝集三十九卷
後魏司空高允集二十一卷
後魏司農卿李諧集十卷
後魏太常卿盧元明集十七卷
後魏司空祭酒袁躍集十三卷
後魏著作佐郎韓顯宗集十卷
後魏散騎常侍温子昇集三十九卷
後魏太常卿陽固集三卷
北齊特進邢子才集三十一卷
北齊尚書僕射魏收集六十八卷
北齊儀同劉逖集二十六卷

後周明帝集九卷
後周趙王集八卷
後周滕簡王集八卷
後周儀同宗懍集十二卷并録。
後周沙門釋亡名集十卷〔六〇〕
後周小司空王褒集二十一卷并録。
後周少傅蕭撝集十卷
後周開府儀同庾信集二十一卷并録。
陳後主集三十九卷
陳後主沈后集十卷
陳大匠卿杜之偉集十二卷
陳金紫光禄大夫周弘讓集九卷
陳周弘讓後集十二卷
陳侍中沈炯前集七卷
陳沈炯後集十三卷

陳沙門釋標集二卷〔六一〕
陳沙門釋洪偃集八卷
陳沙門釋瑗集六卷
陳沙門釋靈裕集四卷
陳尚書僕射周弘正集二十卷
陳鎮南府司馬陰鏗集一卷
陳左衞將軍顧野王集十九卷
陳沙門策上人集五卷
陳尚書左僕射徐陵集三十卷
陳右衞將軍張式集十四卷
陳尚書度支郎張正見集十四卷
陳司農卿陸琰集二卷
陳少府卿陸玠集十卷〔六二〕
陳光禄卿陸瑜集十一卷并録。
陳護軍將軍蔡景歷集五卷

陳沙門釋暠集六卷
吏部尚書牛弘集十二卷
陳御史中丞褚玠集十卷
司隸大夫薛道衡集三十卷
陳安右府諮議司馬君卿集二卷
國子祭酒何妥集十卷
陳著作佐郎張仲簡集一卷
祕書監柳䛒集五卷
煬帝集五十五卷
開府江總集三十卷
王祐集一卷
江總後集二卷
武陽太守盧思道集三十卷
記室參軍蕭慤集九卷
金州刺史李元操集十卷
著作郎魏彥深集三卷
蜀王府記室辛德源集三十卷
著作郎諸葛潁集十四卷
太尉楊素集十卷
劉子政母祖氏集九卷
懷州刺史李德林集十卷
著作郎王胄集十卷

右四百三十七部，四千三百八十一卷。通計亡書，合八百八十六部，八千一百二十六卷。

別集之名，蓋漢東京之所創也。自靈均已降，屬文之士衆矣，然其志尚不同，風流殊別。後之君子，欲觀其體勢，而見其心靈，故別聚焉，名之爲集。辭人景慕，並自記載，以成書部。年代遷徙，亦頗遺散。其高唱絕俗者，略皆具存，今依其先後，次之於此。

文章流別集四十一卷梁六十卷，志二卷，論二卷，摯虞撰。

文章流別志、論二卷摯虞撰。

文章流別本十二卷謝混撰。

續文章流別三卷孔甯撰。

集苑四十五卷梁六十卷。

集林一百八十一卷宋臨川王劉義慶撰。梁二百卷。

集林鈔十一卷

集鈔十卷沈約撰。梁有集鈔四十卷，丘遲撰，亡。

集略二十卷

撰遺六卷梁又有零集三十六卷，亡。

翰林論三卷李充撰。梁五十四卷。

文苑一百卷孔逭撰。

文苑鈔三十卷

文選三十卷梁昭明太子撰。

詞林五十八卷

文海五十卷

吳朝士文集十卷梁十三卷。又有漢書文府三卷，亡。

巾箱集七卷梁有文章志録雜文八卷，謝沈撰，又名士雜文八卷，亡。

婦人集二十卷梁有婦人集三十卷，殷淳撰。又有婦人集十一卷，亡。

婦人集鈔二卷

雜文十六卷爲婦人作。
文選音三卷蕭該撰。
文心彫龍十卷梁兼東宮通事舍人劉勰撰。
文章始一卷姚察撰〔六三〕。梁有文章始一卷，任昉撰；四代文章記一卷，吴郡功曹張防撰。亡。
賦集九十二卷謝靈運撰。梁又有賦集五十卷，宋新渝惠侯撰；賦集四十卷，宋明帝撰；樂器賦十卷；伎藝賦六卷。亡。
賦集鈔一卷
賦集八十六卷後魏祕書丞崔浩撰。
續賦集十九卷殘缺。
歷代賦十卷梁武帝撰。
皇德瑞應賦頌一卷梁十六卷。
五都賦六卷并録。張衡及左思撰。
雜都賦十一卷梁雜賦十六卷。又東都賦一卷，孔逭作；二京賦音二卷〔六四〕，李軌、綦毋邃撰；齊都賦二卷并音，左思撰；相風賦七卷，傅玄等撰；迦維國賦二卷，晉右軍行參軍虞干紀撰；遂志賦十卷，乘輿赭白馬二卷〔六五〕。亡。
述征賦一卷
神雀賦一卷後漢傅毅撰。
雜賦注本三卷梁有郭璞注子虚上林賦一卷，薛綜注張衡二京賦二卷，晁矯注二京賦一卷，傅巽注二京賦二卷〔六六〕，張載及晉侍中劉逵、晉懷令衞權注左思三都賦三卷〔六七〕，綦毋邃注三都賦三卷，項氏注幽通賦，蕭廣濟注木玄虚海賦一卷，徐爰注射雉賦一卷，亡。
獻賦十八卷
圍碁賦一卷梁武帝撰。
觀象賦一卷

洛神賦一卷孫壑注。

枕賦一卷張君祖撰〔六八〕。

二都賦音一卷李軌撰〔六九〕。

百賦音十卷宋御史褚詮之撰。梁有賦音二卷，郭徵之撰；雜賦圖十七卷。亡。

大隋封禪書一卷

上封禪書二卷梁有雜封禪文八卷，秦帝刻石文一卷，宋會稽太守褚淡撰，亡。

集雅篇五卷

靖恭堂頌一卷晉涼王李暠撰。梁有頌集二十卷，王僧綽撰；木連理頌二卷，太元十九年羣臣上。亡。

詩集五十卷謝靈運撰。梁五十一卷。又有宋侍中張敷、袁淑補謝靈運詩集一百卷；又詩集百卷，并例、録二卷，顏峻撰；詩集四十卷，宋明帝撰；雜詩七十九卷，江邃撰；雜詩二十卷，宋太子洗馬劉和注；二晉雜詩二十卷；古今五言詩美文五卷，荀綽撰；詩鈔十卷。亡。

詩集鈔十卷謝靈運撰。梁有雜詩鈔十卷，録一卷，謝靈運撰，亡。

古詩集九卷

六代詩集鈔四卷梁有雜言詩鈔五卷，謝朏撰，亡。

詩英九卷謝靈運集。梁十卷。又有文章英華三十卷，梁昭明太子撰，亡。

今詩英八卷

古今詩苑英華十九卷梁昭明太子撰。

詩纘十三卷

衆詩英華一卷

詩類六卷

玉臺新詠十卷徐陵撰。
百志詩九卷干寶撰。梁五卷。又有古遊仙詩一卷，應貞注應璩百一詩八卷，百一詩二卷，晉蜀郡太守李彪撰。亡。
齊釋奠會詩一十卷
齊讌會詩十七卷
青溪詩三十卷齊讌會作。梁有魏、晉、宋雜祖餞讌會詩集二十一部，一百四十三卷，亡，今略其數。
西府新文十一卷并録。梁蕭淑撰。
百國詩四十三卷
文林館詩府八卷後齊文林館作。
詩評三卷鍾嶸撰，或曰詩品。
古樂府八卷
文會詩三卷陳仁威記室徐伯陽撰。

五岳七星迴文詩一卷梁有雜詩圖一卷，亡。
毛伯成詩一卷伯成，東晉征西參軍〔七〇〕。
春秋寶藏詩四卷張貽撰。
江淹擬古一卷羅潛注。
樂府歌辭鈔一卷
歌録十卷
古歌録鈔二卷
晉歌章八卷梁十卷。
吳聲歌辭曲一卷梁二卷。又有樂府歌詩二十卷，秦伯文撰；樂府歌詩十二卷，樂府三校歌詩十卷，樂府歌辭九卷；太樂歌詩八卷，歌辭四卷，張永記；魏讌樂歌辭七卷，晉歌章十卷；又晉歌詩十八卷，晉讌樂歌辭十卷，荀勖撰；宋太始祭高禖歌辭十一卷，齊三調雅辭五卷；古今九代歌詩七卷，張湛撰；三調相和歌辭五卷，三調詩吟録六卷，奏鞞鐸舞曲二卷，管絃録一卷，伎録一卷；太樂備問鍾鐸律奏舞歌四卷，郝生撰；迴文集十卷，謝靈運撰；又迴文詩八卷；織錦迴文詩一卷，苻堅秦州刺史竇氏妻蘇氏作；頌集二十卷，王僧綽撰；木連理頌二卷，晉太元十九年羣臣上；又有鼓吹、清商、樂府、讌樂、高禖、鞞、鐸等歌辭舞録，凡十部。

陳郊廟歌辭三卷并録。徐陵撰。

樂府新歌十卷秦王記室崔子發撰。

樂府新歌二卷秦王司馬殷僧首撰。

古今箴銘集十四卷張湛撰。録一卷。梁有箴集十六卷，雜誡箴二十四卷，女箴一卷，女史箴圖一卷，又有銘集十一卷，又陸少玄撰佛像雜銘十三卷，釋僧祐撰箴器雜銘五卷，亡。

衆賢誡集十卷殘缺。梁有誡林三卷，綦毋邃撰；四帝誡三卷，王誕撰；雜家誡七卷，諸家雜誡九卷，集誡二十二卷。亡。

諸葛武侯誡一卷、女誡一卷

女誡一卷曹大家撰。

女鑒一卷梁有女訓十六卷。

婦人訓誡集十一卷并録。梁十卷。宋司空徐湛之撰。

娣姒訓一卷馮少胄撰。

貞順志一卷

讚集五卷謝莊撰。

畫讚五卷漢明帝殿閣畫，魏陳思王讚。梁五十卷。又有誄集十五卷，謝莊撰，亡。

七集十卷謝靈運集。

七林十卷梁十二卷，録二卷。卞景撰。梁又有七林三十卷，音一卷，亡。

七悟一卷顏之推撰。梁有弔文集六卷，録一卷；弔文二卷。亡。

碑集二十九卷

雜碑集二十九卷

雜碑集二十二卷梁有碑集十卷，謝莊撰；釋氏碑文三十卷，梁元帝撰；雜碑二十二卷，碑文十五卷，晉將作大匠陳勰撰；碑文十卷，車灌撰；又有羊祜墮淚碑一卷，桓宣武碑十卷，長沙景王碑文三卷，荆州雜碑三卷，雍州雜碑四卷，廣州刺史碑十二卷，義興周處碑一卷〔七一〕，太原王氏家碑誄頌讚銘集二十六卷；諸寺碑文四十六卷，釋僧祐撰；雜祭文六卷；衆僧行狀四十卷，釋僧祐撰。亡。

設論集二卷劉楷撰。梁有設論集三卷，東晉人撰；客難集二十卷。亡。

論集七十三卷

雜論十卷

明真論一卷晉兗州刺史宗岱撰。

東西晉興亡論一卷

陶神論五卷

正流論一卷

黃芳引連珠一卷

梁武連珠一卷沈約注。

梁武帝制旨連珠十卷梁邵陵王綸注。

梁武帝制旨連珠十卷陸緬注。梁有設論連珠十卷，謝靈運撰連珠集五卷，陳證撰連珠十五卷；又連珠一卷，陸機撰，何承天注；又班固典引一卷，蔡邕注。亡。

梁代雜文三卷

詔集區分四十一卷後周獸門學士宗幹撰。

魏朝雜詔二卷梁有漢高祖手詔一卷，亡。

録魏吴二志詔二卷梁有三國詔誥十卷，亡。

晉咸康詔四卷

晉朝雜詔九卷梁有晉雜詔百卷，録一卷。又有晉雜詔二十八卷，録一卷；又晉詔六十卷，晉文王、武帝雜詔十二卷。亡。

録晉詔十四卷梁有晉武帝詔十二卷〔七二〕，成帝詔草十七卷，康帝詔草十卷，建元直詔三卷，永和副詔九卷，升平隆和興寧副詔十卷，泰元咸寧寧康副詔二十二卷，隆安直詔五卷，元興大亨副詔三卷，亡。

晉義熙詔十卷梁有義熙副詔十卷，義熙以來至于大明詔三十卷，晉宋雜詔四卷；又晉宋雜詔八卷，王韶之撰；又雜詔十四卷，班五條詔十卷。亡。

宋永初雜詔十三卷梁有詔集百卷，起漢訖宋；武帝詔四卷，宋元熙詔令五卷，永初二年五年詔三卷〔七三〕，永初已來中書雜詔二十卷。亡。

宋孝建詔一卷梁有宋景平詔三卷，亡。

宋元嘉副詔十五卷梁有宋元嘉詔六十二卷，又宋孝武詔五卷，宋大明詔七十卷，宋永光景和詔五卷，宋泰始泰豫詔二十二卷，宋義嘉僞詔一卷，宋元徽詔十三卷，宋昇明詔四卷，亡。

齊雜詔十卷

齊中興二年詔三卷梁有齊建元詔五卷，永明詔三卷，武帝中詔十卷，齊隆昌延興建武詔九卷〔七四〕，齊建武二年副詔九卷，梁天監元年至七年詔十二卷，天監九年十年詔二卷，亡。

後魏詔集十六卷

後周雜詔八卷

雜詔八卷

雜赦書六卷

陳天嘉詔草三卷

霸朝集三卷李德林撰。

皇朝詔集九卷

皇朝陳事詔十三卷梁有雜九錫文四卷，亡。

上法書表一卷虞和撰。

梁中表十一卷梁邵陵王撰。梁有漢名臣奏三十卷，魏名臣奏三十卷，陳長壽撰；魏雜事七卷，晉諸公奏十一卷，雜表奏駁三十五卷，漢丞相匡衡大司馬王鳳奏五卷，劉隗奏五卷，孔羣奏二十二卷，晉金紫光祿大夫周閔奏事四卷，晉中丞劉邵奏事六卷，中丞司馬無忌奏事十三卷，中丞虞谷奏事六卷，中丞高崧奏事五卷，又諸彈事等十四部。亡。

雜露布十二卷梁有雜檄文十七卷，魏武帝露布文九卷，亡。

山公啓事三卷

范寧啓事三卷梁十卷。梁有雜薦文十二卷，薦文集七卷，亡。

善文五十卷杜預撰。

雜集一卷殷仲堪撰。

梁魏周齊陳皇朝聘使雜啓九卷

政道集十卷

書集八十八卷晉散騎常侍王履撰。梁八十卷，亡。

書林十卷

雜逸書六卷梁二十二卷。徐爰撰。應璩書林八卷，夏赤松撰；抱朴君書一卷，葛洪撰；蔡司徒書三卷，蔡謨撰；前漢雜筆十卷，吳晉雜筆九卷，吳朝文二十四卷，李氏家書八卷，晉左將軍王鎮惡與劉丹陽書一卷，亡。

後周與齊軍國書二卷

高澄與侯景書一卷

策集一卷殷仲堪撰。

策集六卷梁有孝秀對策十二卷，亡。

宋元嘉策孝秀文十卷

誹諧文三卷

誹諧文十卷袁淑撰〔七五〕。梁有續誹諧文集十卷；又有誹諧文一卷，沈宗之撰；任子春秋一卷，杜嵩撰；博陽秋一卷〔七六〕，宋零陵令辛邕之撰。亡。

法集百七卷梁沙門釋寶唱撰。

右一百七部，二千二百一十三卷。通計亡書，合二百四十九部，五千二百二十四卷。

總集者，以建安之後，辭賦轉繁，衆家之集，日以滋廣，晉代摯虞，苦覽者之勞倦，於是採擿孔翠，芟剪繁蕪，自詩賦下，各爲條貫，合而編之，謂爲流別。是後文集總鈔，作者繼軌，屬辭之士，以爲覃奧，而取則焉。今次其前後，并解釋評論，總於此篇。

凡集五百五十四部，六千六百二十二卷。通計亡書，合一千一百四十六部，一萬三千三百九十卷。

文者，所以明言也。古者登高能賦，山川能祭，師旅能誓，喪紀能誄，作器能銘，則可以爲大夫。言其因物騁辭，情靈無擁者也。唐歌虞詠，商頌、周雅，敍事緣情，紛綸相襲，自斯已降，其道彌繁。世有澆淳，時移治亂，文體遷變，邪正或殊。宋玉、屈原，激清風於南楚，嚴、鄒、枚、馬，陳盛藻於西京，平子豔發於東都，王粲獨步於漳、滏。爰逮晉氏，見稱潘、陸，並黼藻相輝，宮商間起，清辭潤乎金石，精義薄乎雲天。永嘉已後，玄風既扇，辭多平淡，文寡風力。降及江東，不勝其弊。宋、齊之世，下逮梁初，靈運高致之奇，延年錯綜之美，謝玄暉之藻麗，沈休文之富溢，煇煥斌蔚，辭義可觀。梁簡文之在東宮，亦好篇什，清辭巧製，止乎衽席之間，彫琢蔓藻，思極閨闈之内。後生好事，遞相放習，朝野紛紛，號爲宫體。流宕不已，訖于喪亡。陳氏因之，未能全變。其中原則兵亂積年，文章道盡。後魏文帝，頗效屬辭，未能變俗，例皆淳古。齊宅漳濱，辭人間起，高言累句，紛紜絡繹，清辭雅致，是所未聞。後周草創，干戈不戢，君臣戮力，專事經營，風流文雅，我則未暇。其後南平漢、沔，東定河朔，訖于有隋，四海一統，采荆南之杞梓，收會稽之箭竹，辭人才士，總萃京師。屬以高祖少文，煬帝多忌，當路執權，逮相擯壓。於是握靈蛇之珠，韞荆山之玉，轉死溝壑之内者，不可勝數，草澤怨刺，於是興焉。古者陳詩觀風，斯亦所以關乎盛衰者也。班固有詩賦略，凡五種，今引而伸之，合爲三種，謂之集部。

凡四部經傳三千一百二十七部，三萬六千七百八卷。通計亡書，合四千一百九十一部，四萬九千四百六十七卷。

經戒三百一部，九百八卷。餌服四十六部，一百六十七卷。房中十三部，三十八卷。符籙十七部〔七七〕，一百三卷。

右三百七十七部，一千二百一十六卷。

道經者，云有元始天尊，生於太元之先，禀自然之氣，沖虚凝遠，莫知其極。所說天地淪壞〔七八〕，劫數終盡，略與佛經同。以爲天尊之體〔七九〕，常存不滅。每至天地初開，或在玉京之上，或在窮桑之野，授以祕道，謂之開劫度人。然其開劫，非一度矣，故有延康、赤明、龍漢、開皇，是其年號。其間相去經四十一億萬載。所度皆諸天仙上品，有太上老君、太上丈人、天真皇人、五方天帝及諸仙官，轉共承受，世人莫之豫也。所說之經，亦禀元一之氣，自然而有，非所造爲，亦與天尊常在不滅。天地不壞，則蘊而莫傳，劫運若開，其文自見。凡八字，盡道體之奥，謂之天書。字方一丈，八角垂芒，光輝照耀，驚心眩目，雖諸天仙，不能省視。天尊之開劫也，乃命天真皇人，改囀天音而辯析之。自天真以下，至于諸仙，展轉節級，以次相授。諸仙得之，始授世人。然以天尊經歷年載，始一開劫，受法之人，得而寶祕，亦有年限，方始傳授。上品則年久，下品則年近。故今授道者，經四十九年，始得授人。推其大旨，蓋亦歸於仁愛清靜，積而修習，漸致長生，自然神化，或白日登仙，與道合體。其受道之法，初受五千文籙，次受三洞籙，次受洞玄籙，次受上清籙。籙皆素書，紀諸天曹官屬佐吏之名有多少，又有諸符，錯在其間，文章詭怪，世所不識。受者必先潔齋，然後齎金環一，并諸贄幣，以見於師。師受其贄，以籙授之，仍剖金環，各持其半，云以爲約。弟子得籙，緘而佩之。

其潔齋之法，有黄籙、玉籙、金籙、塗炭等齋。爲壇三成，每成皆置緜蕝，以爲限域。傍各開門，皆有法象。齋者亦有人數之限，以次入于緜蕝之中，魚貫面縛，陳說愆咎，告白神祇，晝夜不息，或一二七日而止。其齋數之外有人者，並在緜蕝之外，謂之齋客，但拜謝而已，不面縛焉。而又有諸消災度厄之法，依陰陽五行數術，推人年命書之，如章表之儀，并具贄幣，燒香陳讀。云奏上天曹，請爲除厄，謂之上章。夜中，於星辰之下，陳設酒脯餅餌幣物，歷祀天皇太一，祀五星列宿，爲書如上章之儀以奏之，名之爲醮。又以木爲印，刻星辰日月於其上，吸氣執之，以印疾病，多有愈者。又能登刀入火而焚勑之，使刃不能割，火不能熱。而又有諸服餌、辟穀、金丹、玉漿、雲英，蠲除滓穢之法，不可殫記。云自上古黄帝、帝嚳、夏禹之儔，並遇神人，咸受道籙，年代既遠，經史無聞焉。

推尋事迹，漢時諸子，道書之流有三十七家，大旨皆去健羨，處沖虛而已，無上天官符籙之事。其黄帝四篇，老子二篇，最得深旨。故言陶弘景者，隱於句容，好陰陽五行，風角星筭，修辟穀導引之法，受道經符籙，武帝素與之遊。及禪代之際，弘景取圖讖之文，合成「景梁」字以獻之，由是恩遇甚厚。又撰登真隱訣，以證古有神仙之事；又言神丹可成，服之則能長生，與天地永畢。帝令弘景試合神丹，竟不能就，乃言中原隔絶，藥物不精故也。帝以爲然，敬之尤甚。然武帝弱年好事，先受道法，及即位，猶自上章，朝士受道者衆。三吴及邊海之際，信之踰甚。陳武世居吴興，故亦奉焉。後魏之世，嵩山道士寇謙之，自云嘗遇真人成公興，後遇太上老君，授謙之爲天師，而又賜之雲中音誦科誡二十卷。又使玉女授其服氣導引之法，遂得辟穀，氣盛體輕，顔色鮮麗。弟子十餘人，皆得其術。其後又遇神人李譜〔八〇〕，云是老君玄孫，授其圖籙真經，劾召百神，六十餘卷〔八一〕，及銷鍊金丹、雲英、八石、玉漿之法。太武始光之初，奉其書而獻之。帝使謁者，奉玉帛牲牢，祀嵩岳，迎致其餘弟子，於代都東南起壇宇，給道士百二十餘人，顯揚其法，宣布天下。太武親備法駕，而受符籙焉。自是道業大行，每帝即位，必受符籙，以爲故事，刻天尊及諸仙之象，而供養焉。遷洛已後，置道場於南郊之傍，方二百步。正月、十月之十五日，並有道士哥人百六人，拜而祠焉。後齊武帝遷鄴〔八二〕，遂罷之。文襄之世，更置館宇，選其精至者使居焉。後周承魏，崇奉道法，每帝受籙，如魏之舊，尋與佛法俱滅。開皇初又興，高祖雅信佛法，於道士蔑如也。大業中，道士以術進者甚衆。其所講經，由以老子爲本〔八三〕，次講莊子及靈寶、昇玄之屬。其餘衆經，或言傳之神人，篇卷非一。自云天尊姓樂名靜信，例皆淺俗，故世甚疑之。其術業優者，行諸符禁，往往神驗。而金丹玉液長生之事，歷代糜費，不可勝紀，竟無效焉。今考其經目之數，附之於此。

大乘經六百一十七部，二千七十六卷。五百五十八部，一千六百九十七卷，經。五十九部，三百七十九卷，疏。小乘經四百八十七部，八百五十二卷。雜經三百八十部，七百一十六卷。雜經目殘缺甚，見數如此。雜疑經一百七十二部，三百三十六卷。大乘律五十二部，九十一卷。小乘律八十部，四百七十二卷。七十七部，四百九十卷，律。二部，二十三卷，講疏。雜律二十七部，四十六卷。大乘論三十五部，一百四十一卷。三十部，九十四卷，論。十五部，四十七卷，疏。小乘論四十一部，五百六十七卷。二十一部，四百九十一卷，論。二十部，七十六卷，講疏。雜論五十一部，四百三十七卷。三十二部，二百九十九卷，論。九部，一百三十八卷〔八四〕，講疏。記二十部，四百六十四卷。

右一千九百五十部，六千一百九十八卷。

佛經者，西域天竺之迦維衛國淨飯王太子釋迦牟尼所說。釋迦當周莊王之九年四月八日，自母右脅而生，姿貌奇異，有三十二相，八十二好。捨太子位，出家學道，勤行精進，覺悟一切種智，而謂之佛，亦曰佛陀，亦曰浮屠，皆胡言也。華言譯之爲淨覺。其所說云，人身雖有生死之異，至於精神，則恒不滅。此身之前，則經無量身矣。積而修習，精神清淨，則成佛道〔八五〕。天地之外，四維上下，更有天地，亦無終極，然皆有成有敗。一成一敗，謂之一劫。自此天地已前，則有無量劫矣。每劫必有諸佛得道，出世教化，其數不同。今此劫中，當有千佛。自初至于釋迦，已七佛矣。其次當有彌勒出世，必經三會，演說法藏，開度衆生。由其道者，有四等之果。一曰須陁洹，二曰斯陁含，三曰阿那含，四曰阿羅漢。至羅漢者，則出入生死，去來隱顯，而不爲累。阿羅漢已上，至菩薩者，深見佛性，以至成道。每佛滅度，遺法相傳，有正、象、末三等淳醨之異。年歲遠近，亦各不同。末法已後，衆生愚鈍，無復佛教，而業行轉惡，年壽漸短，經數百千載間，乃至朝生夕死。然後有大水、大火、大風之災，一切除去之，而更立生人，又歸淳朴，謂之小劫。每一小劫，則一佛出世。

初天竺中多諸外道，並事水火毒龍，而善諸變幻。釋迦之苦行也，是諸邪道，並來嬲惱，以亂其心，而不能得。及佛道成，盡皆摧伏，並爲弟子。弟子，男曰桑門，譯言息心，而總曰僧，譯言行乞。女曰比丘尼。皆剃落鬚髮，釋累辭家，相與和居，治心修淨，行乞以自資，而防心攝行。僧至二百五十戒，尼五百戒。俗人信馮佛法者，男曰優婆塞，女曰優婆夷，皆去殺、盜、淫、妄言、飲酒，是爲五誡。釋迦在世教化四十九年，乃至天龍人鬼並來聽法，弟子得道，以百千萬億數。然後於拘尸那城娑羅雙樹間，以二月十五日，入般涅槃。涅槃亦曰泥洹，譯言滅度，亦言常樂我淨。初釋迦說法，以人之性識根業各差，故有大乘小乘之說。至是謝世，弟子大迦葉與阿難等五百人，追共撰述，綴以文字，集載爲十二部。後數百年，有羅漢菩薩，相繼著論，贊明其義。然佛所說，我滅度後，正法五百年，像法一千年，末法三千年，其義如此。

推尋典籍，自漢已上，中國未傳。或云久以流布，遭秦之世，所以堙滅。其後張騫使西域，蓋聞有浮屠之教。哀帝時，博士弟子秦景使伊存口授浮屠經〔八六〕，中土聞之，未之信也。後漢明帝，夜夢金人飛行殿庭，以問於朝，而傅毅以佛對。帝遣郎中蔡愔及秦景使天竺求之，得佛經四十二章及釋迦立像。并與沙門攝摩騰、竺法蘭東還。愔之來也，以白馬負經，因立白馬寺於洛城雍門西以處之。其經緘于蘭臺石室，而又畫像於清涼臺及顯節陵上〔八七〕。章帝時，楚王英以崇敬佛法聞，西域沙門，齎佛經而至者甚衆。永平中，法蘭又譯十住經。其餘傳譯，多未能通。至桓帝時，有安息國沙門安靜，齎經至洛，翻譯最爲通解。靈帝時，有月支沙門支讖、天竺沙門竺佛朔等，並翻佛經。而支讖所譯泥洹經二卷，學者以爲大得本旨。漢末，太守竺融，亦崇佛法。三國時，有西域沙門康僧會，齎佛經至吴譯之，吴主孫權，甚大敬信。魏黄初中，中國人始依佛戒，剃髮爲僧。先是西域沙門來此，譯小品經，首尾乖舛，未能通解。甘露中，有朱仕行者，往西域，至于闐國，得經九十章，晉元康中，至鄴譯之，題曰放光般若經。太始中，有月支沙門竺法護，西遊諸國，大得佛經，至洛翻譯，部數甚多。佛教東流，自此而盛。

石勒時，常山沙門衞道安，性聰敏，誦經日至萬餘言。以胡僧所譯維摩、法華，未盡深旨，精思十年，心了神悟，乃正其乖舛，宣揚解釋。時中國紛擾，四方隔絶，道安乃率門徒，南遊新野，欲令玄宗所在流布，分遣弟子，各趨諸方。法性詣揚州，法和入蜀，道安與慧遠之襄陽。後至長安，苻堅甚敬之〔八八〕。道安素聞天竺沙門鳩摩羅什，思通法門，勸堅致之。什亦聞安令問，遥拜致敬。姚萇弘始二年〔八九〕，羅什至長安，時道安卒後已二十載矣，什深慨恨。什之來也，大譯經論，道安所正，與什所譯，辭義如一〔九〇〕，初無乖舛。

初，晉元熙中，新豐沙門智猛，策杖西行，到華氏城，得泥洹經及僧祇律，東至高昌，譯泥洹爲二十卷。後有天竺沙門曇摩羅讖復齎胡本，來至河西。沮渠蒙遜遣使至高昌取猛本，欲相參驗，未還而蒙遜破滅。姚萇弘始十年，猛本始至長安，譯爲三十卷。曇摩羅讖又譯金光明等經。時胡僧至長安者數十輩，惟鳩摩羅什才德最優。其所譯則維摩、法華、成實論等諸經，及曇無懺所譯金光明，曇摩羅懺所譯泥洹等經，並爲大乘之學。而什又譯十誦律，天竺沙門佛陀耶舍譯長阿含經及四分律〔九一〕，兜佉勒沙門曇摩難提譯增一阿含經〔九二〕，曇摩耶舍譯阿毗曇論，並爲小乘之學。其餘經論，不可勝記。自是佛法流通，極於四海矣。東晉隆安中，又有罽賓沙門僧伽提婆譯增一阿含經及中阿含經。義熙中，沙門支法領，從于闐國得華嚴經三萬六千偈，至金陵宣譯。又有沙門法顯，自長安遊天竺，經三十餘國。隨有經律之處，學其書語，譯而寫之。還至金陵，與天竺禪師跋羅，參共辯定，謂僧祇律，學者傳之。

齊梁及陳，並有外國沙門。然所宣譯，無大名部可爲法門者〔九三〕。梁武大崇佛法，於華林園中，總集釋氏經典，凡五千四百卷。沙門寶唱，撰經目録。又後魏時，太武帝西征長安，以沙門多違佛律，羣聚穢亂，乃詔有司，盡坑殺之，焚破佛像。長安僧徒，一時殲滅。自餘征鎮，豫聞詔書，亡匿得免者十一二。文成之世，又使修復。熙平中，遣沙門慧生使西域，采諸經律，得一百七十部。永平中，又有天竺沙門菩提留支，大譯佛經，與羅什相埒。其地持、十地論，並爲大乘學者所重。後齊遷鄴，佛法不改。至周武帝時，蜀郡沙門衞元嵩上書，稱僧徒猥濫，武帝出詔，一切廢毁。

開皇元年，高祖普詔天下，任聽出家，仍令計口出錢，營造經像。而京師及并州、相州、洛州等諸大都邑之處，並官寫一切經，置于寺內；而又別寫，藏于祕閣。天下之人，從風而靡，競相景慕，民間佛經，多於六經數十百倍。大業時，又令沙門智果，於東都內道場，撰諸經目，分別條貫，以佛所說經爲三部：一曰大乘，二曰小乘，三曰雜經。其餘似後人假託爲之者，別爲一部，謂之疑經。又有菩薩及諸深解奧義、贊明佛理者，名之爲論，及戒律並有大、小及中三部之別。又所學者，録其當時行事，名之爲記。凡十一種。今舉其大數，列於此篇。

右道、佛經二千三百二十九部，七千四百一十四卷。

道、佛者，方外之教，聖人之遠致也。俗士爲之，不通其指，多離以迂怪，假託變幻亂於世，斯所以爲弊也。故中庸之教，是所罕言，然亦不可誣也。故録其大綱，附于四部之末。

大凡經傳存亡及道、佛，六千五百二十部，五萬六千八百八十一卷。

校勘記

〔一〕逸又自爲一篇　「又」，原作「文」，據至順本、汲本改。

〔二〕漢孝文園令　「孝」字原闕，據史記卷一一七司馬相如列傳、漢書卷五七下司馬相如傳下補。

〔三〕漢諫議大夫王褒集　「諫議大夫」，當作「諫大夫」。西漢有「諫大夫」，無「諫議大夫」，漢書卷六四下王褒傳亦作「諫大夫」。下文「漢諫議大夫劉向集」，誤同，漢書卷三六楚元王劉交傳附劉向傳正作「諫大夫」。參見本書卷三二校勘記〔四五〕。

〔四〕漢諫議大夫谷永集　「諫議大夫」，當作「諫大夫」，參見本卷校勘記〔三〕。又，漢書卷八五本傳，谷永歷官無諫大夫，此蓋涉上文「漢諫議大夫王褒集」、「漢諫議大夫劉向集」而誤。

〔五〕河間相張衡集　「相」字原闕，據宋甲本、至順本、汲本補。參見後漢書卷五九張衡傳。

〔六〕蘇順　原作「籍順」，據後漢書卷八〇上文苑上蘇順傳、舊唐書卷四七經籍志下、新唐書卷六〇藝文志四改。

〔七〕桓驎　原作「桓驎」，據後漢書卷三七桓榮傳附桓彬傳改。

〔八〕司空陳羣集　「司空」，原作「司徒」，據三國志卷二二魏書陳羣傳改。

〔九〕高堂隆集　「集」字原闕，據宋甲本、至順本、汲本補。舊唐書卷四七經籍志下、新唐書卷六〇藝文志四亦作「高堂隆集」。

〔一〇〕劉邵集二卷録一卷　「録」，原作「魏」，據隋志著録體例改。參見姚振宗考證卷三九之三。

〔一一〕謝承　原作「謝丞」，據本書卷三三經籍志二史部正史類、舊唐書卷四七經籍志下、新唐書卷六〇藝文志四改。

〔一二〕華覈　原作「華覆」，據南監本改。舊唐書卷四七經籍志下、新唐書卷六〇藝文志四亦作「華覈」，三國志卷六五吴書有傳。

〔三〕嵇喜　原作「稽喜」，據舊唐書卷四七經籍志下、新唐書卷六〇藝文志四改。嵇喜見晉書卷四九嵇康傳。

〔四〕晉金紫光禄大夫何楨集　「何楨」，原作「何禎」，據舊唐書卷四七經籍志下改。三國志卷一一魏書王烈傳裴注引文士傳，何楨字元幹，廬江人，「入晉爲尚書光禄大夫」。

〔五〕裴聿　原作「裴津」，據宋甲本、汲本改。通志卷六九藝文略別集二、玉海卷一一七銓選晉山公啓事亦作「裴聿」。

〔六〕何劭　原作「何邵」，據晉書卷三三何曾傳附何劭傳、舊唐書卷四七經籍志下、新唐書卷六〇藝文志四改。

〔七〕宗正劉許集　「劉許」，原作「劉訏」，世説新語卷下排調劉孝標注引晉百官名，劉許，惠帝時官宗正卿，三國志卷一四魏書劉放傳裴注同。新唐書卷六〇藝文志四作「劉許集」，今據改。

〔八〕孫極集　「孫極」，通志卷六九藝文略別集二作「孫拯」。按，晉書卷五四陸機傳附傳有孫拯傳，孫拯受陸機案牽累獲罪。疑此「孫極」是「孫拯」之誤，故七録附見於二陸之後。

〔九〕太傅主簿郭象集　「主簿」二字原闕，據晉書卷五〇郭象傳補。

〔一〇〕東晉鄱陽太守虞溥集　晉書卷八二虞溥傳，溥「卒於洛」，不及東晉，此「東」字疑衍。

〔一一〕張亢　原作「張杭」，宋甲本、至順本作「張抗」，據晉書卷五五張載傳附張亢傳改。

〔一二〕王鑒　原作「王覽」，據宋甲本改。晉書卷七一王鑒傳、舊唐書卷四七經籍志下、新唐書卷六

○藝文志四亦作「王鑒」。

〔二三〕張悛　原作「張俊」，據宋甲本、至順本、汲本改。新唐書卷六〇藝文志四、通志卷六九藝文略別集二亦作「張悛」。

〔二四〕應詹　原作「應瞻」，據晉書卷七〇應詹傳、舊唐書卷四七經籍志下、新唐書卷六〇藝文志四改。

〔二五〕丹陽尹劉惔集　「劉惔」，原作「劉恢」，據晉書卷七五劉惔傳、舊唐書卷四七經籍志下、新唐書卷六〇藝文志四改。

〔二六〕江惇　原作「江淳」，據晉書卷五六江統傳附江惇傳、新唐書卷六〇藝文志四改。

〔二七〕庾赤玉　原作「庾赤王」，據世說新語卷中賞譽改。

〔二八〕尋陽太守庾統　「庾統」，原作「庾純」，據晉書卷七三庾亮傳附庾統傳、世說新語卷中賞譽劉孝標注引中興書改。舊唐書卷四七經籍志下、新唐書卷六〇藝文志四有「庾統集」，無「庾純集」。

〔二九〕王浹　原作「王俠」，據宋甲本、至順本、汲本改。舊唐書卷四七經籍志下、新唐書卷六〇藝文志四亦作「王浹」。

〔三〇〕江虨　原作「江彬」，據晉書卷五六江統傳附江虨傳、舊唐書卷四七經籍志下改。

〔三一〕王珉　原作「王岷」，據宋甲本、至順本改。晉書卷六五王導傳附王珉傳亦作「王珉」。

〔三二〕太宰長史庾蒨　「庾蒨」，世説新語卷中賞譽劉孝標注引徐廣晉紀、晉書卷七三庾亮傳附庾冰傳作「庾倩」。

〔三三〕晉光禄大夫孫廞集　姚振宗考證卷三九之五：「案闕里文獻考云：『孔氏别集有先聖二十七代孫晉廷尉廞集十一卷。』案，孔廞集隋唐志皆不見，似即此集，誤『孔』爲『孫』也。晉書孔羣傳，羣子沈，沈子廞，位吴興太守、廷尉（與文獻考稱官位合）。南史孔琳之傳，琳之父廞光禄大夫（與此所題官位亦合），似出孔廞爲多。」

〔三四〕袁山松　原作「袁崧」，據宋甲本、至順本、汲本改。

〔三五〕丹陽尹卞範之集　「尹」，原作「令」，據晉書卷九九卞範之傳改。

〔三六〕周續之　原作「周桓之」，據本書卷三三經籍志二史部雜傳類、宋書卷九三隱逸周續之傳、南史卷七五隱逸上周續之傳改。

〔三七〕晉都水使者妻陳玢　「使者」下疑有奪文。晉書卷九一儒林徐邈傳載，邈父藻，官都水使者。姚振宗考證卷三九之五以爲，陳玢應爲徐藻妻。

〔三八〕劉臻妻陳珍集七卷　「劉臻」，原作「劉驎」，據晉書卷九六列女劉臻妻陳氏傳、舊唐書卷四七經籍志下、新唐書卷六〇藝文志四改。又，「陳珍」原作「陳駿」，「七」原作「亡」，據宋甲本、至順本、汲本改。

〔三九〕建平王休度集　「休度」，原作「休祐」，據宋書卷七二文九王建平宣簡王宏傳、南史卷一四宋宗室及諸王下宋文帝諸子建平宣簡王宏傳改。

〔四〇〕沈演　即沈演之，參見宋書卷六三、南史卷三六沈演之傳。六朝人名後的「之」字，往往可以省略。

〔四一〕宋徵士宗景集十六卷　「宗景集」，舊唐書卷四七經籍志下、新唐書卷六〇藝文志四作「宗炳集」，避唐諱改「景」。宗炳，參見宋書卷九三隱逸傳。

〔四二〕范廣　即范廣淵，參見宋書卷六〇范泰傳、卷六九范曄傳。唐人避諱去「淵」字。

〔四三〕王敬　即王敬弘，據宋書卷六六王敬弘傳、南史卷二四王裕之傳，裕之，字敬弘。此或因宋人避諱省闕。

〔四四〕沈亮之　宋書卷一〇〇自序作「沈亮」。參見本卷校勘記〔四〇〕。

〔四五〕巴東太守孫沖之集　「孫沖之」，原作「孫仲之」，據宋書卷七四臧質傳附孫沖之傳改。

〔四六〕廣州刺史羊希集　「羊希」，原作「楊希」，據宋書卷五四、南史卷三六羊玄保傳附羊希傳改。

〔四七〕江智深集　「江智深」，即「江智淵」，見宋書卷五九本傳。唐人諱改。新唐書卷六〇藝文志四正作「江智淵集」。

〔四八〕劉勔　原作「劉緬」，據宋書卷八六劉勔傳、南史卷三九劉勔傳改。

〔四九〕明僧暠　原作「明舊暠」，據宋甲本、汲本改，至順本作「明宿暠」。宋書卷八明帝紀、卷八八沈文秀傳亦作「明僧暠」。

〔五〇〕朱百年　「百」字原闕，據宋書卷九三隱逸朱百年傳、南史卷七五隱逸上朱百年傳補。

〔五一〕梁安成王集　「梁」，原作「晉」，據梁書卷二二太祖五王安成王秀傳、南史卷五二梁宗室下安成康王秀傳改。

〔五二〕宗央　原作「宗史」，據宋甲本改。宗央，梁書卷一九有傳。

〔五三〕柳惔　原作「柳憺」，據梁書卷一二柳惔傳改。

〔五四〕劉歊集　「劉歊」，至順本作「劉歒」。按，本條與下文玄貞處士劉訏集同附於周捨集下，劉歊爲劉訏族兄，俱以隱逸知名於時，梁書卷五一處士傳爲二人立傳，歊謚貞節處士。疑應作「劉歊集」，「歊」、「歒」俱涉形近而誤。

〔五五〕玄貞處士劉訏集　「劉訏」，原作「劉許」，據南監本改，宋甲本、至順本、汲本作「劉訏」。按，梁書卷五一處士劉訏傳，訏謚玄貞處士。可證。

〔五六〕蕭機集　蕭機，襲安成郡王，謚煬，梁書卷二二太祖五王傳、南史卷五二梁宗室傳下有傳，本卷上文已著録「安成煬王集五卷，亡」，疑此「蕭機」是「蕭幾」之誤。蕭幾，梁書卷四一、南史卷四一齊宗室傳有傳。

〔五七〕劉緩　原作「劉綏」，據梁書卷四九文學上劉昭傳附劉緩傳、南史卷七二文學劉昭傳附劉緩傳改。

〔五八〕沈君游　原作「沈君攸」，據周書卷四八蕭詧傳附沈君游傳改。

〔五九〕徐悱　原作「徐俳」，據宋甲本、至順本、南監本、汲本改。梁書卷三三劉孝綽傳亦作「徐悱」。

〔六〇〕釋亡名集　「亡」，原作「忘」，據日本國見在書目、舊唐書卷四七經籍志下、新唐書卷六〇藝文志四改。

〔六一〕陳沙門釋標集　陳書卷一九虞荔傳附虞寄傳，「沙門慧摽涉獵有才思」，姚振宗考證卷三九之一二認爲「釋標」當作「釋慧摽」。

〔六二〕陸玠　原作「陸玢」，據陳書卷三四文學陸琰傳附陸玠傳改。

〔六三〕文章始一卷姚察撰　「姚察」，原作「姚蔡」，據宋甲本、至順本、南監本改。又，「文章始」，舊唐書卷四七經籍志下、新唐書卷五九藝文志三作「續文章始」。

〔六四〕二京賦音　「音」字原闕，據舊唐書卷四七經籍志下、新唐書卷六〇藝文志四、通志卷七〇藝文略賦補。

〔六五〕乘輿赭白馬　「馬」下疑奪「賦」字。按，宋文帝元嘉十七年，顔延年爲追念宋高祖所服御之「乘輿赭白」，作赭白馬賦，即此。原文見文選卷一四。

〔六六〕傅巽　原作「武巽」，據通志卷七〇藝文略賦改。按，本卷上文别集類有尚書傅巽集。傅巽，屢見於三國志魏書，而唐前史料不載「武巽」。

〔六七〕衞權　原作「衞瓘」，據三國志卷二一魏書衞臻傳裴注改。

〔六八〕張君祖　原作「張居祖」，據宋甲本、至順本、汲本改。通志卷七〇藝文略賦亦作「張君祖」。

〔六九〕二都賦音　「二」，宋甲本、汲本作「三」。

〔七〇〕伯成東晉征西參軍　「參軍」，原作「將軍」，據世說新語卷上言語劉孝標注引征西寮屬名改。

〔七一〕義興周處碑　原作「義興周許碑」，據晉書卷五八周處傳改。陸士衡文集卷一〇有晉平西將軍孝侯周處碑。

〔七二〕梁有晉武帝詔十二卷　「武帝」，宋甲本、汲本作「元帝」。玉海卷六四詔令晉詔書亦作「晉元帝詔十二卷」。

〔七三〕永初二年五年詔　「五」，疑當作「三」。按，宋武帝永初無五年。

〔七四〕齊隆昌延興建武詔　「隆昌」，原作「隆平」，按，南朝齊無「隆平」年號，南齊書卷四鬱林王紀，鬱林王即位改元「隆昌」，其下正接「延興」、「建武」兩年號，今據改。

〔七五〕誹諧文十卷袁淑撰　「誹諧文十卷」原闕，據宋甲本、汲本補。舊唐書卷四七經籍志下、新唐書卷六〇藝文志四作「俳諧文十五卷」。

〔七六〕博陽秋　原作「傅陽秋」，據宋甲本、南監本、北監本、殿本改。

〔七七〕符籙　「籙」，原作「録」，據宋甲本、至順本改。

〔七八〕所説天地淪壞　「所」下原有「以」字，據宋甲本、至順本、汲本删。

〔七九〕以爲天尊之體　「以爲」，原作「以而」，據殿本改。

〔八〇〕神人李譜　「李譜」，魏書卷一一四釋老志、通鑑卷一一九宋紀一營陽王景平元年、册府卷五三帝王部尚黄老作「李譜文」。

〔八一〕授其圖籙真經劾召百神六十餘卷　魏書卷一一四釋老志：「賜汝天中三真太文録，劾召百神，以授弟子。文録有五等，一曰陰陽太官，二曰正府真官，三曰正房真官，四曰宿宮散官，五曰並進録主。壇位、禮拜、衣冠儀式各有差品。凡六十餘卷，號曰録圖真經（當是圖籙真經之誤）。付汝奉持，輔佐北方泰平真君。」册府卷五三帝王部尚黄老同。通鑑卷一一九宋紀一營陽王景平元年作「授以圖籙真經六十餘卷，使之輔佐北方太平真君。」疑「劾召百神」應在「六十餘卷」下。

〔八二〕後齊武帝遷鄴　「武帝」，當作「神武帝」。

〔八三〕其所講經由以老子爲本　「所」下原有「以」字，據宋甲本、至順本、汲本删。「由」，至順本作「猶」。

〔八四〕九部一百三十八卷　「部」，原作「卷」，據宋甲本、至順本、汲本、殿本改。

〔八五〕則成佛道　「成」字原闕，據通考卷二二六經籍考五三釋氏補。

〔八六〕秦景使伊存口授浮屠經　魏書卷一一四釋老志作「秦景憲受大月氏王使伊存口授浮屠經」。

〔八七〕清涼臺　原作「清源臺」，據魏書卷一一四釋老志、御覽卷六五七釋部五像引高僧傳、册府卷五一帝王部崇釋氏改。

〔八八〕苻堅甚敬之　「苻堅」上原有「與」字，據通考卷二二六經籍考五三釋氏删。

〔八九〕姚萇弘始二年　「姚萇」疑誤。按，晉書卷一一七姚興載記上、魏書卷九五姚萇傳附姚興傳「弘始」是姚興年號，御覽卷一二三偏霸部七姚興引十六國春秋後秦録，羅什入長安在姚興弘始六年十一月。下文「姚萇弘始十年」同誤，不另出校。

〔九〇〕辭義如一　「辭」字原闕，據宋甲本、至順本、汲本補。

〔九一〕四分律　原作「四方律」，據宋甲本、至順本、汲本改。

〔九二〕兜佉勒沙門曇摩難提　「兜佉勒」，原作「兜法勒」；「曇摩難提」，原作「雲摩難提」，據高僧傳卷一晉長安曇摩難提、開元釋教録卷三改。

〔九三〕法門　原作「沙門」，據宋甲本、至順本、汲本改。

隋書卷三十六

列傳第一

后妃

夫陰陽肇分，乾坤定位，君臣之道斯著，夫婦之義存焉。陰陽和則裁成萬物，家道正則化行天下，由近及遠，自家刑國，配天作合，不亦大乎！興亡是繫，不亦重乎！是以先王慎之，正其本而嚴其防。後之繼體，靡克聿脩，甘心柔曼之容，罔念幽閑之操。成敗攸屬，安危斯在。故皇、英降而虞道隆，任、姒歸而姬宗盛，妹、妲致夏、殷之釁，褒、趙結周、漢之禍。爰歷晉、宋，寔繁有徒。皆位以寵升，榮非德進，恣行淫僻，莫顧禮儀，爲梟爲鴟，敗不旋踵。後之伉儷宸極，正位居中，罕蹈平易之塗，多遵覆車之轍。雎鳩之德，千載寂寥；牝雞之晨，殊邦接響。窈窕淑女，靡有求於寤寐；鏗鏘環珮，鮮克嗣於徽音。永念前脩，歎深彤管。覽載籍於既往，考行事於當時，存亡得失之機，蓋亦多矣。故述皇后列傳，所以垂戒將來。

然妃后之制，夏、殷以前略矣。周公定禮，內職始備列焉。秦、漢以下，代有沿革，品秩差次，前史載之詳矣。齊、梁以降，歷魏暨周，廢置益損，參差不一。周宣嗣位，不率典章，衣褘翟、稱中宮者，凡有五。夫人以下，略無定數。高祖思革前弊，大矯其違，唯皇后正位，傍無私寵，婦官稱號，未詳備焉。開皇二年，著內官之式〔一〕，略依周禮〔二〕，省減其數。嬪三員，掌教四德，視正三品。世婦九員，掌賓客祭祀，視正五品。女御三十八員，掌女工絲枲，視正七品。又採漢、晉舊儀，置六尚、六司、六典，遞相統攝，以掌宮掖之政。一曰尚宮，掌導引皇后及閨閤廩賜。管司令三人，掌圖籍法式，糾察宣奏；典琮三人，掌琮璽器翫。二曰尚儀，掌禮儀教學。管司樂三人，掌音律之事；典贊三人，掌導引內外命婦朝見。三曰尚服，掌服章寶藏。管司飾三人，掌簪珥花嚴；典櫛三人，掌巾櫛膏沐。四曰尚食，掌進膳先嘗。管司醫三人，掌方藥卜筮；典器三人，掌罇彝器皿。五曰尚寢，掌幃帳牀褥。管司筵三人，掌鋪設灑掃；典執三人，掌扇傘燈燭。六曰尚工，掌營造百役。管司製三人，掌衣服裁縫；典會三人，掌財帛出入。六尚各三員，視從九品，六司視勳品，六典視流外二品。初，文獻皇后功參歷試，外預朝政，內擅宮闈，懷嫉妬之心，虛嬪妾之位，不設三妃，防其上逼。自嬪以下，置六十員。加又抑損服章，降其品秩。至文獻崩後，始置貴人三員，增嬪至九員，世婦二十七員，御女八十一員。貴人等關掌宮闈之務，六尚已下，皆分隸焉。

煬帝時，后妃嬪御，無蠶婦職，唯端容麗飾，陪從醼遊而已。帝又參詳典故，自製嘉名，著之於令。貴妃、淑妃、德妃，是爲三夫人，品正第一。順儀、順容、順華、脩儀、脩容、脩華、充儀、充容、充華，是爲九嬪，品正第二。婕妤一十二員，品正第三，美人、才人一十五員，品正第四，是爲世婦。寶林二十四員，品正第五；御女二十四員，品正第六；采女三十七員，品正第七，是爲女御。總一百二十，以敍於宴寢。又有承衣刀人，皆趨侍左右，並無員數，視六品已下。

時又增置女官，準尚書省，以六局管二十四司。一曰尚宮局，管司言，掌宣傳奏啓；司簿，掌名錄計度；司正，掌格式推罰；司闈，掌門閤管鑰。二曰尚儀局，管司籍，掌經史教學，紙筆几案；司樂，掌音律；司賓，掌賓客；司贊，掌禮儀贊相導引。三曰尚服局，管司璽，掌琮璽符節；司衣，掌衣服；司飾，掌湯沐巾櫛翫弄；司仗，掌仗衛戎器。四曰尚食局，管司膳，掌膳羞；司醖，掌酒醴醯醢；司藥，掌醫巫藥劑；司饎，掌廪餼柴炭。五曰尚寢局，管司設，掌牀席帷帳，鋪設灑掃；司輿，掌輿輦繖扇，執持羽儀；司苑，掌園籞種植，蔬菜瓜果；司燈，掌火燭。六曰尚工局，管司製，掌營造裁縫；司寶，掌金玉珠璣錢貨；司綵，掌繒帛；司織，掌織染。六尚二十二司，員各二人，唯司樂、司膳員各四人。每司又置典及掌，以貳其職。六尚十人，品從第五；司二十八人，品從第六；典二十八人，品從第七；掌二十八人，品從第九。女使流外，量局閑劇，多者十人已下，無定員數。聯事分職，各有司存焉。

文獻獨孤皇后，河南洛陽人，周大司馬、河內公信之女也。信見高祖有奇表，故以后妻焉，時年十四。高祖與后相得，誓無異生之子。后初亦柔順恭孝，不失婦道。后姊爲周明帝后，長女爲周宣帝后，貴戚之盛，莫與爲比，而后每謙卑自守，世以爲賢。及周宣帝崩，高祖居禁中，總百揆，后使人謂高祖曰：「大事已然，騎獸之勢，必不得下，勉之！」高祖受禪，立爲皇后。

突厥嘗與中國交市，有明珠一篋，價值八百萬，幽州總管陰壽白后市之。后曰：「非我所須也。當今戎狄屢寇，將士罷勞，未若以八百萬分賞有功者。」百寮聞而畢賀。高祖甚寵憚之。上每臨朝，后輒與上方輦而進，至閤乃止。使宦官伺上〔三〕，政有所失，隨則匡諫，多所弘益。候上退朝而同反燕寢，相顧欣然。后早失二親，常懷感慕，見公卿有父母者，每爲致禮焉。有司奏以周禮百官之妻，命於王后，憲章在昔，請依古制。后曰：「以婦人與政，或從此漸，不可開其源也。」不許。后每謂諸公主曰：「周家公主，類無婦德，失禮於舅姑，離薄人骨肉，此不順事，爾等當誡之。」大都督崔長仁，后之中外兄弟也，犯法當斬。高祖以后之故，欲免其罪。后曰：「國家之事，焉可顧私！」長仁竟坐死。后異母弟陀，以猫鬼巫蠱，呪詛於后，坐當死。后三日不食，爲之請命曰：「陀若蠹政害民者，妾不敢言。今坐爲妾身，敢請其命。」陀於是減死一等。后每與上言及政事，往往意合，宮中稱爲二聖。

后頗仁愛，每聞大理決囚，未嘗不流涕。然性尤妒忌，後宮莫敢進御。尉遲迥女孫有美色，先在宮中。上於仁壽宮見而悅之，因此得幸。后伺上聽朝，陰殺之。上由是大怒，單騎從苑中而出，不由徑路，入山谷間二十餘里。高熲、楊素等追及上，扣馬苦諫。上太息曰：「吾貴爲天子，而不得自由！」高熲曰：「陛下豈以一婦人而輕天下！」上意少解，駐馬良久，中夜方始還宮。后俟上於閤内。及上至，后流涕拜謝，熲、素等和解之。上置酒極歡，后自此意頗衰折。初，后以高熲是父之家客，甚見親禮。至是，聞熲謂己爲一婦人，因此銜恨。又以熲夫人死，其妾生男，益不善之，漸加譖毀，上亦每事唯后言是用。后見諸王及朝士有妾孕者，必勸上斥之。時皇太子多內寵，妃元氏暴薨，后意太子愛妾雲氏害之。由是諷上黜高熲，竟廢太子立晉王廣，皆后之謀也。

仁壽二年八月甲子，月暈四重，己巳，太白犯軒轅。其夜，后崩於永安宮，時年五十〔四〕。葬於太陵。其後，宣華夫人陳氏、容華夫人蔡氏俱有寵，上頗惑之，由是發疾。及危篤，謂侍者曰「使皇后在，吾不及此」云。

宣華夫人陳氏，陳宣帝之女也。性聰慧，姿貌無雙。及陳滅，配掖庭，後選入宮爲嬪。時獨孤皇后性妬，後宮罕得進御，唯陳氏有寵。晉王廣之在藩也，陰有奪宗之計，規爲內助，每致禮焉。進金蛇、金駝等物，以取媚於陳氏。皇太子廢立之際，頗有力焉。及文獻皇后崩，進位爲貴人，專房擅寵，主斷內事，六宮莫與爲比。及上大漸，遺詔拜爲宣華夫人。

初，上寢疾於仁壽宮也，夫人與皇太子同侍疾。平旦出更衣，爲太子所逼，夫人拒之得免，歸於上所。上怪其神色有異，問其故，夫人泫然曰：「太子無禮。」上恚曰：「畜生何足付大事，獨孤誠誤我！」意謂獻皇后也。因呼兵部尚書柳述、黃門侍郎元巖曰：「召我兒！」述等將呼太子，上曰：「勇也。」述、巖出閤爲勑書訖，示左僕射楊素。素以其事白太子，太子遣張衡入寢殿，遂令夫人及後宮同侍疾者，並出就別室。俄聞上崩，而未發喪也。夫人與諸後宮相顧曰：「事變矣！」皆色動股慄。晡後，太子遣使者齎金合子，帖紙於際，親署封字，以賜夫人。夫人見之惶懼，以爲鴆毒，不敢發。使者促之，於是乃發，見合中有同心結數枚。諸宮人咸悦，相謂曰：「得免死矣！」陳氏恚而却坐，不肯致謝。諸宮人共逼之，乃拜使者。其夜，太子烝焉。

及煬帝嗣位之後，出居仙都宮。尋召入，歲餘而終，時年二十九。帝深悼之，爲製神傷賦。

容華夫人蔡氏，丹陽人也。陳滅之後，以選入宮，爲世婦。容儀婉嫕，上甚悦之。以文獻皇后故，希得進幸。及后崩，漸見寵遇，拜爲貴人，參斷宮掖之務，與陳氏相亞。上寢疾，加號容華夫人。上崩後，自請言事，亦爲煬帝所烝。

煬帝蕭皇后，梁明帝巋之女也。江南風俗，二月生子者不舉。后以二月生，由是季父岌收而養之。未幾，岌夫妻俱死，轉養舅氏張軻家。然軻甚貧窶，后躬親勞苦。煬帝爲晉王時，高祖將爲王選妃於梁，遍占諸女，諸女皆不吉。巋迎后於舅氏，令使者占之，曰：「吉。」於是遂策爲王妃。

后性婉順，有智識，好學解屬文，頗知占候。高祖大善之，帝甚寵敬焉。及帝嗣位，詔曰：「朕祇承丕緒，憲章在昔，爰建長秋，用承饗薦。妃蕭氏，夙禀成訓，婦道克脩，宜正位軒闈，式弘柔教，可立爲皇后。」

帝每遊幸，后未嘗不隨從。時后見帝失德，心知不可，不敢厝言，因爲述志賦以自寄。其詞曰：

承積善之餘慶，備箕箒於皇庭。恐脩名之不立，將負累於先靈。迺夙夜而匪懈，實寅懼於玄冥。雖自彊而不息，亮愚矇之所滯。思竭節於天衢，才追心而弗逮。寔庸薄之多幸，荷隆寵之嘉惠。賴天高而地厚，屬王道之升平。均二儀之覆載，與日月而齊明。迺春生而夏長，等品物而同榮。願立志於恭儉，私自兢於誡盈。孰有念於知足，苟無希於濫名。惟至德之弘深，情不邇於聲色。感懷舊之餘恩，求故劍於宸極。叨不世之殊盼，謬非才而奉職。何寵祿之踰分，撫胸襟而未識。雖沐浴於恩光，內慚惶而累息。顧微躬之寡昧，思令淑之良難。實不遑於啓處，將何情而自安！若臨深而履薄，心戰慄其如寒。

夫居高而必危，慮處滿而防溢。知恣夸之非道，乃攝生於沖謐。嗟寵辱之易驚，尚無爲而抱一。履謙光而守志，且願安乎容膝。珠簾玉箔之奇，金屋瑶臺之美，雖時俗之崇麗，蓋吾人之所鄙。愧絺綌之不工，豈絲竹之喧耳。知道德之可尊，明善惡之由己。蕩囂煩之俗慮，乃伏膺於經史。綜箴誡以訓心，觀女圖而作軌。遵古賢之令範，冀福禄之能綏。時循躬而三省，覺今是而昨非。嗤黄老之損思，信爲善之可歸。慕周姒之遺風，美虞妃之聖則。仰先哲之高才，貴至人之休德。質菲薄而難蹤，心恬愉而去惑。乃平生之耿介，實禮義之所遵。雖生知之不敏，庶積行以成仁。懼達人之蓋寡，謂何求而自陳。誠素志之難寫，同絶筆於獲麟。

及帝幸江都，臣下離貳，有宫人白后曰：「外聞人人欲反。」后曰：「任汝奏之。」宫人言於帝，帝大怒曰：「非所宜言！」遂斬之。後人復白后曰：「宿衛者往往偶語謀反。」后曰：「天下事一朝至此，勢已然，無可救也。何用言之，徒令帝憂煩耳。」自是無復言者。

及宇文氏之亂，隨軍至聊城。化及敗，没於竇建德。突厥處羅可汗遣使迎后於洺州，建德不敢留，遂入於虜庭。大唐貞觀四年，破滅突厥，乃以禮致之，歸于京師。

史臣曰：二后，帝未登庸，早儷宸極，恩隆好合，始終不渝。文獻德異鳲鳩，心非均一，擅寵移嫡，傾覆宗社，惜哉！書曰：「牝雞之晨，惟家之索。」高祖之不能敦睦九族，抑有由矣。蕭后初歸藩邸，有輔佐君子之心。煬帝得不以道，便謂人無忠信。父子之間，尚懷猜阻，夫婦之際，其何有焉！暨乎國破家亡，竄身無地，飄流異域，良足悲矣！

校勘記

〔一〕著內官之式　「官」，原作「宮」，據宋甲本、至順本、汲本改。北史卷一三后妃上亦作「官」。

〔二〕略依周禮　「周禮」，原作「典禮」，據宋甲本、至順本、汲本改。北史卷一三后妃上亦作「周禮」。

〔三〕宦官　北史卷一四后妃下隋文獻皇后獨孤氏傳作「宮官」。

〔四〕時年五十　「五十」，北史卷一四后妃下隋文獻皇后獨孤氏傳作「五十九」。以其行年計之，作「五十九」是。

隋書卷三十七

列傳第二

李穆 子渾 穆兄子詢 詢弟崇 崇子敏

李穆字顯慶，自云隴西成紀人，漢騎都尉陵之後也。陵没匈奴，子孫代居北狄，其後隨魏南遷，復歸汧、隴。祖斌，以都督鎮高平，因家焉。父文保，早卒，及穆貴，贈司空。穆風神警俊，倜儻有奇節。周太祖首建義旗，穆便委質，釋褐統軍。永熙末，奉迎魏武帝，授都督，封永平縣子，邑三百户。又領鄉兵，累以軍功進爵爲伯。從太祖擊齊師於芒山，太祖臨陣墮馬，穆突圍而進，以馬策擊太祖而詈之，授以從騎，潰圍俱出。賊見其輕侮，謂太祖非貴人，遂緩之。以故得免。既而與穆相對泣，顧謂左右曰：「成我事者，其此人乎！」即令撫慰關中，所至克定，擢授武衛將軍、儀同三司，進封安武郡公，增邑一千七百户，賜以鐵券，恕其十死。尋加開府，領侍中。初，芒山之敗，穆以驄馬授太祖。太祖於是廐内驄馬盡以賜之，封穆姊妹皆爲郡縣君，宗從舅氏，頒賜各有差。轉太僕。從于謹破江陵，增邑千户，進位大將軍。擊曲沔蠻，破之，授原州刺史，拜嫡子惇爲儀同三司。穆以二兄賢、遠並爲佐命功臣，而子弟布列清顯，穆深懼盈滿，辭不受拜。太祖不許。俄遷雍州刺史，兼小冢宰。周元年，增邑三千户，通前三千七百户。又别封一子爲升遷伯。穆讓兄子孝軌，許之。

宇文護執政，穆兄遠及其子植俱被誅，穆當從坐。先是，穆知植非保家之主，每勸遠除之，遠不能用。及遠臨刑，泣謂穆曰：「顯慶，吾不用汝言，以至於此，將復奈何！」穆以此獲免，除名爲民，及其子弟亦免官。植弟淅州刺史基，當坐戮，穆請以二子代基之命，護義而兩釋焉。未幾，拜開府儀同三司、直州刺史，復爵安武郡公。武成中，子弟免官爵者悉復之。尋除少保，進位大將軍。歲餘，拜小司徒，進位柱國，轉大司空。奉詔築通洛城。天和中，進爵申國公，持節綏集東境，築武申、旦郛、慈澗、崇德、安民、交城、鹿盧等諸鎮。建德初，拜太保。歲餘，出爲原州總管。數年，進位上柱國，轉并州總管。大象初，加邑至九千户，拜大左輔，總管如故。

高祖作相，尉迥之作亂也，遣使招穆。穆鎖其使，上其書。穆子士榮，以穆所居天下精兵處，陰勸穆反。穆深拒之，乃奉十三環金帶於高祖，蓋天子之服也。穆尋以天命有在，密表勸進。高祖既受禪，下詔曰：「公既舊德，且又父黨，敬惠來旨，義無有違。便以今月十三日恭膺天命。」俄而穆來朝，高祖降坐禮之，拜太師，贊拜不名，真食成安縣三千户。於是穆子孫雖在襁褓，悉拜儀同，其一門執象笏者百餘人。穆之貴盛，當時無比。穆上表乞骸骨，詔曰：「朕初臨寓内，方藉嘉猷，養老乞言，實懷虛想。七十致仕，本爲常人。至若吕尚以期頤佐周，張蒼以華皓相漢，高才命世，不拘恒禮，遲得此心，留情規訓。公年既耆舊，筋力難煩，今勒所司，敬蠲朝集。如有大事，須共謀謨，別遣侍臣，就第詢訪。」

時太史奏云，當有移都之事。上以初受命，甚難之。穆上表曰：

帝王所居，隨時興廢，天道人事，理有存焉。始自三皇，暨夫兩漢，有一世而屢徙，無革命而不遷。曹、馬同洛水之陽，魏、周共長安之内，此之四代，蓋聞之矣。曹則三家鼎立，馬則四海尋分，有魏及周，甫得平定，事乃不暇，非曰師古。

往者周運將窮，禍生華裔，廟堂冠帶，屢覩姦回，士有苞藏，人稀柱石。四海萬國，皆縱豺狼，不叛不侵，百城罕一。伏惟陛下膺期誕聖，秉籙受圖，始晦君人之德，俯從將相之重。内翦羣兇，崇朝大定，外誅巨猾，不日肅清。變大亂之民，成太平之俗，百靈符命，兆庶謳歌。幽顯樂推，日月填積，方屈箕、潁之志，始順内外之請。自受命神宗，弘道設教，陶冶與陰陽合德，覆育共天地齊旨。萬物開闢之初，八表光華之旦，視聽以革，風俗且移。至若帝室天居，未議經剏，非所謂發明大造，光贊惟新。自漢已來，爲喪亂之地，爰從近代，累葉所都。未嘗謀龜問筮，瞻星定鼎，何以副聖主之規，表大隋之德？

竊以神州之廣，福地之多，將爲皇家興廟建寢，上玄之意，當別有之。伏願遠順天人，取決卜筮，時改都邑，光宅區夏。任子來之民，垂無窮之業，應神宮於辰極，順和氣於天壤，理康物阜，永隆長世。臣日薄桑榆，位高軒冕，經邦論道，自顧缺然。丹赤所懷，無容噤嘿。

上素嫌臺城制度迮小，又宮內多鬼祅，蘇威嘗勸遷，上不納。遇太史奏狀，意乃惑之。至是，省穆表，上曰：「天道聰明，已有徵應，太師民望，復抗此請，則可矣。」遂從之。

歲餘，下詔曰：「禮制凡品，不拘上智，法備小人，不防君子。太師、上柱國、申國公，器宇弘深，風猷遐曠，社稷佐命，公爲稱首，位極帥臣，才爲人傑，萬頃不測，百鍊彌精。乃無伯玉之非，豈有顏回之貳，故以自居寥廓，弗關憲網。然王者作教，惟旌善人，去法弘道，示崇年德。自今已後，雖有愆罪，但非謀逆，縱有百死，終不推問。」

開皇六年薨于第，年七十七。遺令曰：「吾荷國恩，年宦已極，啓足歸泉，無所復恨。

竟不得陪玉鑾於岱宗，預金泥於梁甫，眷眷光景，其在斯乎！」詔遣黄門侍郎監護喪事，賵馬四匹，粟麥二千斛，布絹一千匹。贈使持節、冀定趙相瀛毛魏衞洛懷十州諸軍事、冀州刺史。謚曰明。賜以石椁、前後部羽葆鼓吹、輼輬車。百寮送之郭外。詔遣太常卿牛弘齎哀册，祭以太牢。孫筠嗣。

筠父惇，字士獻，穆長子也。仕周，官至安樂郡公、鳳州刺史，先穆卒。筠幼以穆功，拜儀同。開皇八年，以嫡孫襲爵。仁壽初，叔父渾忿其慳嗇，陰遣兄子善衡賊殺之。求盜不獲，高祖大怒，盡禁其親族。初，筠與從父弟瞿曇有隙，時渾有力，遂證瞿曇殺之。瞿曇竟坐斬，而善衡獲免。四年，議立嗣。邳公蘇威奏筠不義，骨血相殺，請絶其封。上不許。

惇弟怡，官至儀同，早卒，贈渭州刺史。怡弟雅，少有識量。周保定中，屢以軍功封西安縣男，拜大都督。天和中，從元定征江西，時諸軍失利，遂没於陳。後得歸國，拜開府儀同三司，領左右軍。其年，從太子西征吐谷渾，雅率步騎二千，督軍粮於洮河，爲賊所躡，相持數日。雅患之，遂與僞和，虜備稍解，縱奇兵擊破之。賜奴婢百口，封一子爲侯。後拜齊州刺史，俄徵還京。數載，授瀛州刺史。高祖作相，鎮靈州以備胡。還授大將軍，遷荆州總管，加邑八百户。開皇初，進爵爲公。

雅弟恒，官至鹽州刺史，封陽曲侯。恒弟榮，官至合州刺史、長城縣公。榮弟直，官至車騎將軍、歸政縣侯。直弟雄，官至柱國、密國公、驃騎將軍。雄弟渾，最知名。

渾字金才，穆第十子也。姿貌瓌偉，美鬚髯。起家周左侍上士。尉迥反於鄴，時穆在并州，高祖慮其爲迥所誘，遣渾乘驛往布腹心。穆遽令渾入京，奉熨斗於高祖，曰：「願執威柄以熨安天下也。」高祖大悅。又遣渾詣韋孝寬所而述穆意焉。適遇平鄴，以功授上儀同三司，封安武郡公。開皇初，進授象城府驃騎將軍。晉王廣出藩，渾以驃騎領親信，從往揚州。仁壽元年，從左僕射楊素爲行軍總管，出夏州北三百里，破突厥阿勿俟斤於納遠川〔一〕，斬首五百級。進位大將軍，拜左武衛將軍，領太子宗衛率。

初，穆孫筠卒，高祖議立嗣，渾規欲紹之，謂其妻兄太子左衛率宇文述曰：「若得襲封，當以國賦之半每歲奉公。」述利之，因入白皇太子曰：「立嗣以長，不則以賢。今申明公嗣絕，徧觀其子孫，皆無賴，不足以當榮寵。唯金才有勳於國，謂非此人無可以襲封者。」太子許之，竟奏高祖，封渾爲申國公，以奉穆嗣。大業初，轉右驍衛將軍。六年，有詔追改穆封爲郕國公，渾仍襲焉。累加光禄大夫。九年，遷右驍衛大將軍〔二〕。

渾既紹父業，日增豪侈，後房曳羅綺者以百數。二歲之後，不以俸物與述。述大恚之，因醉，迺謂其友人于象賢曰：「我竟爲金才所賣，死且不忘！」渾亦知其言，由是結隙。後帝討遼東，有方士安伽陀，自言曉圖讖，謂帝曰：「當有李氏應爲天子。」勸盡誅海内凡姓李者。述知之，因誣構渾於帝曰：「伽陀之言，信有徵矣。臣與金才夙親，聞其情趣大異常日，數共李敏、善衡等日夜屏語，或終夕不寐〔三〕。渾大臣也，家代隆盛，身捉禁兵，不宜如此。願陛下察之。」帝曰：「公言是矣，可覓其事。」述乃遣武賁郎將裴仁基表告渾反，即日發宿衛千餘人付述，掩渾等家，遣左丞元文都、御史大夫裴蘊雜治之。案問數日，不得其反狀，以實奏聞。帝不納，更遣述窮治之。述入獄中，召出敏妻宇文氏謂之曰：「夫人，帝甥也，何患無賢夫！李敏、金才，名當祅讖，國家殺之，無可救也。夫人當自求全，若相用語，身當不坐。」敏妻曰：「不知所出，惟尊長教之。」述曰：「可言李家謀反，金才嘗告敏云：『汝應圖籙，當爲天子。今主上好兵，勞擾百姓，此亦天亡隋時也，正當共汝取之。若復度遼，吾與汝必爲大將，每軍二萬餘兵，固以五萬人矣。又發諸房子姪，内外親婭，並募從征。吾家子弟，決爲主帥，分領兵馬，散在諸軍，伺候間隙，首尾相應。吾與汝前發，襲取御營，子弟響起，各殺軍將。一日之間，天下足定矣。』」述口自傳授，令敏妻寫表，封云上密。述持入奏之，曰：「已得金才反狀，并有敏妻密表。」帝覽之泣曰：「吾宗社幾傾，賴親家公而獲全耳。」於是誅渾、敏等宗族三十二人，自餘無少長，皆徙嶺外。

渾從父兄威，開皇初，以平蠻功，官至上柱國、黎國公。

詢字孝詢。父賢，周大將軍。詢沉深有大略，頗涉書記。仕周納言上士，俄轉內史上士，兼掌吏部，以幹濟聞。建德三年，武帝幸雲陽宮，拜司衞上士，委以留府事。周衞王直作亂，焚肅章門，詢於內益火，故賊不得入。帝聞而喜之〔四〕，拜儀同三司，遷長安令。累遷英果中大夫。屢以軍功，加位大將軍，賜爵平高郡公。

高祖爲丞相，尉迥作亂，遣韋孝寬擊之，以詢爲元帥長史，委以心膂。軍至永橋，諸將不一，詢密啓高祖，請重臣監護，高祖遂令高熲監軍。與熲同心協力，唯詢而已。及平尉迥，進位上柱國，改封隴西郡公，賜帛千匹，加以口馬。

開皇元年〔五〕，引杜陽水灌三時原〔六〕，詢督其役，民賴其利。尋檢校襄州總管事。歲餘，拜隰州總管。數年，以疾徵還京師，中使顧問不絕。卒於家，時年四十九，上悼惜者久之。謚曰襄。有子元方嗣。

崇字永隆，英果有籌算，膽力過人。周元年，以父賢勳，封迴樂縣侯。時年尚小，拜爵之日，親族相賀，崇獨泣下。賢怪而問之，對曰：「無勳於國，而幼少封侯，當報主恩，不得終於孝養，是以悲耳。」賢由此大奇之。起家州主簿，非其所好，辭不就官，求爲將兵都督。隨宇文護伐齊，以功最，擢授儀同三司。尋除小司金大夫，治軍器監。建德初，遷少侍伯大夫，轉少承御大夫，攝太子宫正。周武帝平齊，引參謀議，以勳加授開府，封襄陽縣公，邑一千户。尋改封廣宗縣公，轉太府中大夫，歷工部中大夫，遷右司馭。

高祖爲丞相，遷左司武上大夫，加授上開府儀同大將軍。尋爲懷州刺史，進爵郡公，加邑至二千户。尉迥反，遣使招之。崇初欲相應，後知叔父穆以并州附高祖，慨然太息曰：「合家富貴者數十人，值國有難，竟不能扶傾繼絶，復何面目處天地間乎！」韋孝寬亦疑之，與俱卧起。其兄詢時爲元帥長史〔七〕，每諷諭之，崇由是亦歸心焉。及破尉惇，拜大將軍。既平尉迥，授徐州總管，尋進位上柱國。

開皇三年，除幽州總管。突厥犯塞，崇輒破之。奚、霫、契丹等懾其威略，爭來内附。其後突厥大爲寇掠，崇率步騎三千拒之，轉戰十餘日，師人多死，遂保於砂城。突厥圍之。城本荒廢，不可守禦，曉夕力戰，又無所食，每夜出掠賊營，復得六畜，以繼軍粮。突厥畏之，厚爲其備，每夜中結陣以待之。崇軍苦飢，出輒遇敵，死亡略盡，遲明奔還城者，尚且百許人，然多傷重，不堪更戰。突厥意欲降之，遣使謂崇曰：「若來降者，封爲特勤。」崇知必不免，令其士卒曰：「崇喪師徒，罪當死，今日効命以謝國家。待看吾死，且可降賊，方便散走，努力還鄉。若見至尊，道崇此意。」乃挺刃突賊，復殺二人。賊亂射之，卒于陣，年四十八。贈豫鄜申永澮亳六州諸軍事、豫州刺史，謚曰壯。子敏嗣。

敏字樹生。高祖以其父死王事，養宮中者久之。及長，襲爵廣宗公，起家左千牛。美姿儀，善騎射，歌舞管絃，無不通解。開皇初，周宣帝后封樂平公主，有女娥英，妙擇婚對，勑貴公子弟集弘聖宮者，日以百數。公主親在帷中，並令自序，并試技藝。選不中者，輒引出之。至敏而合意，竟爲姻媾。敏假一品羽儀，禮如尚帝之女。後將侍宴，公主謂敏曰：「我以四海與至尊，唯一女夫，當爲汝求柱國。若授餘官，汝慎無謝。」及進見上，上親御琵琶，遣敏歌舞。既而大悅，謂公主曰：「李敏何官？」對曰：「一白丁耳。」上因謂敏曰：「今授汝儀同。」敏不答。上曰：「不滿爾意邪？今授汝開府。」敏又不謝。上曰：「公主有大功於我，我何得向其女婿而惜官乎！今授卿柱國。」敏遂拜而蹈舞。遂於坐發詔授柱國，以本官宿衞。後避諱，改封經城縣公，邑一千户。歷蒲、豳、金、華、敷州刺史，多不莅職，常留京師，往來宮內，侍從遊宴，賞賜超於功臣。後幸仁壽宮，以爲岐州刺史。

大業初，轉衞尉卿。樂平公主之將薨也，遺言於煬帝曰：「妾無子息，唯有一女。不自憂死，但深憐之。今湯沐邑，乞迴與敏。」帝從之。竟食五千户，攝屯衞將軍。楊玄感反後城大興，敏之策也。轉將作監，從征高麗，領新城道軍將，加光禄大夫。十年，帝復征遼東，遣敏於黎陽督運。

時或言敏一名洪兒，帝疑「洪」字當讖，嘗面告之，冀其引決。敏由是大懼，數與金才、善衡等屏人私語。宇文述知而奏之，竟與渾同誅，年三十九。其妻宇文氏，後數月亦賜鴆而終。

梁睿

梁睿字恃德，安定烏氏人也。父禦，西魏太尉。睿少沉敏，有行檢。周太祖時，以功臣子養宫中者數年。其後命諸子與睿遊處，同師共業，情契甚歡。七歲，襲爵廣平郡公，累加儀同三司，邑五百户。尋爲本州大中正。魏恭帝時加開府，改封爲五龍郡公，拜渭州刺史。周閔帝受禪，徵爲御伯。未幾，出爲中州刺史，鎮新安，以備齊。齊人來寇，睿輒挫之，帝甚嘉歎。拜大將軍，進爵蔣國公，入爲司會。後從齊王憲拒齊將斛律明月於洛陽，每戰有功，遷小冢宰。武帝時，歷敷州刺史、涼安二州總管，俱有惠政，進位柱國。

高祖總百揆，代王謙爲益州總管。行至漢川而謙反，遣兵攻始州，睿不得進。高祖命睿爲行軍元帥，率行軍總管于義、張威、達奚長儒、梁昇、石孝義步騎二十萬討之。時謙遣開府李三王等守通谷，睿使張威擊破之，擒數千人，進至龍門。謙將趙儼、秦會擁衆十萬，據嶮爲營，周亘三十里。睿令將士銜枚出自間道，四面奮擊，力戰破之。蜀人大駭，睿鼓行而進。謙將敬豪守劍閣，梁巖拒平林，並懼而來降。謙又令高阿那瓌〔八〕、達奚惎等以盛兵攻利州。聞睿將至，惎分兵據開遠。睿顧謂將士曰：「此虜據要，欲遏吾兵勢，吾當出其不意，破之必矣。」遣上開府拓拔宗趣劍閣，大將軍宇文夐詣巴西，大將軍趙達水軍入嘉陵。睿遣張威、王倫、賀若震、于義、韓相貴、阿那惠等分道攻惎，自午及申，破之。惎奔歸于謙。睿進逼成都，謙令達奚惎、乙弗虔城守，親率精兵五萬，背城結陣。睿擊之，謙不利，將入城，惎、虔以城降，拒謙不內。謙將麾下三十騎遁走，新都令王寶執之。睿斬謙于市，劍南悉平。進位上柱國，總管如故。賜物五千段，奴婢一千口，金二千兩，銀三千兩，食邑千户。

睿時威振西川，夷、獠歸附，唯南寧酋帥爨震恃遠不賓。睿上疏曰：「竊以遠撫長駕，王者令圖，易俗移風，有國恒典。南寧州，漢世牂柯之地，近代已來，分置興古、雲南、建寧、朱提四郡。户口殷衆，金寶富饒，二河有駿馬、明珠，益寧出鹽井、犀角。晉太始七年，以益州曠遠，分置寧州。至僞梁南寧州刺史徐文盛，被湘東徵赴荆州，屬東夏尚阻，未遑遠略。土民爨瓚遂竊據一方，國家遥授刺史。其子震，相承至今。而震臣禮多虧，貢賦不入，每年奉獻，不過數十匹馬。其處去益，路止一千〔九〕，朱提北境，即與戎州接界。如聞彼人苦其苛政，思被皇風。伏惟大丞相匡贊聖朝，寧濟區宇，絶後光前，方垂萬代，闢土服遠，今正其時。幸因平蜀士衆，不煩重興師旅，押獠既訖，即請略定南寧。自盧、戎已來〔一〇〕，軍粮須給，過此即於蠻夷徵税，以供兵馬。其寧州、朱提、雲南、西爨，並置總管州鎮。計彼熟蠻租調，足供城防倉儲。一則以肅蠻夷，二則裨益軍國。今謹件南寧州郡縣及事意如別。有大都督杜神敬，昔曾使彼，具所諳練，今并送往。」書未答，又請曰：「竊以柔遠能邇，著自前經，拓土開疆，王者所務。南寧州，漢代牂柯之郡，其地沃壤，多是漢人，既饒賨物，又出名馬。今若往取，仍置州郡，一則遠振威名，二則有益軍國。其處與交、廣相接，路乃非遥。漢代開此，本爲討越之計。伐陳之日，復是一機，以此商量，決謂須取。」高祖深納之，然以天下初定，恐民心不安，故未之許。後竟遣史萬歲討平之，並因睿之策也。

睿威惠兼著，民夷悦服，聲望逾重，高祖陰憚之。薛道衡從軍在蜀，因入接宴，説睿曰：「天下之望，已歸于隋。」密令勸進，高祖大悦。及受禪，顧待彌隆。睿復上平陳之策，上善之，下詔曰：「公英風震動，妙筭縱横，清蕩江南，宛然可見。循環三復，但以欣然。

公既上才，若總戎律〔一〕，一舉大定，固在不疑。但朕初臨天下，政道未洽，恐先窮武事，未爲盡善。昔公孫述、隗囂，漢之賊也，光武與其通和，稱爲皇帝。尉佗之於高祖，初猶不臣。孫皓之答晉文，書尚云白。或尋款服，或即滅亡。王者體大，義存遵養，雖陳國來朝，未盡藩節，如公大略，誠須責罪。尚欲且緩其誅，宜知此意。淮海未滅，必興師旅，若命水襲〔二〕，終當相屈。想以身許國，無足致辭也。」睿乃止焉。

睿時見突厥方彊，恐爲邊患，復陳鎮守之策十餘事，上書奏之曰：「竊以戎狄作患，其來久矣。防遏之道，自古爲難。所以周無上筭，漢收下策，以其倏來忽往，雲屯霧散，彊則騁其犯塞，弱又不可盡除故也。今皇祚肇興，宇内寧一，唯有突厥種類，尚爲邊梗。此臣所以廢寢與食，寤寐思之。昔匈奴未平，去病辭宅〔三〕，先零尚在，充國自劾。臣才非古烈，而志追昔士。謹件安置北邊城鎮烽候，及人馬糧貯戰守事意如別，謹并圖上呈，伏惟裁覽。」上嘉歎久之，答以厚意。

睿時自以周代舊臣，久居重鎮，内不自安，屢請入朝，於是徵還京師。及引見，上爲之興，命睿上殿，握手極歡。睿退謂所親曰：「功遂身退，今其時也。」遂謝病於家，闔門自守，不交當代。上賜以版輿，每有朝覲，必令三衞輿上殿。睿初平王謙之始，自以威名太盛，恐爲時所忌，遂大受金賄以自穢。由是勳簿多不以實，詣朝堂稱屈者，前後百數。上令有司案驗其事，主者多獲罪。睿惶懼，上表陳謝，請歸大理。上慰諭遣之。

十五年，從上至洛陽而卒，時年六十五。謚曰襄。子洋嗣，官歷嵩、徐二州刺史、武賁郎將。大業六年，詔追改封睿爲戴公，命以洋襲焉。

史臣曰：李穆、梁睿，皆周室功臣，高祖王業初基，俱受腹心之寄。故穆首登師傅，睿終膺殊寵，觀其見機而動，抑亦民之先覺。然方魏朝之貞烈，有愧王陵，比晉室之忠臣，終慙徐廣。穆之子孫，特爲隆盛，朱輪華轂，凡數十人，見忌當時，禍難遄及。得之非道，可不戒歟！

校勘記

〔一〕阿勿俟斤　本書卷八四北狄突厥傳作「阿勿思力俟斤」。

〔二〕九年遷右驍衛大將軍　「驍衛」，北史卷五九李賢傳附李渾傳作「驍騎衛」。

〔三〕終夕不寐　「寐」，宋甲本、至順本、汲本作「寢」。

〔四〕帝聞而喜之　「喜」，宋甲本、至順本、北監本、汲本、殿本作「善」。

〔五〕開皇元年　「元年」，本書卷一高祖紀上、册府卷四九七邦計部河渠作「二年」。

〔六〕三時原　原作「三趾原」，據本書卷一高祖紀上開皇二年三月條、卷四六元暉傳、册府卷四九七邦計部河渠改。

〔七〕其兄詢時爲元帥長史　周書卷二五李賢傳，詢爲崇弟。按，本卷李崇傳，崇開皇三年戰死，年四十八；李詢傳，詢卒時年四十九，而本書卷二高祖紀下，詢卒於開皇八年。據此，則詢小崇四歲。

〔八〕高阿那瓌　「瓌」，北史卷九二高阿那肱傳云「後亡齊者遂屬高阿那肱」云。雖作肱字，世人皆稱爲瓌音」。或本作「肱」，因音注而訛。

〔九〕路止一千　「止」，宋甲本、大德本、至順本、汲本作「正」。

〔一〇〕盧戎已來　「盧」，疑當作「瀘」。按，時無「盧州」而有「瀘州」。

〔一一〕若總戎律　「總」，原作「管」，據宋甲本、大德本、至順本、南監本、北監本、汲本、殿本改。册府卷四六帝王部智識亦作「總」。

〔一二〕若命水襲　「水」，原作「永」，據宋甲本、至順本、汲本改。北史卷五九梁禦傳附梁睿傳亦作「水」。

〔一三〕去病辭宅　「宅」，原作「老」，據宋甲本、至順本改。

隋書卷三十八

列傳第三

劉昉

劉昉，博陵望都人也。父孟良，大司農。從魏武入關，周太祖以爲東梁州刺史。昉性輕狡，有姦數。周武帝時，以功臣子入侍皇太子。及宣帝嗣位，以技佞見狎，出入宮掖，寵冠一時。授大都督，遷小御正，與御正中大夫顏之儀並見親信。及帝不悆，召昉及之儀俱入卧内，屬以後事。帝瘖不復能言。昉見靜帝幼沖，不堪負荷。然昉素知高祖，又以后父之故，有重名於天下，遂與鄭譯謀，引高祖輔政。高祖固讓，不敢當。昉曰：「公若爲，當速爲之；如不爲，昉自爲也。」高祖乃從之。

及高祖爲丞相，以昉爲司馬。時宣帝弟漢王贊居禁中，每與高祖同帳而坐。昉飾美妓進於贊，贊甚悅之。昉因說贊曰：「大王，先帝之弟，時望所歸。孺子幼沖，豈堪大事！今先帝初崩，羣情尚擾，王且歸第。待事寧之後，入爲天子，此萬全之計也。」贊時年未弱冠，性識庸下，聞昉之說，以爲信然，遂從之。高祖以昉有定策之功，拜上大將軍，封黄國公，與沛國公鄭譯皆爲心膂。前後賞賜鉅萬，出入以甲士自衞，朝野傾矚，稱爲黄、沛。時人爲之語曰：「劉昉牽前，鄭譯推後。」昉自恃其功，頗有驕色。然性麤疎，溺於財利，富商大賈朝夕盈門。

于時尉迥起兵，高祖令韋孝寬討之。至武陟，諸將不一。高祖欲遣昉、譯一人往監軍，因謂之曰：「須得心膂以統大軍，公等兩人，誰當行者？」昉自言未嘗爲將，譯又以母老爲請，高祖不懌。而高熲請行，遂遣之。由是恩禮漸薄。又王謙、司馬消難相繼而反，高祖憂之，忘寢與食。昉逸遊縱酒，不以職司爲意，相府事物，多所遺落。高祖深銜之，以高熲代爲司馬。是後益見疎忌。及受禪，進位柱國，改封舒國公，閑居無事，不復任使。

昉自以佐命元功，中被疎遠，甚不自安。後遇京師饑，上令禁酒，昉使妾賃屋，當壚沽酒。治書侍御史梁毗劾奏昉曰：「臣聞處貴則戒之以奢，持滿則守之以約。昉既位列羣公，秩高庶尹，縻爵稍久，厚禄已淹，正當戒滿歸盈，鑒斯止足，何乃規麴蘖之潤，競錐刀之末，身昵酒徒，家爲逋藪？若不糾繩，何以肅厲！」有詔不治。

昉鬱鬱不得志。時柱國梁士彥、宇文忻俱失職怨望，昉並與之交，數相來往。士彥妻有美色，昉因與私通，士彥不之知也，情好彌協，遂相與謀反，許推士彥爲帝。後事泄，上窮治之。昉自知不免，默無所對。下詔誅之，曰：

朕君臨四海，慈愛爲心。加以起自布衣，入升皇極，公卿之内，非親則友，位雖差等，情皆舊人。護短全長，恒思覆育，每殷勤戒約，言無不盡。天之曆數，定於杳冥，豈慮苞藏之心，能爲國家之害？欲使其長守富貴，不觸刑書故也。

上柱國、郕國公梁士彥，上柱國、杞國公宇文忻，柱國、舒國公劉昉等，朕受命之初，並展勤力，酬勳報効，榮高禄重。待之既厚，愛之實隆，朝夕宴言，備知朕意。但心如谿壑，志等豺狼，不荷朝恩，忽謀逆亂。士彥爰始幼來，恒自誣罔，稱有相者，云其應籙，年過六十，必據九五。初平尉迥，暫臨相州，已有反心，彰於行路。朕即遣人代之，不聲其罪。入京之後，逆意轉深。忻、昉之徒，言相扶助。士彥許率僮僕，剋期不遠，欲於蒲州起事。即斷河橋，捉黎陽之關，塞河陽之路，劫調布以爲牟甲，募盜賊而爲戰士，就食之人，亦云易集。輕忽朝廷，嗤笑官人，自謂一朝奮發，無人當者。其第二子剛，每常苦諫，第三子叔諧，固深勸獎。朕既聞知，猶恐枉濫，乃授晉部之任，欲驗蒲州之情。士彥得以欣然，云是天贊，忻及昉等，皆賀時來。忻往定鄴城，自矜不已，位極人臣，猶恨賞薄。云我欲反，何慮不成。怒色忿言，所在流布。朕深念其功，不計其禮，任以武候，授以領軍，寄之爪牙，委之心腹。忻密爲異計，樹黨宮闈，多奏親友，入參宿衞。朕推心待物，言必依許。爲而弗止，心迹漸彰，仍解禁兵，令其改悔。而志規不逞，愈結於懷，乃與士彥情意偏厚，要請神明，誓不負約。俱營賊逆，逢則交謀，委彥河東，自許關右，蒲津之事，即望從征，兩軍結東西之旅，一舉合連横之勢，然後北破晉陽，還圖宗社。昉入佐相府，便爲非法，三度事發，二度其婦自論。常云姓是「卯金刀」，名是「一萬日」，劉氏應王，爲萬日天子。朕訓之導之，示其利害，每加寬宥，望其悛改。口請自新，志存如舊，亦與士彥情好深重，逆節姦心，盡探肝鬲。嘗共士彥論太白所犯，問東井之間，思秦地之亂，訪軒轅之裏，願宮掖之災。唯待蒲坂事興，欲在關内應接。

殘賊之策，千端萬緒。惟忻及昉，名位並高，寧肯北面曲躬，臣於士彥，乃是各懷不遜，圖成亂階，一得擾攘之基，方逞吞并之事。人之姦詐，一至於此！雖國有常刑，罪在不赦，朕載思草創，咸著厥誠，情用愍然，未忍極法。士彥、忻、昉，身爲謀首，叔諧贊成父意，義實難容，並已處盡。士彥、忻、昉兄弟叔姪，特恕其命，有官者除名。士彥小男女、忻母妻女及小男並放。士彥、叔諧妻妾及資財田宅，忻、昉妻妾及資財田宅，悉没官。士彦、昉兒年十五以上遠配。上儀同薛摩兒，是士彦交舊，上柱國府户曹參軍事裴石達，是士彦府寮，反狀逆心，巨細皆委。薛摩兒聞語，仍相應和，俱不申陳，宜從大辟。問即承引，頗是恕心，可除名免死。朕握圖當籙，六載於斯，政事徒勤，淳化未洽，興言軫念，良深歎憤！臨刑，至朝堂，宇文忻見高熲，向之叩頭求哀。昉勃然謂忻曰：「事形如此，何叩頭之有！」於是伏誅，籍没其家。後數日，上素服臨射殿，盡取昉、忻、士彦三家資物置於前，令百寮射取之，以爲鑒誡云。

鄭譯

鄭譯字正義，滎陽開封人也。祖瓊，魏太常。父道邕，周司空[一]。譯頗有學識，兼知鍾律，善騎射。譯從祖開府文寬[二]，尚魏平陽公主，則周太祖元后之妹也。主無子，太祖令譯後之。由是譯少爲太祖所親，恒令與諸子遊集。年十餘歲，嘗詣相府司録李長宗，長宗於衆中戲之。譯斂容謂長宗曰：「明公位望不輕，瞻仰斯屬，輒相翫狎，無乃喪德也。」長宗甚異之。文寬後誕二子，譯復歸本生。

周武帝時，起家給事中士，拜銀青光禄大夫，轉左侍上士。與儀同劉昉恒侍帝側。譯時喪妻，帝命譯尚梁安固公主。及帝親總萬機，以爲御正下大夫，俄轉太子宫尹。時太子多失德，内史中大夫烏丸軌每勸帝廢太子而立秦王〔三〕，由是太子恒不自安。其後詔太子西征吐谷渾，太子乃陰謂譯曰：「秦王，上愛子也。烏丸軌，上信臣也。今吾此行，得無扶蘇之事乎？」譯曰：「願殿下勉著仁孝，無失子道而已。勿爲佗慮。」太子然之。既破賊，譯以功最，賜爵開國子，邑三百户。後坐褻狎皇太子，帝大怒，除名爲民。太子復召之，譯戲狎如初。因言於太子曰：「殿下何時可得據天下？」太子悦而益昵之。

及帝崩，太子嗣位，是爲宣帝。超拜開府、内史下大夫〔四〕，封歸昌縣公，邑一千户，委以朝政。俄遷内史上大夫，進封沛國公，邑五千户，以其子善願爲歸昌公，元琮爲永安縣男，又監國史。譯頗專權，時帝幸東京，譯擅取官材，自營私第，坐是復除名爲民。劉昉數言於帝，帝復召之，顧待如初。詔領内史事。

初，高祖與譯有同學之舊，譯又素知高祖相表有奇，傾心相結。至是，高祖爲宣帝所忌，情不自安，嘗在永巷私於譯曰：「久願出藩，公所悉也。敢布心腹，少留意焉。」譯曰：「以公德望，天下歸心，欲求多福，豈敢忘也。謹即言之。」時將遣譯南征，譯請元帥。帝曰：「卿意如何？」譯對曰：「若定江東，自非懿戚重臣無以鎮撫。可令隋公行，且爲壽陽總管以督軍事。」帝從之，乃下詔以高祖爲揚州總管，譯發兵俱會壽陽以伐陳。行有日矣，帝不悆，遂與御正下大夫劉昉謀，引高祖入受顧託。既而譯宣詔，文武百官皆受高祖節度。時御正中大夫顔之儀與宦者謀，引大將軍宇文仲輔政。仲已至御坐，譯知之，遽率開府楊惠及劉昉、皇甫績、柳裘俱入。仲與之儀見譯等，愕然，逡巡欲出，高祖因執之。於是矯詔復以譯爲内史上大夫。明日，高祖爲丞相，拜譯柱國、相府長史，治内史上大夫事。及高祖爲大冢宰，總百揆，以譯兼領天官都府司會，總六府事。出入卧内，言無不從，賞賜玉帛不可勝計。每出入，以甲士從。拜其子元璹爲儀同。時尉迥、王謙、司馬消難等作亂，高祖逾加親禮。俄而進位上柱國，恕以十死。

譯性輕險，不親職務，而贓貨狼籍。高祖陰疎之，然以其有定策功，不忍廢放，陰勑官屬不得白事於譯。譯猶坐廳事，無所關預。譯懼，頓首求解職，高祖寬諭之，接以恩禮。及上受禪，以上柱國、公歸第，賞賜豐厚。進子元璹爵城皐郡公〔五〕，邑二千户，元珣永安男。追贈其父及亡兄二人並爲刺史。譯自以被疎，陰呼道士章醮以祈福助，其婢奏譯厭蠱左道。上謂譯曰：「我不負公，此何意也？」譯無以對。譯又與母别居，爲憲司所劾，由是除名。下詔曰：「譯嘉謀良策，寂爾無聞，鬻獄賣官，沸騰盈耳。若留之於世，在人爲不道之臣，戮之於朝，入地爲不孝之鬼。有累幽顯，無以置之，宜賜以孝經，令其熟讀。」仍遣與母共居。

未幾，詔譯參撰律令，復授開府、隆州刺史。請還治疾，有詔徵之，見於醴泉宮。上賜宴甚歡，因謂譯曰：「貶退已久，情相矜愍。」於是復爵沛國公，位上柱國。上顧謂侍臣曰：「鄭譯與朕同生共死，間關危難，興言念此，何日忘之！」譯因奉觴上壽。上令內史令李德林立作詔書，高熲戲謂譯曰：「筆乾。」譯答曰：「出爲方岳，杖策言歸，不得一錢，何以潤筆。」上大笑。未幾，詔譯參議樂事。譯以周代七聲廢缺，自大隋受命，禮樂宜新，更脩七始之義，名曰樂府聲調，凡八篇。奏之，上嘉美焉。俄遷岐州刺史。在職歲餘，復奉詔定樂於太常，前後所論樂事，語在音律志。上勞譯曰：「律令則公定之，音樂則公正之。禮樂律令，公居其三，良足美也。」於是還岐州。

開皇十一年，以疾卒官，時年五十二，上遣使弔祭焉。謚曰達。子元璹嗣。煬帝初立，五等悉除，以譯佐命元功，詔追改封譯莘公，以元璹襲。

元璹初爲驃騎將軍，後轉武賁郎將，數以軍功進位右光祿大夫，遷右候衞將軍。大業末，出爲文城太守。及義兵起，義將張倫略地至文城，元璹以城歸之。

柳裘

柳裘字茂和，河東解人，齊司空世隆之曾孫也。祖惔，梁尚書左僕射。父明〔六〕，太子舍人、義興太守。裘少聰慧，弱冠有令名，在梁仕歷尚書郎、駙馬都尉。梁元帝爲魏軍所逼，遣裘請和於魏。俄而江陵陷，遂入關中。周明、武間，自麟趾學士累遷太子侍讀，封昌樂縣侯。後除天官府都上士。宣帝即位，拜儀同三司，進爵爲公，轉御飾大夫。及帝不悆，留侍禁中，與劉昉、韋謩、皇甫績同謀，引高祖入總萬機。高祖固讓不許。裘進曰：「時不可再，機不可失，今事已然，宜早定大計。天與不取，反受其咎，如更遷延，恐貽後悔。」高祖從之。進位上開府，拜内史大夫，委以機密。

及尉迥作亂，天下騷動，并州總管李穆頗懷猶豫，高祖令裘往喻之。裘見穆，盛陳利害，穆甚悦，遂歸心於高祖。後以奉使功，賜綵三百匹，金九環帶一腰。時司馬消難阻兵安陸，又令喻之，未到而消難奔陳。高祖即令裘隨便安集淮南，賜馬及雜物。

開皇元年，進位大將軍，拜許州刺史。在官清簡，吏民懷之。復轉曹州刺史。其後上思裘定策功，欲加榮秩，將徵之，顧問朝臣曰：「曹州刺史何當入朝？」或對曰：「即今冬也。」帝乃止。裘尋卒，高祖傷惜者久之，謚曰安。子惠童嗣。

皇甫績 韋謩

皇甫績字功明，安定朝那人也。祖穆，魏隴東太守。父道，周湖州刺史、雍州都督。績三歲而孤，爲外祖韋孝寬所鞠養。嘗與諸外兄博奕，孝寬以其惰業，督以嚴訓，愍績孤幼，特捨之。績歎曰：「我無庭訓，養於外氏，不能剋躬勵己，何以成立？」深自感激，命左右自杖三十。孝寬聞而對之流涕。於是精心好學，略涉經史。周武帝爲魯公時，引爲侍讀。建德初，轉宮尹中士。武帝嘗避暑雲陽宮，時宣帝爲太子監國。衞刺王作亂，城門已閉，百寮多有遯者。績聞難赴之，於玄武門遇皇太子，太子下樓執績手，悲喜交集。帝聞而嘉之，遷小宮尹。宣政初，録前後功，封義陽縣男，拜畿伯下大夫，累轉御正下大夫。

宣帝崩，高祖總己，績有力焉，語在鄭譯傳。加位上開府，轉内史中大夫，進封郡公，邑千户。尋拜大將軍。

開皇元年，出爲豫州刺史，增邑通前二千五百户。尋拜都官尚書。後數載，轉晉州刺史，將之官，稽首而言曰：「臣實庸鄙，無益於國，每思犯難以報國恩。今僞陳尚存，以臣度之，有三可滅。」上問其故。績答曰：「大吞小，一也；以有道伐無道，二也；納叛臣蕭巖，於我有詞，三也。陛下若命鷹揚之將，臣請預戎行，展絲髮之効。」上嘉其壯志，勞而遣之。及陳平，拜蘇州刺史。

高智慧等作亂江南，州民顧子元發兵應之，因以攻績，相持八旬。子元素感績恩，於冬至日遣使奉牛酒。績遺子元書曰：「皇帝握符受籙，合極通靈，受揖讓於唐、虞，棄干戈於湯、武。東踰蟠木，方朔所未窮，西盡流沙，張騫所不至。玄漠黄龍之外，交臂來王，葱嶺、榆關之表，屈膝請吏。曩者僞陳獨阻聲教，江東士民困於荼毒。皇天輔仁，假手朝廷，聊申薄伐，應時瓦解。金陵百姓，死而復生，吴、會臣民，白骨還肉。唯當懷音感德，行歌擊壤，豈宜自同吠主，翻成反噬。卿非吾民，何須酒禮？吾是隋將，何容外交？易子析骸，未能相告，況是足食足兵，高城深壍，坐待强援，綽有餘力。何勞踵輕悐之俗，作虛僞之辭，欲阻誠臣之心，徒惑驍雄之志。以此見期，必不可得。卿宜善思活路，曉諭黎元，能早改迷，失道非遠。」子元得書，於城下頓首陳謝。楊素援兵至，合擊破之。拜信州總管十二州諸軍事。俄以病乞骸骨，詔徵還京，賜以御藥，中使相望，顧問不絶。卒於家，時年五十二。謚曰安。子偲嗣。大業之世，官至尚書主爵郎。

韋謩者，京兆人也。仕周内史大夫。高祖以謩有定策之功，累遷上柱國，封普安郡公。開皇初，卒於蒲州刺史。

盧賁

盧賁字子徵，涿郡范陽人也。父光，周開府、燕郡公。賁略涉書記，頗解鍾律。周武帝時，襲爵燕郡公，邑一千九百户。後歷魯陽太守、太子小宫尹、儀同三司。平齊有功，增邑四百户，轉司武上士。時高祖爲大司武〔七〕，賁知高祖爲非常人，深自推結。宣帝嗣位，加開府。

及高祖初被顧託，羣情未一，乃引賁置於左右。高祖將之東第，百官皆不知所去。高祖潛令賁部伍仗衞，因召公卿而謂曰：「欲求富貴者，當相隨來。」往往偶語，欲有去就。賁嚴兵而至，衆莫敢動。出崇陽門，至東宫，門者拒不内。賁諭之，不去，瞋目叱之，門者遂却，既而高祖得入。賁恒典宿衞，後承問進説曰〔八〕：「周歷已盡，天人之望實歸明公，願早應天順民也。天與不取，反受其咎。」高祖甚然之。及受禪，命賁清宫，因典宿衞。賁於是奏改周代旗幟，更爲嘉名。其青龍、騶虞、朱雀、玄武、千秋、萬歲之旗，皆賁所創也。尋拜散騎常侍，兼太子左庶子、左領軍、右將軍〔九〕。

時高熲、蘇威共掌朝政，賁甚不平之。柱國劉昉時被疏忌，賁因諷昉及上柱國元諧、李詢、華州刺史張賓等，謀出熲、威〔一〇〕，五人相與輔政。又以晉王上之愛子，謀行廢立。復私謂皇太子曰：「賁將數謁殿下，恐爲上所譴，願察區區之心。」謀泄，上窮治其事。昉等委罪於賓、賁，公卿奏二人坐當死。上以龍潛之舊，不忍加誅，並除名爲民。賓未幾卒。

歲餘，賁復爵位，檢校太常卿。賁以古樂宫懸七八，損益不同，歷代通儒，議無定準。於是上表曰：「殷人以上，通用五音，周武克殷，得鶉火、天駟之應，其音用七。漢興，加應鍾，故十六枚而在一簴。鄭玄注周禮，二八十六爲簴〔一一〕。此則七八之義，其來遠矣。然世有沿革，用捨不同，至周武帝，復改懸七，以林鍾爲宫。夫樂者，治之本也，故移風易俗，莫善於樂。是以吴札觀而辯興亡。然則樂也者，所以動天地，感鬼神，情發於聲〔一二〕，治亂斯應。周武以林鍾爲宫，蓋將亡之徵也。且林鍾之管，即黄鍾下生之義。黄鍾，君也，而生於臣，明爲皇家九五之應。又陰者臣也，而居君位，更顯國家登極之祥。斯實冥數相符，非關人事。伏惟陛下握圖御寓，道邁前王，功成作樂，焕乎曩策。臣聞五帝不相沿樂，三王不相襲禮，此蓋隨時改制，而不失雅正者也。」上竟從之，即改七懸八，以黄鍾爲宫。詔賁與儀同楊慶和删定周、齊音律。

未幾，拜郢州刺史，尋轉虢州刺史。後遷懷州刺史，決沁水東注，名曰利民渠，又派入温縣，名曰温潤渠，以溉舄鹵，民賴其利。後數年，轉齊州刺史。民飢，穀米踴貴，閉人糶而自糶之，坐是除名爲民。

後從幸洛陽，上從容謂賁曰：「我始爲大司馬時，卿以布腹心於我。及總百揆，頻繁左右，與卿足爲恩舊。卿若無過者，位與高熲齊。坐與凶人交構，由是廢黜。言念疇昔之恩，復當牧伯之位，何乃不思報効，以至於此！吾不忍殺卿，是屈法申私耳。」賁俯伏陳謝，詔復本官。後數日，對詔失旨，又自敍功績，有怨言。上大怒，顧謂羣臣曰：「吾將與賁一州，觀此不可復用。」後皇太子爲其言曰：「此輩並有佐命之功，雖性行輕險，誠不可棄。」上曰：「我抑屈之，全其命也。微劉昉、鄭譯及賁、柳裘、皇甫績等，則我不至此。然此等皆反覆子也。當周宣帝時，以無賴得幸，及帝大漸，顏之儀等請以宗王輔政，此輩行詐，顧命於我。我將爲治，又欲亂之。故昉謀大逆於前，譯爲巫蠱於後。如賁之徒，皆不滿志。任之則不遜，致之則怨，自難信也，非我棄之。衆人見此，或有竊議，謂我薄於功臣，斯不然矣。」蘇威進曰：「漢光武欲全功臣，皆以列侯奉朝請。至尊仁育，復用此道以安之。」上曰：「然。」遂廢於家。是歲卒，年五十四。

史臣曰：高祖肇基王業，昉、譯實啓其謀，當軸執鈞，物無異論。不能忘身急病，以義斷恩，方乃慮難求全，偷安懷禄。暨夫帝遷明德，義非簡在，鹽梅之寄，自有攸歸。言追昔款，内懷觖望，恥居吴、耿之末，羞與絳、灌爲伍。事君盡禮，既闕於宿心，不愛其親，遽彰於物議。其在周也，靡忠貞之節，其奉隋也，愧竭命之誠。非義掩其前功，畜怨興其後釁，而望不陷刑辟，保貴全生，難矣。柳裘、皇甫績、盧賁，因人成事，協規不二，大運光啓，莫參樞要。斯固在人欲其悦己，在我欲其罵人，理自然也。晏嬰有言：「一心可以事百君，百心不可以事一君。」於昉、譯見之矣。

校勘記

〔一〕父道邕周司空　「周司空」，原作「魏司空」，鄭譯墓誌、通志卷一六二鄭譯傳作「周少司空」，今據改。按，道邕，周書卷三五有傳，即鄭孝穆傳。

〔二〕譯從祖開府文寬　「從祖」，當作「從父」。按，北史卷三五鄭羲傳附鄭譯傳殿本考證：「據上文瓊子道邕、道邕子譯，下文瓊弟儼、儼子文寬，則文寬乃譯從父也，『祖』字誤。」

〔三〕烏丸軌 即王軌，北周賜姓「烏丸氏」，周書卷四〇有傳。本書或作王軌，或作烏丸軌。

〔四〕内史下大夫 「下大夫」，鄭譯墓誌、北史卷三五鄭羲傳附鄭譯傳作「中大夫」。

〔五〕元璹 疑當作「元琮」。按，鄭譯墓誌稱「廻歸昌縣公封第二子善願，第三子元琮城皋郡公，第四子元珣永安縣男」。鄭譯卒，「長子太常卿、上柱國、沛國公元璹肅承家業，剋隆基緒」。

〔六〕父明 「明」，當作「眪」，唐人諱改。按，元和姓纂卷七，柳彦緒（世隆字）生惔，惔生眪、暉、映，眪生裘。

〔七〕時高祖爲大司武 「大司武」，北史卷三〇盧同傳附盧賁傳、通志卷一六四盧賁傳作「大司馬」。據本書卷一高祖紀上，時高祖先爲大司馬，後遷右司武。

〔八〕後承問進説曰 「承問」，北史卷三〇盧同傳附盧賁傳作「承間」。

〔九〕右將軍 北史卷三〇盧同傳附盧賁傳作「將軍」。

〔一〇〕謀出頞威 「出」，宋甲本、汲本作「黜」。北史卷三〇盧同傳附盧賁傳亦作「黜」。

〔一一〕二八十六爲簴 「爲」字原闕，據宋甲本補。北史卷三〇盧同傳附盧賁傳亦有「爲」字。

〔一二〕情發於聲 「聲」，原作「升」，據宋甲本、至順本、南監本、北監本、汲本、殿本改。北史卷三〇盧同傳附盧賁傳亦作「聲」。

隋書卷三十九

列傳第四

于義 子宣道　宣敏

于義字慈恭，河南洛陽人也。父謹，從魏武帝入關，仕周，官至太師，因家京兆。義少矜嚴，有操尚，篤志好學。大統末，以父功，賜爵平昌縣伯，邑五百户。起家直閤將軍，其後改封廣都縣公。周閔帝受禪，增邑六百户。累遷安武太守，專崇德教，不尚威刑。有郡民張善安、王叔兒爭財相訟，義曰：「太守德薄不勝任之所致，非其罪也。」於是取家財，倍與二人，喻而遣去。善安等各懷恥愧，移貫他州。於是風教大洽。其以德化人，皆此類也。進封建平郡公。明、武世，歷西兗、瓜、邵三州刺史。數從征伐，進位開府。

宣帝嗣位，政刑日亂，義上疏諫。時鄭譯、劉昉以恩倖當權，謂義不利於己，先惡之於帝。帝覽表色動，謂侍臣曰：「于義謗訕朝廷也。」御正大夫顔之儀進曰：「古先哲王立誹謗之木，置敢諫之鼓，猶懼不聞過。于義之言，不可罪也。」帝乃解。

及高祖作相，王謙構逆，高祖將擊之，問將於高熲。熲答曰：「于義素有經略，可爲元帥。」高祖初然之。劉昉進曰：「梁睿位望素重，不可居義之下。」高祖乃止。於是以睿爲元帥，以義爲行軍總管。謙將達奚惎擁衆據開遠，義將左軍擊破之。尋拜潼州總管，賜奴婢五百口，雜綵三千段，超拜上柱國。時義兄翼爲太尉，弟智、兄子仲文並上柱國，大將軍已上十餘人，稱爲貴戚。

歲餘，以疾免職，歸於京師。數月卒，時年五十。贈豫州刺史，謚曰剛。賻物千段，粟米五百石。子宣道、宣敏，並知名。

宣道字元明，性謹密，不交非類。仕周，釋褐左侍上士。以父功，賜爵成安縣男，邑二百户。後轉小承御上士。高祖爲丞相，引爲外兵曹，尋拜儀同。及踐阼，遷内史舍人，進爵爲子。丁父憂，水漿不入口者累日。獻皇后命中使敦諭，歲餘，起令視事。免喪，拜車騎將軍，兼左衛長史，舍人如故。後六歲，遷太子左衛副率，進位上儀同。卒，年四十二。子志寧，早知名，出繼叔父宣敏。

宣敏字仲達，少沉密，有才思。年十一，詣周趙王招，王命之賦詩。宣敏爲詩，甚有幽貞之志。王大奇之，坐客莫不嗟賞。起家右侍上士，遷千牛備身。高祖踐阼，拜奉車都尉，奉使撫慰巴、蜀。及還，上疏曰：

臣聞開盤石之宗，漢室於是惟永，建維城之固，周祚所以靈長。昔秦皇置牧守而罷諸侯，魏后暱諂邪而疎骨肉，遂使宗社移於佗族，神器傳於異姓。此事之明，甚於觀火。然山川設險，非親勿居。且蜀土沃饒，人物殷阜，西通邛、僰[一]，南屬荆、巫。周德之衰，茲土遂成戎首，炎政失御，此地便爲禍先。是以明者防於無形，治者制其未亂，方可慶隆萬世，年逾七百。

伏惟陛下日角龍顏，膺樂推之運，參天貳地，居揖讓之期。億兆宅心，百神受職，理須樹建藩屏，封植子孫，繼周、漢之宏圖，改秦、魏之覆軌，抑近習之權勢，崇公族之本枝。但三蜀、三齊，古稱天險，分王戚屬，今正其時。若使利建合宜，封樹得所，巨猾息其非望，姦臣杜其邪謀。盛業洪基，同天地之長久，英聲茂實，齊日月之照臨。臣雖學謝多聞，然情深體國，輒申管見，戰灼惟深。

帝省表嘉之，謂高熲曰：「于氏世有人焉。」竟納其言，遣蜀王秀鎮於蜀。

宣敏常以盛滿之誡，昔賢所重，每懷靜退，著述志賦以見其志焉。未幾，卒官，時年二十九。

陰壽 子世師 骨儀

陰壽字羅雲，武威人也。父嵩，周夏州刺史。壽少果烈，有武幹，性謹厚，敦然諾。周世屢以軍功，拜儀同。從武帝平齊，進位開府，賜物千段，奴婢百口，女樂二十人。及高祖爲丞相，引壽爲掾。尉迥作亂，高祖以韋孝寬爲元帥擊之，令壽監軍。時孝寬有疾，不能親總戎事，每卧帳中，遣婦人傳教命。三軍綱紀，皆取決於壽。以功進位上柱國。尋以行軍總管鎮幽州，即拜幽州總管，封趙國公。

時有高寶寧者，齊氏之疎屬也，爲人桀黠，有籌筭。在齊久鎮黃龍，及齊滅，周武帝拜爲營州刺史，甚得華夷之心。高祖爲丞相，遂連結契丹、靺鞨舉兵反。高祖以中原多故，未遑進討，以書喻之而不得。開皇初，又引突厥攻圍北平。至是，令壽率步騎數萬，出盧龍塞以討之。寶寧求救於突厥。時衞王爽等諸將數道北征，突厥不能援。寶寧棄城奔于磧北，黃龍諸縣悉平。壽班師，留開府成道昂鎮之。寶寧遣其子僧伽率輕騎掠城下而去〔二〕。尋引契丹、靺鞨之衆來攻，道昂苦戰連日乃退。壽患之，於是重購寶寧，又遣人陰間其所親任者趙世模、王威等。月餘，世模率其衆降，寶寧復走契丹，爲其麾下趙脩羅所殺，北邊遂安。賜物千段。未幾，卒官，贈司空。子世師嗣。

世師少有節槩，性忠厚，多武藝。弱冠，以功臣子拜儀同，累遷驃騎將軍。煬帝嗣位，領東都瓦工監。後三歲，拜張掖太守。先是，吐谷渾及党項羌屢爲侵掠，世師至郡，有來寇者，親自捕擊，輒禽斬之，深爲戎狄所憚。入爲武賁郎將。遼東之役，出襄平道。明年，帝復擊高麗，以本官爲涿郡留守。于時盜賊蜂起，世師逐捕之，往往剋捷。及帝還，大加賞勞，拜樓煩太守。時帝在汾陽宮，世師聞始畢可汗將爲寇，勸帝幸太原。帝不從，遂有鴈門之難。尋遷左翊衞將軍，與代王留守京師。及義軍至，世師自以世荷隋恩，又藩邸之舊，遂勒兵拒守。月餘，城陷，與京兆郡丞骨儀等見誅，時年五十三。

骨儀，京兆長安人也。性剛鯁，有不可奪之志。開皇初，爲侍御史，處法平當，不爲勢利所回。煬帝嗣位，遷尚書右司郎〔三〕。于時朝政漸亂，濁貨公行〔四〕，凡當樞要之職，無問貴賤，並家累金寶。天下士大夫莫不變節，而儀勵志守常，介然獨立。帝嘉其清苦，超拜京兆郡丞，公方彌著。時刑部尚書衛玄兼領京兆内史，頗行詭道，輒爲儀所執正。玄雖不便之，不能傷也。及義兵至，而玄恐禍及己，遂稱老病，無所干預。儀與世師同心叶契，父子並誅，其後遂絶。世師有子弘智等，以年幼獲全。

竇榮定

竇榮定，扶風平陵人也。父善，周太僕。季父熾，開皇初爲太傅。榮定沈深有器局，容貌瓌偉，美鬚髯，便弓馬。魏文帝時，爲千牛備身。周太祖見而奇之，授平東將軍，賜爵宜君縣子，邑三百户。後從太祖與齊人戰於北芒，周師不利。榮定與汝南公宇文神慶帥精騎二千邀擊之，齊師乃却，以功拜上儀同。後從武元皇帝引突厥木杆侵齊之并州，賜物三百段。襲爵永富縣公，邑千户，進位開府，除忠州刺史。從武帝平齊，加上開府，拜前將軍、佽飛中大夫。

其妻則高祖姊安成長公主也。高祖少小與之情契甚厚，榮定亦知高祖有人君之表，尤相推結。及高祖作相，領左右宫伯，使鎮守天臺，總統露門内兩箱仗衛，常宿禁中。遇尉迥初平，朝廷頗以山東爲意，乃拜榮定爲洛州總管以鎮之。前後賜縑四千匹，西涼女樂一部。

高祖受禪，來朝京師。上顧謂羣臣曰：「朕少惡輕薄，性相近者，唯竇榮定而已。」賜馬三百匹，部曲八十户而遣之〔五〕。坐事除名，高祖以長公主之故，尋拜右武候大將軍。上數幸其第，恩錫甚厚。每令尚食局日供羊一口，珍味稱是。以佐命功，拜上柱國、寧州刺史。未幾，復爲右武候大將軍。尋除秦州總管，賜吴樂一部。突厥沙鉢略寇邊，以爲行軍元帥，率九總管步騎三萬，出涼州。與虜戰於高越原，兩軍相持，其地無水，士卒渴甚，至刺馬血而飲，死者十有二三。榮定仰天太息，俄而澍雨，軍乃復振。於是進擊，數挫其鋒，突厥憚之，請盟而去。賜縑萬匹，進爵安豐郡公，增邑千六百户。復封子憲爲安康郡公，賜縑五千疋。

歲餘，拜右武衛大將軍，俄轉左武衛大將軍。上欲以爲三公，榮定上書曰：「臣每觀西朝衛、霍，東都梁、鄧，幸託葭莩，位極台鉉，寵積驕盈，必致傾覆。向使前賢少自貶損，遠避權勢，推而不居，則天命可保，何覆宗之有！臣每覽前脩，實爲畏懼。」上於是乃止。前後賞賜，不可勝計。

開皇六年卒，時年五十七。上爲之廢朝，令左衛大將軍元旻監護喪事，賻縑三千匹。上謂侍臣曰：「吾每欲致榮定於三事，其人固讓不可。今欲贈之，重違其志。」於是贈冀州刺史、陳國公，謚曰懿。子抗嗣。

抗美容儀，性通率，長於巧思。父卒之後，恩遇彌隆，所賜錢帛金寶，亦以鉅萬。抗官至定州刺史，復檢校幽州總管。煬帝即位，漢王諒構逆，以爲抗與通謀，由是除名，以其弟慶襲封陳公焉。

慶亦有姿儀，性和厚，頗工草隸。初封永富郡公，官至河東太守、衞尉卿。大業之末，出爲南郡太守，爲盜賊所害。

慶弟璡，亦工草隸，頗解鍾律。官歷潁川、南郡、扶風太守。

元景山

元景山字琁岳〔六〕，河南洛陽人也。祖燮，魏安定王。父琰，宋安王。景山少有器局，幹略過人。周閔帝時，從大司馬賀蘭祥擊吐谷渾，以功拜撫軍將軍。其後數從征伐，累遷儀同三司，賜爵文昌縣公，授亹川防主。後與齊人戰於北邙，斬級居多，加開府，遷建州刺史，進封宋安郡公，邑三千户。從武帝平齊，每戰有功，拜大將軍，改封平原郡公，邑二千户，賜女樂一部，帛六千匹，奴婢二百五十口，牛羊數千。

治亳州總管。先是，州民王迴洛、張季真等聚結亡命，每爲劫盜。前後牧守不能制。景山下車，逐捕之，迴洛、季真挺身奔江南。禽其黨與數百人，皆斬之。法令明肅，盜賊屏迹，稱爲大治。陳人張景遵以淮南内屬，爲陳將任蠻奴所攻，破其數栅。景山發譙、潁兵援之，蠻奴引軍而退。徵爲候正。

宣帝嗣位，從上柱國韋孝寬經略淮南。鄖州總管宇文亮謀圖不軌，以輕兵襲孝寬。孝寬窘迫，未得整陣，爲亮所薄。景山率鐵騎三百出擊，破之，斬亮傳首。以功拜亳州總管。

高祖爲丞相，尉迥稱兵作亂，滎州刺史宇文胄與迥通謀〔七〕，陰以書諷動景山。景山執其使，封書詣相府。高祖甚嘉之，進位上大將軍。司馬消難之以鄖州入陳也，陳遣將樊毅、馬傑等來援。景山率輕騎五百馳赴之，毅等懼，掠居民而遯。景山追之，一日一夜行三百餘里，與毅戰於漳口，二合皆剋。毅等退保甑山鎮。其城邑爲消難所陷者，悉平之。拜安州總管，進位柱國，前後賜帛二千匹。時桐柏山蠻相聚爲亂，景山復擊平之。

高祖受禪，拜上柱國。明年，大舉伐陳，以景山爲行軍元帥，率行軍總管韓延、吕哲出漢口。遣上開府鄧孝儒將勁卒四千，攻陳甑山鎮。陳人遣其將陸綸以舟師來援。孝儒逆擊，破之。陳將魯達、陳紀以兵守溳口，景山復遣兵擊走之。陳人大駭，甑山、沌陽二鎮守將皆棄城而遁。景山將濟江，會陳宣帝卒，有詔班師。景山大著威名，甚爲敵人所憚。後數載，坐事免，卒于家，時年五十五。贈梁州總管，賜縑千匹，謚曰襄。子成壽嗣。成壽便弓馬，起家千牛備身。以上柱國世子，拜儀同。後爲秦王庫真車騎。煬帝嗣位，徵爲左親衛郎將。楊玄感之亂也，從刑部尚書衛玄擊之，以功進位正議大夫，拜西平通守。

源雄

源雄字世略，西平樂都人也。祖懷、父纂，俱爲魏隴西王。雄少寬厚，偉姿儀。在魏起家秘書郎，尋加征討將軍〔八〕。屬其父爲高氏所誅，雄脱身而遁，變姓名，西歸長安。周太祖見而器之，賜爵隴西郡公。後從武帝伐齊，以功授開府，改封朔方郡公，拜冀州刺史。時以突厥寇邊，徙雄爲平州刺史以鎮之。未幾，檢校徐州總管。

及高祖爲丞相，尉迥作亂。時雄家累在相州，迥潛以書誘之，雄卒不顧。高祖遺雄書曰：「公妻子在鄴城，雖言離隔，賊徒翦滅，聚會非難。今日已後，不過數旬之别，遲能開慰，無以累懷。徐部大蕃，東南襟帶，密邇吴寇，特須安撫。藉公英略，委以邊謀，善建功名，用副朝委也。」迥遣其將畢義緒據蘭陵，席毗陷昌慮、下邑。雄遣徐州刺史劉仁恩擊義緒，儀同劉弘、李琰討席毗，悉平之。

陳人見中原多故，遣其將陳紀、蕭摩訶、任蠻奴、周羅睺、樊毅等侵江北，西自江陵，東距壽陽，民多應之。攻陷城鎮。雄與吳州總管于顗、揚州總管賀若弼、黃州總管元景山等擊走之，悉復故地。東潼州刺史曹孝達據州作亂，雄遣兵襲斬之。進位上大將軍，拜徐州總管。後數歲，轉懷州刺史，尋遷朔州總管。突厥有來寇掠，雄輒捕斬之，深爲北夷所憚。

伐陳之役，高祖下册書曰：「於戲！唯爾上大將軍、朔方公雄，識悟明允，風神果毅。往牧徐方，時逢寇逆，建旟馬邑，安撫北蕃。嘉謀絕外境之虞，挺劍息韋鞲之望。沙漠以北，俱荷威恩，吕梁之間，罔不懷惠。但江淮蕞爾，有陳僭逆，今將董率戎旅，清彼東南，是用命爾爲行軍總管。往欽哉！」於是從秦王俊出信州道。及陳平，以功進位上柱國。賜子崇爵端氏縣伯，褒爲安化縣伯，賜物五千段，復鎮朔州。二歲，上表乞骸骨，徵還京師，卒于家，時年七十。

子崇嗣，官至儀同。大業中，自上黨贊治入爲尚書虞部郎。及天下盜起，將兵討北海，與賊力戰而死，贈正議大夫。

豆盧勣 子毓　勣兄通

豆盧勣字定東，昌黎徒河人也。本姓慕容，燕北地王精之後也。中山敗，歸魏，北人謂歸義爲「豆盧」，因氏焉。祖萇，魏柔玄鎮大將。父寧，柱國、太保。勣初生時，周太祖親幸寧家稱慶，時遇新破齊師，太祖因字之曰定東。勣聰悟，有器局。少受業國子學，略涉文藝。魏大統十二年，太祖以勣勳臣子，封義安縣侯。周閔帝受禪，授稍伯下大夫、開府儀同三司，改封丹陽郡公，邑千五百户。明帝時，爲左武伯中大夫。勣自以經業未通，請解職遊露門學。帝嘉之，勑以本官就學。未幾，齊王憲納勣妹爲妃，恩禮逾厚。

會武帝嗣位，拜邛州刺史。未之官，渭源燒當羌因飢饉作亂，以勣有才略，轉渭州刺史。甚有惠政，華夷悦服，德澤流行，大致祥瑞。鳥鼠山俗呼爲高武隴，其下渭水所出。其山絶壁千尋，由來乏水，諸羌苦之。勣馬足所踐，忽飛泉湧出。有白烏翔止聽前，乳子而後去，又白狼見於襄武。民爲之謡曰：「我有丹陽，山出玉漿。濟我民夷，神烏來翔。」百姓因號其泉爲玉漿泉。

後丁父艱，毀瘁過禮。天和二年，授邵州刺史，襲爵楚國公。復徵爲天官府司會，歷信夏二州總管、相州刺史，以母憂還京。宣帝大象二年〔九〕，拜利州總管，進位上大將軍。月餘，拜柱國。

高祖爲丞相，益州總管王謙作亂。勣嬰城固守，謙遣其將達奚惎、高阿那肱、乙弗虔等衆十萬攻之，起土山，鑿城爲七十餘穴，堰江水以灌之。勣時戰士不過二千，晝夜相拒。經四旬，勢漸迫。勣於是出奇兵擊之，斬數千級，降二千人。梁睿軍且至，賊因而解去。高祖遣開府趙仲卿勞之，詔曰：「勣器識優長，氣調英遠，總馭藩部，風化已行。巴、蜀稱兵，奄來圍逼，入守出戰，大摧凶醜。貞節雄規，厥功甚茂，可使持節、上柱國。賜一子爵中山縣公。」

開皇二年，突厥犯塞，以勣爲北道行軍元帥以備邊。歲餘，拜夏州總管。上以其家世貴盛，勣効克彰，甚重之。後爲漢王諒納勣女爲妃，恩遇彌厚。七年，詔曰：「上柱國、楚國公勣，蜀人寇亂之日，稱兵犯順，固守金湯，隱如敵國。嘉猷大節，其勞已多，可食始州臨津縣邑千户。」

十年，以疾徵還京師，詔諸王並至勣第，中使顧問，道路不絕。其年卒，時年五十五。上悼惜者久之，特加賵贈，鴻臚監護喪事，謚曰襄。子賢嗣，官至顯州刺史、大理少卿、武賁郎將。賢弟毓。

毓字道生，少英果，有氣節。漢王諒出鎮并州，毓以妃兄，爲王府主簿。從趙仲卿北征突厥，以功授儀同三司。

及高祖崩，煬帝即位，徵諒入朝。諒納諮議王頍之謀，發兵作亂。毓苦諫不從，因謂弟懿曰：「吾匹馬歸朝，自得免禍。此乃身計，非爲國也。今且僞從，以思後計。」毓兄顯州刺史賢言於帝曰：「臣弟毓素懷志節，必不從亂，但逼兇威，不能克遂。臣請從軍，與毓爲表裏，諒不足圖也。」帝以爲然，許之。賢密遣家人齎勑書至毓所，與之計議。諒出城，將往介州，令毓與總管屬朱濤留守。毓謂濤曰：「漢王構逆，敗不旋踵，吾豈坐受夷滅，孤負家國邪！當與卿出兵拒之。」濤驚曰：「王以大事相付，何得有是語！」因拂衣而去，毓追斬之。時諒司馬皇甫誕，前以諫諒被囚。毓於是出誕，與之協計，及開府、盤石侯宿勤武，開府宇文永昌，儀同成端、長孫愷，車騎、安成侯元世雅，原武令皇甫文顥等，閉城拒諒。部分未定，有人告諒，諒襲擊之。毓見諒至，紿其衆曰：「此賊軍也。」諒攻城南門，毓時遣稽胡守堞，稽胡不識諒，射之，箭下如雨。諒復至西門，守兵皆并州人，素識諒，即開門納之。毓遂見害，時年二十八。

及諒平，煬帝下詔曰：「褒顯名節，有國通規，加等飾終，抑推令典。毓深識大義，不顧姻親，出於萬死，首建奇策。去逆歸順，殉義亡身，追加榮命，宜優恒禮。可贈大將軍，封正義縣公，賜帛二千匹，謚曰愍」。

子願師嗣，尋拜儀同三司。大業初，行新令，五等並除。未幾，帝復下詔曰：「故大將軍、正義愍公毓，臨節能固，捐生殉國，成爲令典，没世不忘。象賢無墜，德隆必祀，改封雍丘愍侯。」復以願師承襲。大業末，授千牛左右。

通字平東，勣之兄也，一名會。弘厚有器局。在周，少以父功，賜爵臨貞縣侯，邑千户。尋授大都督，俄遷儀同三司。大冢宰宇文護引之，令督親信兵，改封沃野縣公，邑四千七百户。後加開府，歷武賁中大夫、北徐州刺史。及高祖爲丞相，尉迥作逆，遣其所署莒州刺史烏丸尼率衆來攻。通逆擊，破之。賜物八百段，進位大將軍。

開皇初，進爵南陳郡公。尋徵入朝，以本官典宿衛。歲餘，出拜定州刺史。後轉相州刺史。尚高祖妹昌樂長公主，自是恩禮漸隆。遷夏州總管、洪州總管。所在之職，並稱寬惠。十七年，卒官，年五十九。謚曰安。有子寬。

賀若誼

賀若誼字道機，河南洛陽人也。祖伏連，魏雲州刺史。父統，右衛將軍。誼性剛果，有幹略。在魏，以功臣子，賜爵容城縣男。累遷直閤將軍、大都督、通直散騎常侍、尚食典御。周太祖據有關中，引之左右。嘗使詣杏城，屬茹茹種落攜貳，屯於河表。誼因譬以禍福，誘令歸附，降者萬餘口。太祖深奇之，賜金銀百兩。齊遣其舍人楊暢結好於茹茹，太祖恐其并力，爲邊境之患，使誼聘茹茹。誼因啗以厚利，茹茹信之，遂與周連和，執暢付誼。太祖嘉之，拜車騎大將軍、儀同三司、略陽公府長史。

周閔帝受禪，除司射大夫，改封霸城縣子，轉左宫伯，尋加開府。後歷靈邵二州刺史，原信二州總管，俱有能名。其兄敦，爲金州總管，以讒毀伏誅。坐是免職。

武帝親總萬機，召誼治熊州刺史。平齊之役，誼率兵出函谷，先據洛陽，即拜洛州刺史，進封建威縣侯。齊范陽王高紹義之奔突厥也，誼以兵追之，戰於馬邑，遂禽紹義。以功進位大將軍。

高祖爲丞相，拜亳州總管，馳驛之部。西遏司馬消難，東拒尉迥。申州刺史李慧反，誼討之，進爵范陽郡公，授上大將軍。開皇初，入爲右武候將軍。河間王弘北征突厥，以誼爲副元帥。軍還，轉左武候大將軍。坐事免。歲餘，拜華州刺史，俄轉敷州刺史，改封海陵郡公，復轉涇州刺史。時突厥屢爲邊患，朝廷以誼素有威名，拜靈州刺史，進位柱國。誼時年老，而筋力不衰，猶能重鎧上馬，甚爲北夷所憚。數載，上表乞骸骨，優詔許之。

誼家富於財，於郊外構一別廬，多植菓木。每邀賓客，列女樂，遊集其間。卒于家，時年七十七。子舉襲爵。

庶長子協，官至驃騎將軍。協弟祥，奉車都尉。祥弟與，車騎將軍。誼兄子弼，別有傳。

史臣曰：于義、竇榮定等，或南陽姻亞，或豐邑舊遊，運屬時來，俱宣力用。以勞定國，以功懋賞，保其祿位，貽厥子孫。析薪克荷，崇基弗墜，盛矣！豆盧毓遇屯剥之機，亡身殉義，陰世師遭天之所廢，捨命不渝。使夫死者有知，足以無愧君親矣。

校勘記

〔一〕西通邛僰 「僰」，原作「焚」，據宋甲本、北監本、汲本、殿本改。北史卷二三于栗磾傳附于宣敏傳、宋本册府卷五三一諫諍部規諫亦作「奭」。

〔二〕率輕騎掠城下　「輕」，原作「廣」，據宋甲本、至順本、汲本改。册府卷四一一將帥部間諜亦作「輕」。

〔三〕右司郎　北史卷七三陰壽傳附骨儀傳作「左司郎」。

〔四〕朝政漸亂濁貨公行　御覽卷二一三職官部一一右司郎中右司員外郎引隋書、册府卷四六二臺省部清儉作「政漸亂濁貨賂公行」，北史卷七三陰壽傳附骨儀傳作「朝政漸亂貨賄公行」。

〔五〕部曲八十户而遣之　「十」，原作「千」，據宋甲本改。北史卷六一竇熾傳附竇榮定傳亦作「十」。

〔六〕珤岳　北史卷一八景穆十二王傳下安定王休傳附元景山傳作「寶岳」。

〔七〕滎州　原作「榮州」，據北史卷一八景穆十二王傳下安定王休傳附元景山傳、本書卷一高祖紀上、卷四八楊素傳改。

〔八〕征討將軍　宋甲本、至順本、汲本作「征虜將軍」。册府卷九四九總録部逃難亦作「征虜將軍」。

〔九〕大象二年　「二」，原作「三」，據宋甲本、大德本、至順本、南監本、北監本、汲本、殿本改。隋書詳節卷一一豆盧勣傳、北史卷六八豆盧寧傳附豆盧勣傳亦作「二」。

隋書卷四十

列傳第五

梁士彥 子剛 梁默

梁士彥字相如，安定烏氏人也。少任俠，不仕州郡。性剛果，喜正人之是非。好讀兵書，頗涉經史。周世以軍功拜儀同三司。武帝將有事東夏，聞其勇決，自扶風郡守除九曲鎮將，進位上開府，封建威縣公，齊人甚憚焉。尋遷熊州刺史。

後從武帝拔晉州，進位柱國，除使持節、晉絳二州諸軍事、晉州刺史。及帝還後，齊後主親總六軍而圍之。獨守孤城，外無聲援，衆皆震懼，士彥慷慨自若。賊盡鋭攻之，樓堞皆盡，城雉所存，尋仞而已。或短兵相接，或交馬出入。士彥謂將士曰：「死在今日，吾爲爾先！」於是勇烈齊奮，呼聲動地，無不一當百。齊師少却，乃令妻妾軍民子女，晝夜修城，三日而就。帝率六軍亦至，齊師解圍，營於城東十餘里。士彥見帝，持帝鬚而泣曰：「臣幾不見陛下！」帝亦爲之流涕。時帝以將士疲倦，意欲班師。士彥叩馬諫曰：「今齊師遁，衆心皆動，因其懼也而攻之，其勢必舉。」帝從之，大軍遂進。帝執其手曰：「余之有晉州，爲平齊之基。若不固守，則事不諧矣。朕無前慮，惟恐後變，善爲我守之。」及齊平，封郕國公，進位上柱國、雍州主簿。

宣帝即位，除東南道行臺、使持節、徐州總管三十二州諸軍事、徐州刺史。與烏丸軌擒陳將吳明徹、裴忌於呂梁，別破黃陵，略定淮南地。

高祖作相，轉亳州總管二十四州諸軍事。尉迥之反也，以爲行軍總管，從韋孝寬擊之。至河陽，與迥軍相對。令家僮梁默等數人爲前鋒，士彥以其徒繼之，所當皆破。乘勝至草橋，迥衆復合，進戰，大破之。及圍鄴城，攻北門而入，馳啓西門，納宇文忻之兵。

及迥平，除相州刺史。高祖忌之，未幾，徵還京師，閑居無事。自恃元功，甚懷怨望，遂與宇文忻、劉昉等謀作亂。將率僮僕，於享廟之際〔一〕，因車駕出，圖以發機。復欲於蒲州起事，略取河北，捉黎陽關，塞河陽路，劫調布以爲牟甲，募盜賊以爲戰士。其甥裴通豫知其謀而奏之。高祖未發其事，授晉州刺史，欲觀其意。士彥欣然謂昉等曰：「天也！」又請儀同薛摩兒爲長史，高祖從之。後與公卿朝謁，高祖令左右執士彥、忻、昉等於行間，詰之曰：「爾等欲反，何敢發此意？」初猶不伏，捕薛摩兒適至，於是庭對之。摩兒具論始末，云：「第二子剛垂泣苦諫，第三子叔諧曰：『作猛獸要須成斑。』」士彥失色，顧謂摩兒曰：「汝殺我！」於是伏誅，時年七十二。

有子五人。操字孟德，出繼伯父，官至上開府、義鄉縣公、長寧王府驃騎，早卒。剛字永固，弱冠授儀同，以平尉迥勳，加開府。擊突厥有功，進位上大將軍、通政縣公、涇州刺史。士彥之誅也，以諫獲免，徙瓜州。叔諧官至上儀同、廣平縣公、車騎將軍。志遠爲安定伯，務爲建威伯，皆坐士彥誅。

梁默者，士彥之蒼頭，驍武絶人。士彥每從征伐，常與默陷陣。仕周，致位開府。開皇末，以行軍總管從楊素北征突厥，進位大將軍。漢王諒之反也，復以行軍總管從楊素討平之，加授柱國。大業五年，從煬帝征吐谷渾，遇賊力戰而死，贈光禄大夫。

宇文忻

宇文忻字仲樂，本朔方人，徙京兆。祖莫豆于，周安平公〔二〕。父貴，周大司馬〔三〕、許國公。忻幼而敏慧，爲兒童時，與羣輩遊戲，輒爲部伍，進止行列，無不用命，有識者見而異之。年十二，能左右馳射，驍捷若飛。恒謂所親曰：「自古名將，唯以韓、白、衞、霍爲美談，吾察其行事，未足多尚。若使與僕並時，不令豎子獨擅高名也。」其少小慷慨如此。年十八，從周齊王憲討突厥有功，拜儀同三司，賜爵興固縣公。韋孝寬之鎮玉壁也，以忻驍勇，請與同行。屢有戰功，加位開府、驃騎將軍，進爵化政郡公，邑二千户。

從武帝伐齊，攻拔晉州。齊後主親馭六軍，兵勢甚盛，帝憚之，欲旋師。忻諫曰：「以陛下之聖武，乘敵人之荒縱，何往不克！若使齊人更得令主，君臣協力，雖湯、武之勢，未易平也。今主暗臣愚，兵無鬬志，雖有百萬之衆，實爲陛下奉耳。」帝從之，戰遂大克。及帝攻陷并州，先勝後敗，帝爲賊所窘，左右皆殲，帝挺身而遁，諸將多勸帝還。忻勃然而進曰：「自陛下克晉州，破高緯，乘勝逐北，以至於此。致令僞主奔波，關東響振，自古行兵用師，未有若斯之盛也。昨日破城，將士輕敵，微有不利，何足爲懷。丈夫當死中求生，敗中取勝。今者破竹，其勢已成，奈何棄之而去？」帝納其言，明日復戰，遂拔晉陽。及齊平，進位大將軍，賜物千段。尋與烏丸軌破陳將吳明徹於呂梁，進位柱國，賜奴婢二百口，除豫州總管。

高祖龍潛時，與忻情好甚協，及爲丞相，恩顧彌隆。尉迥作亂，以忻爲行軍總管，從韋孝寬擊之。時兵屯河陽，諸軍莫敢先進。帝令高熲馳驛監軍，與熲密謀進取者，唯忻而已。迥遣子惇，盛兵武陟，忻先鋒擊走之。進臨相州，迥遣精甲三千伏於野馬岡，欲邀官軍。忻以五百騎襲之，斬獲略盡。進至草橋，迥又拒守，忻率奇兵擊破之，直趨鄴下。迥背城結陣，與官軍大戰，官軍不利。時鄴城士女觀戰者數萬人，忻與高熲、李詢等謀曰：「事急矣，當以權道破之。」於是擊所觀者，大囂而走，轉相騰藉，聲如雷霆。忻乃傳呼曰：「賊敗矣！」衆軍復振，齊力急擊之，迥軍大敗。及平鄴城，以功加上柱國，賜奴婢二百口，牛馬羊萬計。高祖顧謂忻曰：「尉迥傾山東之衆，運百萬之師，公舉無遺策，戰無全陣，誠天下之英傑也。」進封英國公，增邑三千户。自是以後，每參帷幄，出入卧内，禪代之際，忻有力焉。後拜右領軍大將軍，恩顧彌重。

忻妙解兵法，馭戎齊整，當時六軍有一善事，雖非忻所建，在下輒相謂曰：「此必英公法也。」其見推服如此。後改封杞國公。上嘗欲令忻率兵擊突厥，高熲言於上曰：「忻有異志，不可委以大兵。」乃止。

忻既佐命功臣，頻經將領，有威名於當世。上由是微忌焉，以譴去官。忻與梁士彦昵狎，數相往來，士彦時亦怨望，陰圖不軌。忻謂士彦曰：「帝王豈有常乎？相扶即是。公於蒲州起事，我必從征。兩陣相當，然後連結，天下可圖也。」謀洩伏誅，年六十四，家口籍没。

忻兄善，弘厚有武藝。仕周，官至上柱國、許國公。高祖受禪，遇之甚厚，拜其子穎爲上儀同。及忻誅，並廢于家。善未幾卒。穎至大業中，爲司農少卿。及李密逼東都，叛歸于密。忻弟愷，别有傳。

王誼

王誼字宜君，河南洛陽人也。父顯，周鳳州刺史。誼少慷慨，有大志，便弓馬，博覽羣言。周閔帝時，爲左中侍上士。時大冢宰宇文護執政，勢傾王室，帝拱默無所關預。有朝士於帝側，微爲不恭，誼勃然而進，將擊之。其人惶懼請罪，乃止。自是朝士無敢不肅。歲餘，遷御正大夫。丁父艱，毁瘁過禮，廬於墓側，負土成墳。歲餘，起拜雍州别駕，固讓，不許。

武帝即位，授儀同，累遷内史大夫，封楊國公。從帝伐齊，至并州，帝既入城，反爲齊人所敗，左右多死。誼率麾下驍雄赴之，帝賴以全濟。時帝以六軍挫衄，將班師。誼固諫，帝從之。及齊平，授相州刺史。未幾，復徵爲大內史。汾州稽胡爲亂，誼率兵擊之。帝弟越王盛、譙王儉雖爲總管，並受誼節度，其見重如此。及平賊而還，賜物五千段，封一子開國公。帝臨崩，謂皇太子曰：「王誼社稷臣，宜處以機密，不須遠任也。」皇太子即位，是爲宣帝。憚誼剛正，出爲襄州總管。

及高祖爲丞相，轉爲鄭州總管。司馬消難舉兵反，高祖以誼爲行軍元帥，率四總管討之。軍次近郊，消難懼而奔陳。于時北至商、洛，南拒江淮，東西二千餘里，巴蠻多叛，共推渠帥蘭雒州爲主。雒州自號河南王，以附消難，北連尉迥。誼率行軍總管李威、馮暉、李遠等分討之，旬月皆平。高祖以誼前代舊臣，甚加禮敬，遣使勞問，冠蓋不絕。以第五女妻其子奉孝，尋拜大司徒。誼自以與高祖有舊，亦歸心焉。

及上受禪，顧遇彌厚，上親幸其第，與之極歡。太常卿蘇威立議，以爲户口滋多，民田不贍，欲減功臣之地以給民。誼奏曰：「百官者，歷世勳賢，方蒙爵土。一旦削之，未見其可。如臣所慮，正恐朝臣功德不建，何患人田有不足？」上然之，竟寢威議。開皇初，上將幸岐州，誼諫曰：「陛下初臨萬國，人情未洽，何用此行？」上戲之曰：「吾昔與公位望齊等，一朝屈節爲臣，或當恥愧。是行也，震揚威武，欲以服公心耳。」誼笑而退。尋奉使突厥，上嘉其稱旨，進封郢國公。

未幾，其子奉孝卒。踰年，誼上表，言公主少，請除服。御史大夫楊素劾誼曰：「臣聞喪服有五，親疎異節，喪制有四，降殺殊文。王者之所常行，故曰不易之道也。是以賢者不得踰，不肖者不得不及。而儀同王奉孝，既尚蘭陵公主，奉孝以去年五月身喪，始經一周，而誼便請除釋。竊以雖曰王姬，終成下嫁之禮，公則主之，猶在移天之義。況復三年之喪，自上達下，及朞釋服，在禮未詳。然夫婦則人倫攸始，喪紀則人道至大，苟不重之，取笑君子。故鑽燧改火，責以居喪之速，朝祥暮歌，譏以忘哀之早。然誼雖不自彊，爵位已重，欲爲無禮，其可得乎？乃薄俗傷教，爲父則不慈，輕禮易喪，致婦於無義。若縱而不正，恐傷風俗，請付法推科。」有詔勿治，然恩禮稍薄，誼頗怨望。或告誼謀反，上令案其事。主者奏誼有不遜之言，實無反狀，上賜酒而釋之。

于時上柱國元諧亦頗失意，誼數與相往來，言論醜惡。胡僧告之，公卿奏誼大逆不道，罪當死。上見誼，愴然曰：「朕與公舊爲同學，甚相憐愍，將奈國法何？」於是下詔曰：「誼，有周之世，早豫人倫，朕共遊庠序，遂相親好。然性懷險薄，巫覡盈門，鬼言怪語，稱神道聖。朕受命之初，深存誡約，口云改悔，心實不悛。乃說四天王神道，誼應受命，書有誼讖，天有誼星，桃、鹿二川，岐州之下，歲在辰巳，興帝王之業。密令卜問，伺殿省之災。又說其身是明王，信用左道，所在詿誤，自言相表當王不疑。此而赦之，將或爲亂，禁暴除惡，宜伏國刑。」上復令大理正趙綽謂誼曰：「時命如此，將若之何！」於是賜死於家，時年四十六。

元諧

元諧，河南洛陽人也，家代貴盛。諧性豪俠，有氣調。少與高祖同受業於國子，甚相友愛。後以軍功，累遷大將軍。及高祖爲丞相，引致左右。諧白高祖曰：「公無黨援，譬如水間一堵牆，大危矣。公其勉之。」尉迥作亂，遣兵寇小鄉，令諧擊破之。及高祖受禪，上顧諧，笑曰：「水間牆竟何如也？」於是賜宴極歡。進位上大將軍，封樂安郡公，邑千户。奉詔參修律令。

時吐谷渾寇涼州，詔諧爲行軍元帥，率行軍總管賀婁子幹、郭竣、元浩等步騎數萬擊之。上勑諧曰：「公受朝寄，總兵西下，本欲自寧疆境，保全黎庶，非是貪無用之地，害荒服之民。王者之師，意在仁義。渾賊若至界首者，公宜曉示以德，臨之以教，誰敢不服也！」時賊將定城王鍾利房率騎三千度河，連結党項。諧率兵出鄯州，趣青海，邀其歸路。吐谷渾引兵拒諧，相遇於豐利山。賊鐵騎二萬，與諧大戰，諧擊走之。賊駐兵青海，遣其太子可博汗以勁騎五萬來掩官軍。諧逆擊，敗之，追奔三十餘里，俘斬萬計，虜大震駭。於是移書諭以禍福，其名王十七人、公侯十三人，各率其所部來降。上大悅，下詔曰：「褒善疇庸，有聞前載，諧識用明達，神情警悟，文規武略，譽流朝野。申威拓土，功成疆場，深謀大節，實簡朕心。加禮延代，宜隆賞典。可杜國〔四〕，别封一子縣公。」諧拜寧州刺史，頗有威惠。然剛愎，好排詆，不能取媚於左右。嘗言於上曰：「臣一心事主，不曲取人意。」上曰：「宜終此言。」後以公事免。

時上柱國王誼有功於國，與諧俱無任用，每相往來。胡僧告諧、誼謀反，上按其事，無逆狀，上慰諭而釋之。未幾，誼伏誅，諧漸被疎忌。然以龍潛之舊，每預朝請，恩禮無虧。及上大宴百寮，諧進曰：「陛下威德遠被，臣請突厥可汗爲候正，陳叔寶爲令史。」上曰：「朕平陳國，以伐罪弔人，非欲誇誕取威天下。公之所奏，殊非朕心。突厥不知山川，何能警候！叔寶昏醉，寧堪驅使！」諧默然而退。

後數歲，有人告諧與從父弟上開府滂、臨澤侯田鸞、上儀同祁緒等謀反。上令案其事。有司奏：「諧謀令祁緒勒党項兵，即斷巴、蜀。時廣平王雄、左僕射高熲二人用事，諧欲譖去之，云：『左執法星動已四年矣，狀一奏，高熲必死。』又言：『太白犯月，光芒相照，主殺大臣，楊雄必當之。』諧嘗與滂同謁上，諧私謂滂曰：『我是主人，殿上者賊也。』因令滂望氣，滂曰：『彼雲似蹲狗走鹿，不如我輩有福德雲。』」上大怒，諧、滂、鸞、緒並伏誅，籍没其家。

王世積

王世積，闡熙新囶人也。父雅，周使持節、開府儀同三司。世積容貌魁岸，腰帶十圍，風神爽拔，有傑人之表。在周，有軍功，拜上儀同，封長子縣公。高祖爲丞相，尉迥作亂，從韋孝寬擊之，每戰有功，拜上大將軍。

高祖受禪，進封宜陽郡公。高熲美其才能，甚善之。嘗密謂熲曰：「吾輩俱周之臣子，社稷淪滅，其若之何？」熲深拒其言。未幾，授蘄州總管。平陳之役，以舟師自蘄水趣九江，與陳將紀瑱戰於蘄口，大破之。既而晉王廣已平丹陽，世積於是移書告諭，遣千金公權始璋略取新蔡。陳江州司馬黄偲棄城而遁，始璋入據其城。世積繼至，陳豫章太守徐璒、廬陵太守蕭廉、潯陽太守陸仲容、巴山太守王誦、太原太守馬頲、齊昌太守黄正始、安成太守任瓘等，及鄱陽、臨川守將，並詣世積降。以功進位柱國、荆州總管，賜絹五千段，加之寶帶，邑三千户。後數歲，桂州人李光仕作亂，世積以行軍總管討平之。上遣都官員外郎辛凱卿馳勞之。及還，進位上柱國，賜物二千段。上甚重之。

世積見上性忌刻，功臣多獲罪，由是縱酒，不與執政言及時事。上以爲有酒疾，舍之宮內，令醫者療之。世積詭稱疾愈，始得就第。

及起遼東之役，世積與漢王並爲行軍元帥，至柳城，遇疾疫而還。拜涼州總管，令騎士七百人送之官。未幾，其親信安定皇甫孝諧有罪，吏捕之，亡抵世積。世積不納，由是有憾。孝諧竟配防桂州，事總管令狐熙。熙又不之禮，甚困窮，因徼幸上變，稱：「世積嘗令道人相其貴不？道人答曰：『公當爲國主。』謂其妻曰：『夫人當爲皇后。』又將之涼州，其所親謂世積曰：『河西天下精兵處，可以圖大事也。』世積曰：『涼州土曠人稀，非用武之國。』」由是被徵入朝，按其事。有司奏：「左衛大將軍元旻、右衛大將軍元冑、左僕射高熲，並與世積交通，受其名馬之贈。」世積竟坐誅，旻、冑等免官，拜孝諧爲上大將軍。

虞慶則

虞慶則，京兆櫟陽人也。本姓魚，其先仕於赫連氏，遂家靈武，代爲北邊豪傑。父祥，周靈武太守。慶則幼雄毅，性倜儻，身長八尺，有膽氣，善鮮卑語，身被重鎧，帶兩鞬，左右馳射，本州豪俠皆敬憚之。初以弋獵爲事，中便折節讀書，常慕傅介子、班仲升爲人。仕周，釋褐中外府行參軍，稍遷外兵參軍事，襲爵沁源縣公。宣政元年，授儀同大將軍，除并州總管長史。二年，授開府。時稽胡數爲反叛，越王盛、内史下大夫高熲討平之。將班師，熲與盛謀，須文武幹略者鎮遏之。表請慶則，於是即拜石州總管。甚有威惠，境内清肅，稽胡慕義而歸者八千餘户。

開皇元年，進位大將軍，遷内史監、吏部尚書、京兆尹，封彭城郡公，營新都總監。二年冬，突厥入寇，慶則爲元帥討之。部分失所，士卒多寒凍，墮指者千餘人。偏將達奚長儒率騎兵二千人别道邀賊，爲虜所圍甚急，慶則案營不救。由是長儒孤軍獨戰，死者十八九，上不之責也。尋遷尚書右僕射。

後突厥主攝圖將内附，請一重臣充使，於是上遣慶則詣突厥所。攝圖恃彊，初欲亢禮，慶則責以往事，攝圖不服。其介長孫晟又説諭之，攝圖及弟葉護皆拜受詔，因即稱臣朝貢，請永爲藩附。初，慶則出使，高祖勅之曰：「我欲存立突厥，彼送公馬，但取五三匹。」攝圖見慶則，贈馬千匹，又以女妻之。上以慶則勳高，皆無所問。授上柱國，封魯國公，食任城縣千户。詔以彭城公迴授第二子義。

高祖平陳之後，幸晉王第，置酒會羣臣。高熲等奉觴上壽。上因曰：「高熲平江南，虞慶則降突厥，可謂茂功矣。」楊素曰：「皆由至尊威德所被。」慶則曰：「楊素前出兵武牢、硤石，若非至尊威德，亦無克理。」遂與互相長短。御史欲彈之，上曰：「今日計功爲樂，宜不須劾。」上觀羣臣宴射，慶則進曰：「臣蒙賚酒食，令盡樂，御史在側，恐醉而被彈。」上賜御史酒，因遣之出。慶則奉觴上壽，極歡。上謂諸公曰：「飲此酒，願我與諸公等子孫常如今日，世守富貴。」九年，轉爲右衛大將軍，尋改爲右武候大將軍。

開皇十七年，嶺南人李賢據州反，高祖議欲討之。諸將二三請行，皆不許。高祖顧謂慶則曰：「位居宰相，爵乃上公，國家有賊，遂無行意，何也？」慶則拜謝恐懼，上乃遣焉。爲桂州道行軍總管，以婦弟趙什柱爲隨府長史。什柱先與慶則愛妾通，恐事彰，乃宣言曰：「慶則不欲此行。」遂聞於上。先是，朝臣出征，上皆宴別，禮賜遣之。及慶則南討辭上，上色不悅，慶則由是怏怏不得志。暨平賢，至潭州臨桂鎮，慶則觀眺山川形勢，曰：「此誠嶮固，加以足糧，若守得其人，攻不可拔。」遂使什柱馳詣京奏事，觀上顏色。什柱至京，因告慶則謀反。上案驗之，慶則於是伏誅。拜什柱爲柱國。

慶則子孝仁，幼豪俠任氣，起家拜儀同，領晉王親信。坐父事除名。煬帝嗣位，以藩邸之舊，授候衛長史，兼領金谷監，監禁苑。有巧思，頗稱旨。九年，伐遼，授都水丞，充使監運，頗有功。然性奢華，以駱駝負函盛水養魚而自給。十一年，或告孝仁謀圖不軌，遂誅之。其弟澄道，東宫通事舍人，坐除名。

元冑

元冑，河南洛陽人也，魏昭成帝之六代孫。祖順，魏濮陽王。父雄，武陵王。冑少英果，多武藝，美鬚眉，有不可犯之色。周齊王憲見而壯之，引致左右，數從征伐。官至大將軍。

高祖初被召入，將受顧託，先呼冑，次命陶澄，並委以腹心，恒宿卧内。及爲丞相，每典軍在禁中，又引弟威俱入侍衞。周趙王招知高祖將遷周鼎，乃要高祖就第。趙王引高祖入寢室，左右不得從，唯楊弘與冑兄弟坐於户側。趙王謂其二子員、貫曰：「汝當進瓜，我因刺殺之。」及酒酣，趙王欲生變，以佩刀子刺瓜，連啗高祖，將爲不利。冑進曰：「相府有事，不可久留。」趙王訶之曰：「我與丞相言，汝何爲者！」叱之使却。冑瞋目憤氣，扣刀入衞。趙王問其姓名，冑以實對。趙王曰：「汝非昔事齊王者乎？誠壯士也！」因賜之酒，曰：「吾豈有不善之意邪？卿何猜警如是！」趙王僞吐，將入後閤，冑恐其爲變，扶令上坐，如此者再三。趙王稱喉乾，命冑就厨取飲，冑不動。會滕王逌後至，高祖降階迎之，冑與高祖耳語曰：「事勢大異，可速去。」高祖猶不悟，謂曰：「彼無兵馬，復何能爲？」冑曰：「兵馬悉他家物，一先下手，大事便去。冑不辭死，死何益耶？」高祖復入坐。冑聞屋後有被甲聲，遽請曰：「相府事殷，公何得如此？」因扶高祖下牀，趣而去。趙王將追之，冑以身蔽户，王不得出。高祖及門，冑自後而至。趙王恨不時發，彈指出血。及誅趙王，賞賜不可勝計。

高祖受禪，進位上柱國，封武陵郡公，邑三千户。拜左衛將軍，尋遷右衛大將軍。高祖從容曰：「保護朕躬，成此基業，元冑功也。」後數載，出爲豫州刺史，歷亳、浙二州刺史。時突厥屢爲邊患，朝廷以冑素有威名，拜靈州總管，北夷甚憚焉。後復徵爲右衛大將軍，親顧益密。嘗正月十五日，上與近臣登高，時冑下直，上令馳召之。及冑見，上謂曰：「公與外人登高，未若就朕勝也〔五〕。」賜宴極歡。晉王廣每致禮焉。

房陵王之廢也，冑豫其謀。上正窮治東宫事，左衛大將軍元旻苦諫，楊素乃譖之。上大怒，執旻於仗。冑時當下直，不去，因奏曰：「臣不下直者，爲防元旻耳。」復以此言激怒上，上遂誅旻，賜冑帛千匹。蜀王秀之得罪，冑坐與交通，除名。

煬帝即位，不得調。時慈州刺史上官政坐事徙嶺南〔六〕，將軍丘和亦以罪廢。冑與和有舊，因數從之遊。冑嘗酒酣謂和曰：「上官政壯士也，今徙嶺表，得無大事乎？」因自拊腹曰：「若是公者，不徒然矣。」和明日奏之，冑竟坐死。於是徵政爲驍衞將軍〔七〕，拜和代州刺史。

史臣曰：昔韓信愆垓下之期，則項王不滅，英布無淮南之舉，則漢道未隆。以二子之勳庸，咸憤怨而葅戮，況乃無古人之殊績，而懷悖逆之心者乎！梁士彦、宇文忻皆一時之壯士也，遭雲雷之會，並以勇略成名，遂貪天之功以爲己力。報者倦矣，施者未厭，將生厲階，求逞其欲。及茲顛墜，自取之也。王誼、元諧、王世積、虞慶則、元冑，或契闊艱厄，或綢繆恩舊，將安將樂，漸見遺忘，内懷怏怏，矜伐不已。雖時主之刻薄，亦言語以速禍乎？然高祖佐命元功，鮮有終其天命，配享清廟，寂寞無聞。斯蓋草創帝圖，事出權道，本異同心，故久而逾薄。其牽牛蹊田，雖則有罪，奪之非道，能無怨乎？皆深文巧詆，致之刑辟，高祖沉猜之心，固已甚矣。求其餘慶，不亦難哉！

校勘記

〔一〕於享廟之際 「享」，原作「亨」，據宋甲本、北監本、汲本、殿本改。

〔二〕周安平公 「周」，原作「魏」，周書卷一九宇文貴傳，其父因宇文貴勳而於北周保定中追贈安平郡公，今據改。

〔三〕周大司馬　據周書卷一九宇文貴傳，貴曾任大司空、大司徒，未言曾任大司馬。

〔四〕柱國　北史卷七三元諧傳、通志卷一六一元諧傳作「上柱國」。

〔五〕未若就朕勝也　宋甲本無「勝」字。北史卷七三元胄傳、册府卷六二六環衞部寵異亦無。

〔六〕時慈州刺史　「時」字原闕，據宋甲本、至順本補。北史卷七三元胄傳亦有「時」字。

〔七〕驍衞將軍　北史卷七三元胄傳作「驍騎將軍」。

隋書卷四十一

列傳第六

高熲

高熲字昭玄，一名敏，自云渤海蓨人也。父賓，背齊歸周，大司馬獨孤信引爲寮佐，賜姓獨孤氏。及信被誅，妻子徙蜀。文獻皇后以賓父之故吏，每往來其家。賓後官至鄀州刺史，及熲貴，贈禮部尚書、渤海公〔一〕。

熲少明敏，有器局，略涉書史，尤善詞令。初，孩孺時，家有柳樹，高百許尺，亭亭如蓋。里中父老曰：「此家當出貴人。」年十七，周齊王憲引爲記室。武帝時，襲爵武陽縣伯，除内史上士，尋遷下大夫。以平齊功，拜開府。尋從越王盛擊隰州叛胡，平之。

高祖得政，素知熲彊明，又習兵事，多計略，意欲引之入府。遣邗國公楊惠諭意，熲承旨欣然曰：「願受驅馳。縱令公事不成，熲亦不辭滅族。」於是爲相府司録。時長史鄭譯、司馬劉昉並以奢縱被疎，高祖彌屬意於熲，委以心膂。尉迥之起兵也，遣子惇率步騎八萬，進屯武陟。高祖令韋孝寬擊之，軍至河陽，莫敢先進。高祖以諸將不一，令崔仲方監之，仲方辭父在山東。時熲又見劉昉、鄭譯並無去意，遂自請行，深合上旨，遂遣熲。熲受命便發，遣人辭母，云忠孝不可兩兼，歔欷就路。至軍，爲橋於沁水，賊於上流縱火栰〔二〕，熲預爲木狗以禦之〔三〕。既度，焚橋而戰，大破之。遂至鄴下，與迥交戰，仍共宇文忻、李詢等設策，因平尉迥。軍還，侍宴於卧内，上撤御帷以賜之。進位柱國，改封義寧縣公，遷相府司馬，任寄益隆。

高祖受禪，拜尚書左僕射，兼納言，進封渤海郡公，朝臣莫與爲比，上每呼爲獨孤而不名也。熲深避權勢，上表遜位，讓於蘇威。上欲成其美，聽解僕射。數日，上曰：「蘇威高蹈前朝，熲能推舉。吾聞進賢受上賞，寧可令去官！」於是命熲復位。俄拜左衛大將軍，本官如故。時突厥屢爲寇患，詔熲鎮遏緣邊。及還，賜馬百餘匹，牛羊千計。領新都大監，制度多出於熲。熲每坐朝堂北槐樹下以聽事，其樹不依行列，有司將伐之。上特命勿去，以示後人。其見重如此。又拜左領軍大將軍，餘官如故。母憂去職，二旬起令視事。熲流涕辭讓，優詔不許。

開皇二年，長孫覽、元景山等伐陳，令熲節度諸軍。會陳宣帝薨，熲以禮不伐喪，奏請班師。蕭巖之叛也，詔熲綏集江、漢，甚得人和。上嘗問熲取陳之策，熲曰：「江北地寒，田收差晚，江南土熱，水田早熟。量彼收穫之際，微徵士馬，聲言掩襲。彼必屯兵禦守，足得廢其農時。彼既聚兵，我便解甲，再三若此，賊以爲常。後更集兵，彼必不信，猶豫之頃，我乃濟師，登陸而戰，兵氣益倍。又江南土薄，舍多竹茅，所有儲積，皆非地窖。密遣行人，因風縱火，待彼修立，復更燒之。不出數年，自可財力俱盡。」上行其策，由是陳人益弊。九年，晉王廣大舉伐陳，以熲爲元帥長史，三軍諮稟，皆取斷於熲。及陳平，晉王欲納陳主寵姬張麗華。熲曰：「武王滅殷，戮妲己。今平陳國，不宜取麗華。」乃命斬之，王甚不悅。及軍還，以功加授上柱國，進爵齊國公，賜物九千段，定食千乘縣千五百户。上因勞之曰：「公伐陳後，人言公反，朕已斬之。君臣道合，非青蠅所間也。」熲又遜位，詔曰：「公識鑒通遠，器略優深，出參戎律，廓清淮海，入司禁旅，實委心腹。自朕受命，常典機衡，竭誠陳力，心迹俱盡。此則天降良輔，翊贊朕躬，幸無詞費也。」其優獎如此。

是後右衞將軍龐晃及將軍盧賁等，前後短熲於上。上怒之，皆被疎黜。因謂熲曰：「獨孤公猶鏡也，每被磨瑩，皎然益明。」未幾，尚書都事姜曄、楚州行參軍李君才並奏稱水旱不調，罪由高熲，請廢黜之。二人俱得罪而去，親禮逾密。上幸并州，留熲居守。及上還京，賜縑五千匹，復賜行宮一所，以爲莊舍。其夫人賀拔氏寢疾，中使顧問，絡繹不絕。上親幸其第，賜錢百萬，絹萬匹，復賜以千里馬。上嘗從容命頴與賀若弼言及平陳事，頴曰：「賀若弼先獻十策，後於蔣山苦戰破賊。臣文吏耳，焉敢與大將軍論功！」帝大笑，時論嘉其有讓。尋以其子表仁取太子勇女，前後賞賜不可勝計。時熒惑入太微，犯左執法。術者劉暉私言於頴曰：「天文不利宰相，可修德以禳之。」頴不自安，以暉言奏之，上厚加賞慰。突厥犯塞，以頴爲元帥，擊賊破之。又出白道，進圖入磧，遣使請兵。近臣緣此言頴欲反，上未有所答，頴亦破賊而還。

時太子勇失愛於上，潛有廢立之意。謂頴曰：「晉王妃有神憑之，言王必有天下，若之何？」頴長跪曰：「長幼有序，其可廢乎！」上默然而止。獨孤皇后知頴不可奪，陰欲去之。初，夫人卒，后言於上曰：「高僕射老矣，而喪夫人，陛下何能不爲之娶！」上以后言謂頴，頴流涕謝曰：「臣今已老，退朝之後，唯齋居讀佛經而已。雖陛下垂哀之深，至於納室，非臣所願。」上乃止。至是，頴愛妾產男，上聞之極歡，后甚不悅。上問其故，后曰：「陛下當復信高頴邪？始陛下欲爲頴娶，頴心存愛妾，面欺陛下。今其詐已見，陛下安得信之！」上由是疎頴。會議伐遼東，頴固諫不可。上不從，以頴爲元帥長史，從漢王征遼東，遇霖潦疾疫，不利而還。后言於上曰：「頴初不欲行，陛下彊遣之，妾固知其無功矣。」

又上以漢王年少，專委軍於熲。熲以任寄隆重，每懷至公，無自疑之意。諒所言多不用，甚銜之。及還，諒泣言於后曰：「兒幸免高熲所殺。」上聞之，彌不平。俄而上柱國王世積以罪誅，當推覈之際，乃有宮禁中事，云於熲處得之。上欲成熲之罪，聞此大驚。時上柱國賀若弼、吴州總管宇文弢、刑部尚書薛冑、民部尚書斛律孝卿、兵部尚書柳述等明熲無罪，上逾怒，皆以之屬吏。自是朝臣莫敢言者。熲竟坐免，以公就第。

未幾，上幸秦王俊第，召熲侍宴。熲歔欷悲不自勝，獨孤皇后亦對之泣，左右皆流涕。上謂熲曰：「朕不負公，公自負也。」因謂侍臣曰：「我於高熲勝兒子，雖或不見，常似目前。自其解落，瞑然忘之，如本無高熲。不可以身要君，自云第一也。」

頃之，熲國令上熲陰事，稱：「其子表仁謂熲曰：『司馬仲達初託疾不朝，遂有天下。公今遇此，焉知非福！』」於是上大怒，因熲於内史省而鞫之。憲司復奏熲他事，云：「沙門真覺嘗謂熲云：『明年國有大喪。』尼令暉復云：『十七、十八年，皇帝有大厄。十九年不可過。』」上聞而益怒，顧謂羣臣曰：「帝王豈可力求。孔子以大聖之才，作法垂世，寧不欲大位邪？天命不可耳。熲與子言，自比晉帝，此何心乎？」有司請斬熲。上曰：「去年殺虞慶則，今茲斬王世積，如更誅熲，天下其謂我何？」於是除名爲民。熲初爲僕射，其母誡之曰：「汝富貴已極，但有一斫頭耳，爾宜慎之！」熲由是常恐禍變。及此，熲歡然無恨色，以爲得免於禍。

煬帝即位，拜爲太常。時詔收周、齊故樂人及天下散樂。熲奏曰：「此樂久廢。今若徵之，恐無識之徒棄本逐末，遞相教習。」帝不悅。帝時侈靡，聲色滋甚，又起長城之役。熲甚病之，謂太常丞李懿曰：「周天元以好樂而亡，殷鑒不遥，安可復爾！」時帝遇啓民可汗恩禮過厚，熲謂太府卿何稠曰：「此虜頗知中國虛實、山川險易，恐爲後患。」復謂觀王雄曰：「近來朝廷殊無綱紀。」有人奏之，帝以爲謗訕朝政，於是下詔誅之，諸子徙邊。

熲有文武大略，明達世務。及蒙任寄之後，竭誠盡節，進引貞良，以天下爲己任。蘇威、楊素、賀若弼、韓擒等，皆熲所推薦，各盡其用，爲一代名臣。自餘立功立事者，不可勝數。當朝執政將二十年，朝野推服，物無異議。治致升平，熲之力也。論者以爲真宰相。及其被誅，天下莫不傷惜，至今稱冤不已。所有奇策密謀及損益時政，熲皆削藳，世無知者。

其子盛道，官至莒州刺史，徙柳城而卒。次弘德，封應國公，晉王府記室。次表仁，封渤海郡公，徙蜀郡。

蘇威 子夔

蘇威字無畏，京兆武功人也。父綽，魏度支尚書。威少有至性，五歲喪父，哀毁有若成人。周太祖時，襲爵美陽縣公，仕郡功曹。大冢宰宇文護見而禮之，以其女新興主妻焉。見護專權，恐禍及己，逃入山中，爲叔父所逼，卒不獲免。然威每屏居山寺，以諷讀爲娱。未幾，授使持節、車騎大將軍、儀同三司，改封懷道縣公。武帝親總萬機，拜稍伯下大夫。前後所授，並辭疾不拜。有從父妹者，適河南元雄。雄先與突厥有隙，突厥入朝，請雄及其妻子，將甘心焉。周遂遣之。威曰："夷人昧利，可以賂動。"遂標賣田宅，罄家所有以贖雄，論者義之。宣帝嗣位，就拜開府。

高祖爲丞相，高熲屢言其賢，高祖亦素重其名，召之。及至，引入卧内，與語大悦。居月餘，威聞禪代之議，遁歸田里。高熲請追之，高祖曰："此不欲預吾事，且置之。"及受禪，徵拜太子少保。追贈其父爲邳國公，邑三千户，以威襲焉。俄兼納言、民部尚書。威上表陳讓，詔曰："舟大者任重，馬駿者遠馳。以公有兼人之才，無辭多務也。"威乃止。

初，威父在西魏，以國用不足，爲征税之法，頗稱爲重。既而歎曰："今所爲者，正如張弓，非平世法也。後之君子，誰能弛乎？"威聞其言，每以爲己任。至是，奏減賦役，務從輕典，上悉從之。漸見親重，與高熲參掌朝政。威見宫中以銀爲幔鉤，因盛陳節儉之美以諭上。上爲之改容，彫飾舊物，悉命除毁。上嘗怒一人，將殺之，威入閤進諫，不納。上怒甚，將自出斬之，威當上前不去。上避之而出，威又遮止，上拂衣而入。良久，乃召威謝曰：「公能若是，吾無憂矣。」於是賜馬二匹，錢十餘萬。尋復兼大理卿、京兆尹、御史大夫，本官悉如故。治書侍御史梁毗以威領五職，安繁戀劇，無舉賢自代之心，抗表劾威。上曰：「蘇威朝夕孜孜，志存遠大，舉賢有闕，何遽迫之！」顧謂威曰：「用之則行，舍之則藏，唯我與爾有是夫！」因謂朝臣曰：「蘇威不值我，無以措其言；我不得蘇威，何以行其道？楊素才辯無雙，至若斟酌古今，助我宣化，非威之匹也。蘇威若逢亂世，南山四皓，豈易屈哉！」其見重如此。

未幾，拜刑部尚書，解少保、御史大夫之官。後京兆尹廢，檢校雍州別駕。時高熲與威同心協贊，政刑大小，無不籌之，故革運數年，天下稱治。俄轉民部尚書，納言如故。屬山東諸州民饑，上令威賑卹之。後二載，遷吏部尚書。歲餘，兼領國子祭酒。隋承戰爭之後，憲章踳駁，上令朝臣釐改舊法，爲一代通典。律令格式，多威所定，世以爲能。九年，拜尚書右僕射。其年，以母憂去職，柴毀骨立。上敕威曰：「公德行高人，情寄殊重，大孝之道，蓋同俯就。必須抑割，爲國惜身。朕之於公，爲君爲父，宜依朕旨，以禮自存。」未幾，起令視事，固辭，優詔不許。明年，上幸并州，命與高熲同總留事。俄追詣行在所，使決民訟。

威子夔，少有盛名於天下，引致賓客，四海士大夫多歸之。後議樂事，夔與國子博士何妥各有所持。於是夔、妥俱爲一議，使百寮署其所同。朝廷多附威，同夔者十八九。妥恚曰：「吾席間函丈四十餘年，反爲昨暮兒之所屈也！」遂奏威與禮部尚書盧愷、吏部侍郎薛道衡、尚書右丞王弘、考功侍郎李同和等共爲朋黨，省中呼王弘爲世子，李同和爲叔，言二人如威之子弟也。復言威以曲道任其從父弟徹、肅等罔冒爲官。又國子學請蕩陰人王孝逸爲書學博士，威屬盧愷，以爲其府參軍。上令蜀王秀、上柱國虞慶則等雜治之，事皆驗。上以宋書謝晦傳中朋黨事，令威讀之。威惶懼，免冠頓首。上曰：「謝已晚矣。」於是免威官爵，以開府就第。知名之士坐威得罪者百餘人。

未幾，上曰：「蘇威德行者，但爲人所誤耳。」命之通籍。歲餘，復爵邳公，拜納言。從祠太山，坐不敬免。俄而復位。上謂羣臣曰：「世人言蘇威詐清，家累金玉，此妄言也。然其性很戾，不切世要，求名太甚，從己則悅，違之必怒，此其大病耳。」尋令持節巡撫江南，得以便宜從事。過會稽，踰五嶺而還。時突厥都藍可汗屢爲邊患，復使威至可汗所，與結和親。可汗即遣使獻方物。以勤勞，進位大將軍。仁壽初，復拜尚書右僕射。上幸仁壽宮，以威總留後事。及上還，御史奏威職事多不理，請推之。上怒，詰責威。威拜謝，上亦止。後上幸仁壽宮，不豫，皇太子自京師來侍疾，詔威留守京師。

煬帝嗣位，加上大將軍。及長城之役，威諫止之。高熲、賀若弼等之誅也，威坐與相連，免官。歲餘，拜魯郡太守。俄召還，參預朝政。未幾，拜太常卿。其年從征吐谷渾，進位左光禄大夫。帝以威先朝舊臣，漸加委任。後歲餘，復爲納言。與左翊衞大將軍宇文述、黄門侍郎裴矩、御史大夫裴藴、内史侍郎虞世基參掌朝政，時人稱爲「五貴」。

及遼東之役，以本官領左武衞大將軍〔四〕，進位光禄大夫，賜爵房陵侯〔五〕。其年，進封房公。威以年老，上表乞骸骨。上不許，復以本官參掌選事。明年，從征遼東，領右禦衞大將軍。

楊玄感之反也，帝引威帳中，懼見於色，謂威曰：「此小兒聰明，得不爲患乎？」威曰：「夫識是非，審成敗者，乃所謂聰明。玄感麤疎，非聰明者，必無所慮。但恐寖成亂階耳。」威見勞役不息，百姓思亂，微以此諷帝，帝竟不寤。從還至涿郡，詔威安撫關中。以威孫尚輦直長儇爲副。其子鴻臚少卿夔，先爲關中簡黜大使，一家三人，俱奉使關右，三輔榮之。歲餘，帝下手詔曰：「玉以潔潤，丹紫莫能渝其質，松表歲寒，霜雪莫能凋其采。可謂温仁勁直，性之然乎！房公威器懷温裕，識量弘雅，早居端揆，備悉國章，先皇舊臣，朝之宿齒。棟梁社稷，弼諧朕躬，守文奉法，卑身率禮。昔漢之三傑，輔惠帝者蕭何，周之十亂，佐成王者邵奭。國之寶器，其在得賢，參燮台階，具瞻斯允。雖復事藉論道，終期獻替，銓衡時務，朝寄爲重，可開府儀同三司，餘並如故。」威當時見尊重，朝臣莫與爲比。

後從幸雁門，爲突厥所圍，朝廷危懼。帝欲輕騎潰圍而出，威諫曰：「城守則我有餘力，輕騎則彼之所長。陛下萬乘之主，何宜輕脱！」帝乃止。突厥俄亦解圍而去。車駕至太原，威言於帝曰：「今者盜賊不止，士馬疲敝。願陛下還京師，深根固本，爲社稷之計。」帝初然之，竟用宇文述等議，遂往東都。

時天下大亂，威知帝不可改，意甚患之。屬帝問侍臣盜賊事，宇文述曰：「盜賊信少，不足爲虞。」威不能詭對，以身隱於殿柱。帝呼威而問之。威對曰：「臣非職司，不知多少，但患其漸近。」帝曰：「何謂也？」威曰：「他日賊據長白山，今者近在滎陽、汜水。」帝不悦而罷。尋屬五月五日，百寮上饋，多以珍翫。威獻尚書一部，微以諷帝，帝彌不平。後復問伐遼東事，威對願赦羣盜，遣討高麗，帝益怒。御史大夫裴藴希旨，令白衣張行本奏威昔在高陽典選，濫授人官；畏怯突厥，請還京師。帝令案其事。及獄成，下詔曰：「威立性朋黨，好爲異端，懷挾詭道，徼幸名利，詆訶律令，謗訕臺省。昔歲薄伐，奉述先志，凡預切問，各盡胸臆。而威不以開懷，遂無對命，啓沃之道，其若是乎！資敬之義，何其甚薄！」於是除名爲民。後月餘，有人奏威與突厥陰圖不軌者，大理簿責威。威自陳奉事二朝三十餘載，精誠微淺不能上感，咎釁屢彰，罪當萬死。帝憫而釋之。其年從幸江都宮，帝將復用威，裴蘊、虞世基奏言昏耄羸疾，帝乃止。

宇文化及之弒逆也，以威爲光祿大夫、開府儀同三司。化及敗，歸於李密。未幾密敗，歸東都，越王侗以爲上柱國、邳公。王充僭號，署太師。威自以隋室舊臣，遭逢喪亂，所經之處，皆與時消息，以求容免。及大唐秦王平王充，坐於東都閶闔門內，威請謁見，稱老病不能拜起。王遣人數之曰：「公隋朝宰輔，政亂不能匡救，遂令品物塗炭，君弒國亡。見李密、王充，皆拜伏舞蹈。今既老病，無勞相見也。」尋歸長安，至朝堂請見，又不許。卒於家。時年八十八〔六〕。

威治身清儉，以廉慎見稱。每至公議，惡人異己，雖或小事，必固爭之。時人以爲無大臣之體。所修格令章程，並行於當世，然頗傷苛碎，論者以爲非簡久之法〔七〕。及大業末年，尤多征役，至於論功行賞，威每承望風旨，輒寢其事。時羣盜蜂起，郡縣有表奏詣闕者，又訶詰使人，令減賊數。故出師攻討，多不克捷。由是爲物議所譏。子夔。

夔字伯尼，少聰敏〔八〕，有口辯。八歲誦詩書，兼解騎射。年十三，從父至尚書省，與安德王雄馳射，賭得雄駿馬而歸。十四詣學，與諸儒論議，詞致可觀，見者莫不稱善。及長，博覽羣言，尤以鍾律自命。初不名夔，其父改之，頗爲有識所哂。起家太子通事舍人。

楊素甚奇之，素每戲威曰：「楊素無兒，蘇夔無父。」後與沛國公鄭譯、國子博士何妥議樂，因而得罪，議寢不行。著樂志十五篇，以見其志。數載，遷太子舍人。後加武騎尉。仁壽末，詔天下舉達禮樂之源者，晉王昭時爲雍州牧，舉夔應之。與諸州所舉五十餘人謁見，高祖望夔謂侍臣：「唯此一人，稱吾所舉。」於是拜晉王友。

煬帝嗣位，遷太子洗馬，轉司朝謁者。以父免職，夔亦去官。後歷尚書職方郎、燕王司馬。遼東之役，夔領宿衞，以功拜朝散大夫。時帝方勤遠略，蠻夷朝貢，前後相屬。帝嘗從容謂宇文述、虞世基等曰：「四夷率服，觀禮華夏，鴻臚之職，須歸令望。寧有多才藝，美容儀，可以接對賓客者爲之乎？」咸以夔對。帝然之，即日拜鴻臚少卿。其年，高昌王麴伯雅來朝，朝廷妻以公主。夔有雅望，令主婚焉。其後弘化、延安等數郡盜賊蜂起，所在屯結，夔奉詔巡撫關中。突厥之圍雁門也，夔領城東面事。夔爲弩樓車箱獸圈，一夕而就。帝見而善之，以功進位通議大夫。坐父事，除名爲民。復丁母憂，不勝哀而卒，時年四十九。

史臣曰：齊公，霸圖伊始，早預經綸，魚水冥符，風雲玄感。正身直道，弼諧興運，心同契合，言聽計從。東夏克平，南國底定，參謀帷幄，決勝千里。高祖既復禹迹，思布堯心，舟楫是寄，鹽梅斯在。兆庶賴以康寧，百寮資而輯睦，年將二紀，人無間言。屬高祖將廢儲宮，由忠信而得罪，逮煬帝方逞浮侈，以忤時而受戮。若使遂無猜釁，克終厥美，雖未可參蹤稷、契，足以方駕蕭、曹。繼之實難，惜矣！邳公，周道云季，方事幽貞，隋室龍興，首應旌命。綢繆任遇，窮極榮寵，久處機衡，多所損益，罄竭心力，知無不爲。然志尚清儉，體非弘曠，好同惡異，有乖直道，不存易簡，未爲通德。歷事二帝，三十餘年，雖廢黜當時，終稱遺老。君邪而不能正言，國亡而情均衆庶。予違汝弼，徒聞其語，疾風勁草，未見其人。禮命闕於興王，抑亦此之由也。夔志識沉敏，方雅可稱，若天假之年，足以不虧堂構矣。

校勘記

〔一〕渤海公　北史卷七二高熲傳、周書卷三七裴文舉傳附高賓傳作「武陽公」。

〔二〕火栰　原作「大栰」，據至順本改。北史卷七二高熲傳亦作「火栰」。

〔三〕木狗　北史卷七二高熲傳作「土狗」。

〔四〕左武衞大將軍　北史卷六三蘇綽傳附蘇威傳作「右武衞大將軍」。

〔五〕房陵侯　宋甲本、大德本、至順本、汲本作「寧陵侯」。通志卷一六〇蘇威傳亦作「寧陵侯」。

〔六〕時年八十八　「八十八」，宋甲本作「八十二」。隋書詳節卷一一蘇威傳、北史卷六三蘇綽傳附蘇威傳、通志卷一六〇蘇威傳亦作「八十二」。

〔七〕簡久之法　「久」，宋甲本、大德本、至順本、汲本作「允」。隋書詳節卷一一蘇威傳亦作「允」。

〔八〕少聰敏　「少」，原作「小」，據宋甲本改。

隋書卷四十二

列傳第七

李德林 子百藥

李德林字公輔，博陵安平人也。祖壽，湖州户曹從事。父敬族，歷太學博士、鎮遠將軍。魏孝靜帝時，命當世通人正定文籍，以爲内校書，别在直閤省。德林幼聰敏，年數歲，誦左思蜀都賦，十餘日便度。高隆之見而嗟歎，遍告朝士，云：「若假其年，必爲天下偉器。」鄴京人士多就宅觀之，月餘，日中車馬不絶。年十五，誦五經及古今文集，日數千言。俄而該博墳典，陰陽緯候無不通涉。善屬文，辭覈而理暢。魏收嘗對高隆之謂其父曰：「賢子文筆終當繼温子昇。」隆之大笑曰：「魏常侍殊已嫉賢，何不近比老、彭，乃遠求温子！」年十六，遭父艱，自駕靈輿，反葬故里。時正嚴冬，單衰跣足，州里人物由是敬慕之。

博陵豪族有崔諶者，僕射之兄，因休假還鄉，車服甚盛。將從其宅詣德林赴弔，相去十餘里，從者數十騎，稍稍減留。比至德林門，纔餘五騎，云「不得令李生怪人熾灼」。德林居貧轗軻，母氏多疾，方留心典籍，無復官情。其後母病稍愈，逼令仕進。

任城王湝爲定州刺史，重其才，召入州館。朝夕同遊，殆均師友，不爲君民禮數。嘗語德林云：「竊聞蔽賢蒙顯戮。久令君沈滯，吾獨得潤身，朝廷縱不見尤，亦懼明靈所譴。」於是舉秀才入鄴，于時天保八年也。王因遺尚書令楊遵彥書云：「燕、趙固多奇士，此言誠不爲謬。今歲所貢秀才李德林者，文章學識，固不待言，觀其風神器宇，終爲棟梁之用。至如經國大體，是賈生、晁錯之儔；彫蟲小技，殆相如、子雲之輩。今雖唐、虞君世，俊乂盈朝，然脩大厦者，豈厭夫良材之積也。吾嘗見孔文舉薦禰衡表云：『洪水橫流，帝思俾乂。』以正平比夫大禹，常謂擬諭非倫。今以德林言之，便覺前言非大。」遵彥即命德林製讓尚書令表，援筆立成，不加治點。因大相賞異，以示吏部郎中陸卬。卬云：「已大見其文筆，浩浩如長河東注。比來所見後生制作，乃涓澮之流耳。」卬仍命其子乂與德林周旋，戒之曰：「汝每事宜師此人，以爲模楷。」時遵彥銓衡，深慎選舉，秀才擢第，罕有甲科。德林射策五條，考皆爲上，授殿中將軍。既是西省散員，非其所好，又以天保季世，乃謝病還鄉，闔門守道。

乾明初，遵彦奏追德林入議曹。皇建初，下詔搜揚人物，復追赴晉陽。撰春思賦一篇，代稱典麗。是時長廣王作相，居守在鄴。敕德林還京，與散騎常侍高元海等參掌機密，王引授丞相府行參軍。未幾而王即帝位，授奉朝請，寓直舍人省。河清中，授員外散騎侍郎，帶齋帥，仍別直機密省。天統初，授給事中，直中書，參掌詔誥，尋遷中書舍人。武平初，加通直散騎侍郎。又敕與中書侍郎宋士素，副侍中趙彦深別典機密。尋丁母艱去職，勺飲不入口五日。因發熱病，遍體生瘡，而哀泣不絕。諸士友陸騫、宋士素，名醫張子彦等，爲合湯藥，德林不肯進，遍體洪腫。數日間，一時頓差，身力平復，諸人皆云孝感所致。太常博士巴叔仁表上其事，朝廷嘉之。纔滿百日，奪情起復，德林以羸病屬疾，請急罷歸。

魏收與陽休之論齊書起元事，敕集百司會議。收與德林書曰：「前者議文，總諸事意，小如混漫，難可領解。今便隨事條列，幸爲留懷，細加推逐。凡言或者，皆是敵人之議。既聞人説，因而探論耳。」德林復書曰：「即位之元，春秋常義。謹按魯君息姑不稱即位，亦有元年，非獨即位得稱元年也。議云受終之元，尚書之古典。謹案大傳，周公攝政，一年救亂，二年伐殷，三年踐奄，四年建侯衞，五年營成周，六年制禮作樂，七年致政成王。論者或以舜、禹受終，是爲天子。然則周公以臣禮而死，此亦稱元，非獨受終爲帝也。蒙示議文，扶病省覽，荒情迷識，蹔得發蒙。當世君子，必無横議，唯應閣筆贊成而已。輒謂前二條有益於議，仰見議中不録，謹以寫呈。」收重遺書曰：「惠示二事，感佩殊深。以魯公諸侯之事，昨小爲疑。息姑不書即位，舜、禹亦不言即位。息姑雖攝，尚得書元，舜、禹之攝稱元，理也。周公居攝，乃云一年救亂，似不稱元。自無大傳，不得尋討。一之與元，其事何別？更有所見，幸請論之。」德林答曰：

攝之與相，其義一也。故周公攝政，孔子曰「周公相成王」；魏武相漢，曹植曰「如虞翼唐」。或云高祖身未居攝，灼然非理。攝者專賞罰之名，古今事殊，不可以體爲斷。陸機見舜肆類上帝，班瑞羣后，便云舜有天下，須格於文祖也，欲使晉之三主異於舜攝。竊以爲舜若堯死，獄訟不歸，便是夏朝之益，何得不須格於文祖也？若使用王者之禮，便曰即真，則周公負扆朝諸侯，霍光行周公之事，皆真帝乎？斯不然矣。必知高祖與舜攝不殊，不得從士衡之謬。

或以爲書元年者，當時實録，非追書也。大齊之興，實由武帝，謙匿受命，豈直史也？比觀論者聞追舉受命之元，多有河漢，但言追數受命之歲，情或安之。似所怖者元字耳，事類朝三，是許其一年，不許其元年也。案易「黄裳元吉」，鄭玄注云：「如舜試天子，周公攝政。」是以試攝不殊。大傳雖無元字，一之與元，無異義矣。春秋不言一年一月者，欲使人君體元以居正，蓋史之婉辭〔一〕，非一與元別也。漢獻帝死，劉備自尊崇。陳壽，蜀人，以魏爲漢賊，寧肯蜀主未立，已云魏武受命乎？士衡自尊本國，誠如高議，欲使三方鼎峙，同爲霸名。習氏漢晉春秋，意在是也。正司馬炎兼并，許其帝號。魏之君臣，吴人並以爲戮賊，亦寧肯當塗之世，云晉有受命之徵？史者，編年也，故魯號紀年。墨子又云，吾見百國春秋。史又有無事而書年者，是重年驗也。若欲高祖事事謙沖，即須號令皆推魏氏。便是編魏年，紀魏事，此即魏末功臣之傳，豈復皇朝帝紀者也。

陸機稱紀元立斷，或以正始，或以嘉平。束晳議云，赤雀白魚之事。恐晉朝之議，是并論受命之元，非止代終之斷也。公議云陸機不論元者〔二〕，是所未喻，願更思之。陸機以刊木著於虞書，龕黎見於商典，以蔽晉朝正始、嘉平之議，斯又謬矣。唯可二代相涉，兩史並書，必不得以後朝創業之迹，斷入前史。若然，則世宗、高祖皆天保以前，唯入魏氏列傳，不作齊朝帝紀，可乎？此既不可，彼復何證！

是時中書侍郎杜臺卿上世祖武成皇帝頌，齊主以爲未盡善，令和士開以頌示德林。宣旨云：「臺卿此文，未當朕意。以卿有大才，須敍盛德，即宜速作，急進本也。」德林乃上頌十六章并序，文多不載。武成覽頌善之，賜名馬一匹。三年，祖孝徵入爲侍中，尚書左僕射趙彥深出爲兗州刺史。朝士有先爲孝徵所待遇者，間德林，云是彥深黨與，不可仍掌機密。孝徵曰：「德林久滯絳衣，我常恨彥深待賢未足。內省文翰，方以委之。尋當有佳處分，不宜妄說。」尋除中書侍郎，仍詔脩國史。齊主留情文雅，召入文林館。又令與黃門侍郎顏之推二人同判文林館事。五年，勑令與黃門侍郎李孝貞、中書侍郎李若別掌宣傳。尋除通直散騎常侍，兼中書侍郎。隆化中，假儀同三司。承光中，授儀同三司。

及周武帝克齊，入鄴之日，勑小司馬唐道和就宅宣旨慰喻，云：「平齊之利，唯在於爾。朕本畏爾逐齊王東走，今聞猶在，大以慰懷，宜即入相見。」道和引之入內，遣內史宇文昂訪問齊朝風俗政教、人物善惡，即留內省，三宿乃歸。仍遣從駕至長安，授內史上士。自此以後，詔誥格式，及用山東人物，一以委之。武帝嘗於雲陽宮作鮮卑語謂羣臣云：「我常日唯聞李德林名，及見其與齊朝作詔書移檄，我正謂其是天上人。豈言今日得其驅使，復爲我作文書，極爲大異。」神武公紇豆陵毅答曰：「臣聞明王聖主，得騏驎鳳凰爲瑞，是聖德所感，非力能致之。瑞物雖來，不堪使用。如李德林來受驅策，亦陛下聖德感致，有大才用，無所不堪，勝於騏驎鳳凰遠矣。」武帝大笑曰：「誠如公言。」宣政末，授御正下大夫。大象初，賜爵成安縣男。

宣帝大漸，屬高祖初受顧命，邗國公楊惠謂德林曰：「朝廷賜令總文武事，經國任重，非羣才輔佐，無以克成大業。今欲與公共事，必不得辭。」德林聞之甚喜，乃答云：「德林雖庸愞，微誠亦有所在。若曲相提獎，必望以死奉公。」高祖大悦，即召與語。劉昉、鄭譯初矯詔召高祖受顧命輔少主，總知內外兵馬事。諸衞既奉勑，並受高祖節度。鄭譯、劉昉議，欲授高祖冢宰，鄭譯自攝大司馬，劉昉又求小冢宰。高祖私問德林曰：「欲何以見處？」德林云：「即宜作大丞相，假黄鉞，都督內外諸軍事。不爾，無以壓衆心。」及發喪，便即依此。以譯爲相府長史，帶內史上大夫，昉但爲丞相府司馬。譯、昉由是不平。以德林爲丞相府屬，加儀同大將軍。未幾而三方構亂，指授兵略，皆與之參詳。軍書羽檄，朝夕填委，一日之中，動逾百數。或機速競發，口授數人，文意百端，不加治點。鄖公韋孝寬爲東道元帥，師次永橋，爲沁水泛長，兵未得度。長史李詢上密啓云：「大將梁士彥、宇文忻、崔弘度並受尉遲迥饟金，軍中慅慅，人情大異。」高祖得詢啓，深以爲憂，與鄭譯議〔三〕，欲代此三人。德林獨進計云：「公與諸將，並是國家貴臣，未相伏馭，今以挾令之威，使得之耳。安知後所遣者，能盡腹心，前所遣人，獨致乖異？又取金之事，虛實難明，即令換易，彼將懼罪，恐其逃逸，便須禁錮。然則鄖公以下，必有驚疑之意。且臨敵代將，自古所難，樂毅所以辭燕，趙括以之而敗趙〔四〕。如愚所見，但遣公一腹心，明於智略，爲諸將舊來所信服者〔五〕，速至軍所，使觀其情僞。縱有異志〔六〕，必不敢動。」丞相大悟曰：「若公不發此言，幾敗大事。」即令高熲馳驛往軍所，爲諸將節度，竟成大功。凡厥謀謨，多此類也。進授丞相府從事内郎。禪代之際，其相國總百揆、九錫殊禮詔策牋表璽書，皆德林之辭也。高祖登阼之日，授内史令。初，將受禪，虞慶則勸高祖盡滅宇文氏，高熲、楊惠亦依違從之。唯德林固爭，以爲不可。高祖作色怒云：「君讀書人，不足平章此事。」於是遂盡誅之。自是品位不加，出於高、虞之下，唯依班例授上儀同，進爵爲子。

開皇元年，勑令與太尉任國公于翼、高熲等同脩律令。事訖奏聞，別賜九環金帶一腰，駿馬一匹，賞損益之多也。格令班後，蘇威每欲改易事條。德林以爲格式已頒，義須畫一，縱令小有踳駁，非過蠹政害民者，不可數有改張。威又奏置五百家鄉正，即令理民間辭訟。德林以爲本廢鄉官判事，爲其里閭親戚，剖斷不平，今令鄉正專治五百家，恐爲害更甚。且今時吏部，總選人物，天下不過數百縣，於六七百萬户内，詮簡數百縣令，猶不能稱其才，乃欲於一鄉之内，選一人能治五百家者，必恐難得。又即時要荒小縣，有不至五百家者，復不可令兩縣共管一鄉。勑令内外羣官，就東宫會議。自皇太子以下，多從德林議。蘇威又言廢郡，德林語之云：「脩令時，公何不論廢郡爲便。今令纔出，其可改乎？」然高熲同威之議，稱德林狠戾，多所固執。由是高祖盡依威議。

五年，勑令撰録作相時文翰，勒成五卷，謂之霸朝雜集。序其事曰：

竊以陽烏垂曜，微藿傾心，神龍騰舉，飛雲觸石。聖人在上，幽顯冥符，故稱比屋可封，萬物斯覩。臣皇基草刱，便豫驅馳，遂得參可封之民，爲萬物之一。其爲嘉慶，固以多也。若夫帝臣王佐，應運挺生，接踵於朝，諒有之矣。而班、爾之妙，曲木變容，朱藍所染，素絲改色。二十二臣，功成盡美，二十八將，效力於時。種德積善，豈皆比於稷、契，計功稱伐，非悉類於耿、賈。書契已還，立言立事，質非殆庶，何世無之。蓋上稟睿后，旁資羣傑，牧商鄙賤，屠釣幽微，化爲侯王，皆由此也。有教無類，童子羞於霸功，見德思齊，狂夫成於聖業。治世多士，亦因此焉。煙霧可依，騰蛇與蛟龍俱遠，栖息有所，蒼蠅同騏驥之速。因人成事，其功不難。自此而談，雖非上智，事受命之主，委質爲臣，遇高世之才，連官接席，皆可以翊亮天地，流名鐘鼎，何必蒼頡造書，伊尹制命，公旦操筆，老聃爲史，方可敍帝王之事，談人鬼之謀乎？至若臣者，本慙賓實，非勳非德，廁軒冕之流，無學無才，處藝文之職。若不逢休運，非遇天恩，光大含弘，博約文禮，萬官百辟，才悉兼人，收拙里閭，退仕鄉邑，不種東陵之瓜，豈過南陽之掾，安得出入閶闔之闥，趨走太微之庭，履天子之階，侍聖皇之側，樞機帷幄，霑及榮寵者也！

昔歲木行將季，諒闇在辰，火運肇興，羣官總己。有周典八柄之所，大隋納百揆之日，兩朝文翰，臣兼掌之。時溥天之下，三方構亂，軍國多務，朝夕塡委。簿領紛紜，羽書交錯，或速均發弩，或事大滔天，或日有萬幾，或幾有萬事。皇帝內明外順，經營區宇，吐無窮之術，運不測之神，幽贊兩儀，財成萬類。咨謀臺閣，曉喻公卿，訓率土之濱，責反常之賊。三軍奉律，戰勝攻取之方，萬國承風，安上治民之道。讓受終之禮，報羣臣之令，有憲章古昔者矣，有隨事作故者矣。千變萬化，譬彼懸河，寸陰尺日，不棄光景。大則天壤不遺，小則毫毛無失。遠尋三古，未聞者盡聞，逖聽百王，未見者皆見。發言吐論，即成文章，臣染翰操牘，書記而已。昔放勛之化，老人覩而未知，孔丘之言，弟子聞而不達。愚情稟聖，多必乖舛。加以奏閤趨墀，盈懷滿袖，手披目閱，堆案積几。心無別慮，筆不蹔停，或畢景忘餐，或連宵不寐，以勤補拙，不遑自處。其有詞理疏謬，遺漏闕疑，皆天旨訓誘，神筆改定。運籌建策，通幽達冥，從命者獲安，違命者悉禍。懸測萬里，指期來事，常如目見，固乃神知。變大亂而致太平，易可誅而爲淳粹，化成道洽，其在人文，盡出聖懷，用成典誥，並非臣意所能至此。伯禹矢謨，成湯陳誓，漢光數行之札，魏武接要之書，濟時拯物，無以加也。屬神器大寶，將遷明德，天道人心，同謨歸往。周靜南面，每詔褒揚，在位諸公，各陳本志，璽書表奏，羣情賜委。臣寰海之內，忝曰一民，樂推之心，切於黎獻，欣然從命，輒不敢辭。

比夫潘勗之册魏王，阮籍之勸晉后，道高前世，才謝往人，内手捫心，夙宵慙惕。橄書露板，及以諸文，有臣所作之，有臣潤色之。唯是愚思，非奏定者，雖詞乖黼藻，而理歸霸德，文有可忽，事不可遺。前奉敕旨，集納麓已還，至於受命文筆，當時制述，條目甚多，今日收撰，略爲五卷云爾。

高祖省讀訖，明旦謂德林曰：「自古帝王之興，必有異人輔佐。我昨讀霸朝集，方知感應之理。昨宵恨夜長，不能早見公面。必令公貴與國始終。」於是追贈其父恒州刺史。未幾，上曰：「我本意欲深榮之。」復贈定州刺史、安平縣公，謚曰孝。以德林襲焉。德林既少有才名，重以貴顯，凡製文章，動行於世。或有不知者，謂爲古人焉。

德林以梁士彦及元諧之徒頻有逆意，大江之南，抗衡上國。乃著天命論上之，其辭曰：

粤若邃古，玄黄肇闢，帝王神器，歷數有歸。生其德者天，應其時者命，確乎不變，非人力所能爲也。龍圖鳥篆，號謚遺跡，疑而難信，缺而未詳者，靡得而明焉。其在典文，焕乎緗素，欽明至德，莫盛於唐、虞，貽謀長世，莫過於文、武。大隋神功積於文王，天命顯於唐叔。昔邑姜方娠，夢帝謂己：「余命而子曰虞，將與之唐，而蕃育其子孫。」及生，有文在其手曰「虞」，遂以命之。成王滅唐而封太叔。又唐叔之封也，箕子曰：「其後必大。」易曰：「崇高富貴，莫大於帝王。」老子謂：「域內四大，王居一焉。」此則名虞與唐，美兼二聖，將令其後必大，終致唐、虞之美，蕃育子孫，用享無窮之祚。

逮皇家建國，初號大興，箕子必大之言，於茲乃驗。天之眷命，懸屬聖朝，重耳區區，豈足云也！有娀玄鳥，商以興焉，姜嫄巨跡，周以興焉，邑姜夢帝，隋以興焉。古今三代，靈命如一，本枝種德，奕葉丕基。佐高帝而滅楚，立宣皇以定漢，東京太尉，關西孔子，生感遺鱣之集，歿降巨鳥之奇，累仁積善，大申休命。太祖挺生，庇民匡主，立殊勳於魏室，建盛業於周朝。啓翼軫之國，肇炎精之紀，爰受厥命，陟配彼天。皇帝載誕之初，神光滿室，具興王之表，韞大聖之能。或氣或雲，蔭映於廊廟，如天如日，臨照於軒冕。內明外順，自險獲安，豈非萬福扶持，百祿攸集。有周之末，朝野騷然，降志執均，鎮衞宗社。明神饗其德，上帝付其民，誅姦逆於九重，行神化於四海。于斯時也，尉迥據有齊累世之都，乘新國易亂之俗，驅馳蛇豕，連合縱橫，地廼九州陷三，民則十分擁六。王謙乘連率之威，憑全蜀之險，興兵舉衆，震蕩江山，鴆毒巴、庸，蠶食秦、楚。此二虜也，窮凶極逆，非欲割洪溝之地，閉劍閣之門，皆將長戟强弩，睥睨宸極。從漳河而達負海，連岱岳而距華陽，迫脅荊蠻，吐納江漢。佐鬭嫁禍，紛若蝟毛，曝骨履腸，間不容礪。爾乃奉殪戎之命，運先天之略，不出户庭，推轂分閫，一麾以定三方，數旬而清萬國。蕩滌天壤之速，規摹指畫之神，造化以來，弗之聞也。光熙前緒，罔有不服，煙雲改色，鐘石變音，三靈顧望，萬物影響。木運告盡，褰裳克讓，天歷在躬，推而弗有。百辟庶尹，四方岳牧，稽圖讖之文，順億兆之請，披肝瀝膽，晝歌夜吟，方屈箕潁之高，式允幽明之願。基命宥密，如恒如升，推帝居歆，刱業垂統。殊徽號，改服色，建都邑，敍彝倫，薄賦輕徭，慎刑恤獄，除繁苛之政，興清靜之風，去無用之官，省相監之職。奇才間出，盛德無隱，星精雲氣，共趨走於堦墀，山神海靈，咸燮理於臺閣。東漸日谷，西被月川，教曁北溟之表，聲加南海之外，悠悠沙漠，區域萬里，蠢蠢百蠻，莫之與競。五帝所不化，三王所未賓，屈膝頓顙，盡爲臣妾。殊方異類，書契不傳，梯山越海，貢琛奉贄，欣欣如也。巢居穴處，化以宮室，不火不粒，訓以庖厨。禮樂合天地之同，律吕節寒暑之候，制作詳垂衣之後，淳粹得神農之前。遨遊文雅之場，出入杳冥之極，合神謨鬼，通幽洞微，羣物歲成，含生日用，飲和氣以自得，沐玄澤而不知也。丹雀爲使〔七〕，玄龜載書，甘露自天，醴泉出地。神禽異獸，珍木奇草，望風觀海，應化歸風。備休祥於圖牒，罄幽遐而戾止。猶且父天子民，兢兢翼翼，至矣大矣，七十四帝，曷可同年而語哉！

若夫天下之重，不可妄據，故唐之許由，夏之伯益，懷道立事，人授而弗可也。軒初四帝，周餘六王，藉世因基，自取而不得也。孟軻稱仲尼之德過於堯、舜，著述成帝者之事，弟子備王佐之才，黑不代蒼，泣麟歎鳳，栖栖汲汲，雖聖達而莫許也。蚩尤則黄帝抗衡，共工則黑帝勍敵，項羽誅秦摧漢，宰割神州，角逐爭驅，盡威力而無就也。其餘歘起妖妄，曾何足數！賊子逆臣，所以爲亂，皆由不識天道，不悟人謀，牽逐鹿之邪説，謂飛梟而爲鼎。若使四凶爭八元之誠，三監同九臣之志，韓信、彭越深明帝子之符，孫述、隗囂妙識真人之出，尉迴同謳歌之類，王謙比獄訟之民，福禄蟬聯，胡可窮也！而違天逆物，獲罪人神。嗚呼！此前事之大戒矣。誅夷烹醢，歷代共尤，僭逆凶邪，時煩獄吏，其可不戒慎哉！蓋積惡既成，心自絶於善道，物類相感，理必至於誅戮。天奪其魄，鬼惡其盈故也。大帝聰明，羣臣正直，耳目監於率土，賞罰參於國朝，輔助一人，覆育兆庶。豈有食人之禄，受人之榮，包藏禍心而不殲盡者也？必當執法未處其罪，司命已除其籍。自古明哲，慮遠防微，執一心，持一德，立功坐樹，上書削藁，位尊而心逾下，禄厚而志彌約，寵盛思之以懼，道高守之以恭，克念於此，則姦回不至。事乃畏天，豈惟愛禮，謙光滿覆，義在知幾，吉凶由人，妖不自作。衆星共極，在天成象。夙沙則主雖愚蔽，民盡知歸，有苗則始爲跋扈，終而大服。

漢南諸國，見一面以從殷，河西將軍，率五郡以歸漢。故能招信順之助，保太山之安。彼陳國者，盜竊江外，民少一郡，地減半州。遇受命之主，逢太平之日，自可獻土銜璧，乞同溥天。乃復養喪家之疹，遵顛覆之軌，趑趄吴、越，仍爲匪民。雖時屬大道，偃兵舞鋮，然國家當混一之運，金陵是殄滅之期，有命不恒，斷可知矣。房風之戮，元龜匪遥，孫皓之侯，守株難得。迷而未覺，諒可愍焉。斯故未辯玄天之心，不聞君子之論也。

德林自隋有天下，每贊平陳之計。八年，車駕幸同州，德林以疾不從。勑書追之，書後御筆注云：「伐陳事意，宜自隨也。」時高熲因使入京，上語熲曰：「德林若患未堪行，宜自至宅取其方略。」高祖以之付晉王廣。後從駕還，在塗中，高祖以馬鞭南指云：「待平陳訖，會以七寶裝嚴公，使自山東無及之者。」及陳平，授柱國、郡公，實封八百户，賞物三千段。晉王廣已宣勑訖，有人説高熲曰：「天子畫策，晉王及諸將戮力之所致也。今乃歸功於李德林，諸將必當憤惋，且後世觀公有若虚行。」熲入言之，高祖乃止。

初，大象末，高祖以逆人王謙宅賜之，文書已出，至地官府，忽復改賜崔謙。上語德林曰：「夫人欲得，將與其舅。於公無形迹，不須爭之，可自選一好宅。若不稱意，當爲營造，并覓莊店作替。」德林乃奏取逆人高阿那肱衛國縣市店八十塸爲王謙宅替。九年，車駕幸晉陽，店人上表訴稱：「地是民物，高氏强奪，於内造舍。」上命有司料還價直。遇追蘇威自長安至，奏云：「高阿那肱是亂世宰相，以諂媚得幸，枉取民地，造店賃之。」德林誣謅，妄奏自入。」李圓通、馮世基等又進云：「此店收利如食千户，請計日追贓。」上因責德林，德林請勘逆人文簿及本換宅之意，上不聽，乃悉追店給所住者。自是益嫌之。十年，虞慶則等於關東諸道巡省使還，並奏云：「五百家鄉正，專理辭訟，不便於民。黨與愛憎，公行貨賄。」上仍令廢之。德林復奏云：「此事臣本以爲不可。然置來始爾，復即停廢，政令不一，朝成暮毁，深非帝王設法之義。臣望陛下若於律令輒欲改張，即以軍法從事。不然者，紛紜未已。」高祖遂發怒，大詬云：「爾欲將我作王莽邪？」初，德林稱父爲太尉諮議以取贈官，李元操與陳茂等陰奏之曰：「德林之父終於校書，妄稱諮議。」上甚銜之。至是，復庭議忤意，因數之曰：「公爲内史，典朕機密，比不可豫計議者，以公不弘耳。寧自知乎？朕方以孝治天下，恐斯道廢闕，故立五教以弘之。公言孝由天性，何須設教。然則孔子不當説孝經也。又謅冒取店，妄加父官，朕實忿之而未能發。今當以一州相遺耳。」因出爲湖州刺史。德林拜謝曰：「臣不敢復望内史令，請預散參。待陛下登封告成，一觀盛禮，然後收拙丘園，死且不恨。」上不許，轉懷州刺史。在州逢亢旱，課民掘井溉田，空致勞擾，竟無補益，爲考司所貶。歲餘，卒官，時年六十一。贈大將軍、廉州刺史，謚曰文。及將葬，勑令羽林百人，并鼓吹一部，以給喪事。贈物三百段，粟千石，祭以太牢。

德林美容儀，善談吐，齊天統中，兼中書侍郎，於賓館受國書。陳使江總目送之曰：「此即河朔之英靈也。」器量沉深，時人未能測，唯任城王湝、趙彥深、魏收、陸卬大相欽重，延譽之言，無所不及。德林少孤，未有字，魏收謂之曰：「識度天才，必至公輔，吾輒以此字卿。」從官以後，即典機密，性重慎，嘗云古人不言温樹，何足稱也。少以才學見知，及位望稍高，頗傷自任，爭名之徒，更相譖毀，所以運屬興王，功參佐命，十餘年間竟不徙級。所撰文集，勒成八十卷，遭亂亡失，見五十卷行於世。敕撰齊史未成。

有子曰百藥，博涉多才，詞藻清贍。釋巾太子通事舍人，後遷太子舍人、尚書禮部員外郎，襲爵安平縣公，桂州司馬。煬帝惡其初不附己〔八〕，以爲步兵校尉。大業末，轉建安郡丞。

史臣曰：德林幼有操尚，學富才優，譽重鄴中，聲飛關右。王基締構，叶贊謀猷，羽檄交馳，絲綸間發，文誥之美，時無與二。君臣體合，自致青雲，不患莫己知，豈徒言也！

校勘記

〔一〕蓋史之婉辭　「蓋」，宋甲本、至順本、汲本作「此蓋」。册府卷五五九國史部論議亦作「此蓋」。

〔二〕不論元者　「論」，宋甲本、汲本作「議」，册府卷五五九國史部論議亦作「議」。

〔三〕與鄭譯議　「與」，宋甲本、大德本、至順本、汲本作「共」。隋書詳節卷一二李德林傳、通志卷一六〇李德林傳亦作「共」。

〔四〕趙括以之而敗趙　「而」，宋甲本、至順本、汲本、殿本無。隋書詳節卷一二李德林傳、册府卷七二一幕府部謀畫亦無。

〔五〕爲諸將舊來所信服者　「服」，宋甲本、大德本作「伏」。隋書詳節卷一二李德林傳亦作「伏」。

〔六〕縱有異志　「志」，宋甲本、至順本作「意」。北史卷七二李德林傳、通志卷一六〇李德林傳亦作「意」。

〔七〕丹雀爲使　「使」，原作「史」，據宋甲本改。

〔八〕惡其初不附己　「惡」，原作「恐」，據宋甲本改。

隋書卷四十三

列傳第八

河間王弘 子慶

河間王弘字辟惡，高祖從祖弟也。祖愛敬，早卒。父元孫，少孤，隨母郭氏，養於舅族。及武元皇帝與周太祖建義關中，元孫時在鄴下，懼爲齊人所誅，因假外家姓爲郭氏〔一〕。元孫死，齊爲周所并，弘始入關，與高祖相得。高祖哀之，爲買田宅。弘性明悟，有文武幹略。數從征伐，累遷開府儀同三司。高祖爲丞相，常置左右，委以心腹。高祖詣周趙王宅，將及於難，弘時立於户外，以衞高祖。尋加上開府，賜爵永康縣公。

及上受禪，拜大將軍，進爵郡公。尋贈其父爲柱國、尚書令、河間郡公。其年立弘爲河間王，拜右衞大將軍。歲餘，進授柱國。時突厥屢爲邊患，以行軍元帥，率衆數萬，出靈州道，與虜相遇，戰，大破之，斬數千級。賜物二千段，出拜寧州總管，進位上柱國。弘在州，治尚清靜，甚有恩惠。後數載，徵還京師。未幾，拜蒲州刺史，得以便宜從事。時河東多盜賊，民不得安。弘奏爲盜者百餘人，投之邊裔，州境帖然，號爲良吏。每晉王廣入朝，弘輒領揚州總管，及晉王歸藩，弘復還蒲州。在官十餘年，風教大洽。煬帝嗣位，徵還，拜太子太保。歲餘，薨。大業六年，追封郇王。子慶嗣。

慶傾曲，善候時變。帝時猜忌骨肉，滕王綸等皆被廢放，唯慶獲全。累遷滎陽郡太守，頗有治績。

及李密據洛口倉，滎陽諸縣多應密，慶勒兵拒守，密頻遣攻之，不能克。歲餘，城中糧盡，兵勢日蹙。密因遺慶書曰：

自昏狂嗣位，多歷歲年，剥削生民，塗炭天下。璿室瑶臺之麗，未極驕奢，糟丘酒池之荒，非爲淫亂。今者共舉義旗，勘剪兇虐，八方同德，萬里俱來，莫不期入關以亡秦，爭渡河而滅紂。東窮海、岱，南洎江、淮，凡厥遺人，承風慕義，唯滎陽一郡，王獨守迷。夫微子，紂之元兄，族實爲重；項伯，籍之季父，戚乃非疎。然猶去朝歌而入周，背西楚而歸漢。豈不眷戀宗祊，留連骨肉，但識寶鼎之將移，知神器之先改。而王之先代，家住山東，本姓郭氏，乃非楊族。止爲宿與隋朝先有勳舊，遂得預霑盤石，名在葭莩。婁敬之與漢高，殊非血胤，吕布之於董卓，良異天親。芝焚蕙歎，事不同此。又王之昏主，心若豺狼，讎忿同胞，有逾沉、閼，惟勇及諒，咸磬甸師，況乃族類爲非，何能自保！爲王計者，莫若舉城從義，開門送款，安若太山，高枕而卧，長守富貴，足爲美談，乃至子孫，必有餘慶。

今王世充屢被摧蹙，自救無聊，偷存晷漏，詎能支久？段達、韋津，東都自固，何暇圖人？世充朝亡，達便夕滅。又江都荒湎，流宕忘歸，内外崩離，人神怨憤。上江米船，皆被抄截，士卒饑餒，半菽不充，事切析骸，義均煮弩。舉烽火於驪山，諸侯莫至，浮膠船於漢水，還日未期。王獨守孤城，絶援千里，餱糧之計〔二〕，僅有月餘，敝卒之多，纔盈數百。有何恃賴，欲相拒抗！求枯魚於市肆，即事非虚，因歸雁以運糧，竟知何日。然城中豪傑，王之腹心，思殺長吏，將爲内啓。正恐禍生匕首，釁發蕭墻，空以七尺之軀，懸賞千金之購，可爲寒心，可爲酸鼻者也。幸能三思，自求多福。

于時江都敗問亦至，慶得書，遂降于密，改姓爲郭氏。密爲王世充所破，復歸東都，更爲楊氏，越王侗不之責也。及侗稱制，拜宗正卿。

世充將篡，慶首爲勸進。世充既僭僞號，降爵郇國公，慶復爲郭氏。世充以兄女妻之，署滎州刺史。及世充將敗，慶欲將其妻同歸長安，其妻謂之曰：「國家以妾奉箕箒於公者，欲以申厚意，結公心耳。今叔父窮迫，家國阽危，而公不顧婚姻，孤負付屬，爲全身之計，非妾所能責公也。妾若至長安，則公家一婢耳，何用妾爲！願得送還東都，君之惠也。」慶不許。其妻遂沐浴靚粧，仰藥而死。慶歸大唐，爲宜州刺史、郇國公，復姓楊氏。其嫡母元太妃，年老，兩目失明，王世充以慶叛己而斬之。

楊處綱

楊處綱，高祖族父也。生長北邊，少習騎射。在周，嘗以軍功拜上儀同。高祖受禪，贈其父鍾葵爲柱國、尚書令、義城縣公，以處綱襲焉。授開府，督武候事。尋爲太子宗衛率，轉左監門郎將。後數載，起授右領軍將軍。處綱雖無才藝，而性質直，在官彊濟，亦爲當時所稱。尋拜蒲州刺史，吏民悅之。進位大將軍。後遷秦州總管，卒官。謚曰恭。弟處樂，官至洛州刺史。漢王諒之反也，朝廷以爲有二心，廢錮不齒。

楊子崇

楊子崇，高祖族弟也。父盆生，贈荆州刺史。子崇少好學，涉獵書記，有風儀，愛賢好士。開皇初，拜儀同，以車騎將軍恒典宿衛。後爲司門侍郎。煬帝嗣位，累遷候衛將軍，坐事免。未幾，復令檢校將軍事。從帝幸汾陽宫，子崇知突厥必爲寇患，屢請早還京師，帝不納。尋有雁門之圍。及賊退，帝怒之曰：「子崇怯懦，妄有陳請，驚動我衆心，不可居爪牙之寄。」出爲離石郡太守，治有能名。

自是突厥屢寇邊塞，胡賊劉六兒復擁衆劫掠郡境，子崇上表請兵鎮遏。帝復大怒，下書令子崇巡行長城。子崇出百餘里，四面路絶，不得進而歸。時百姓饑饉，相聚爲盜，子崇前後捕斬數千人。歲餘，朔方梁師都、馬邑劉武周等各稱兵作亂，郡中諸胡復相嘯聚。子崇患之，言欲朝集，遂與心腹數百人自孟門關將還京師。輜重半濟，遇河西諸縣各殺長吏，叛歸師都，道路隔絶，子崇退歸離石。所將左右，既聞太原有兵起，不復入城，遂各叛去。子崇悉收叛者父兄斬之。後數日，義兵夜至城下，城中豪傑復出應之。城陷，子崇爲讎家所殺。

觀德王雄 弟達

觀德王雄，初名惠，高祖族子也。父紹〔三〕，仕周，歷八州刺史、儻城縣公，賜姓叱呂引氏。雄美姿儀，有器度，雍容閑雅，進止可觀。周武帝時，爲太子司旅下大夫。帝幸雲陽宫，衞王直作亂，以其徒襲肅章門，雄逆拒破之。進位上儀同。封武陽縣公，邑千户。累遷右司衞上大夫。大象中，進爵邗國公，邑五千户。高祖爲丞相，雍州牧畢王賢謀作難，雄時爲别駕，知其謀，以告高祖。賢伏誅，以功授柱國、雍州牧，仍領相府虞候。周宣帝葬，備諸王有變，令雄率六千騎送至陵所。進位上柱國。

高祖受禪，除左衞將軍，兼宗正卿。俄遷右衞大將軍，參預朝政。進封廣平王，食邑五千户。以邗公别封一子，雄請封弟士貴，朝廷許之。或奏高熲朋黨者，上詰雄於朝。雄對曰：「臣忝衞宫闈，朝夕左右，若有朋附，豈容不知！至尊欽明睿哲，萬機親覽，熲用心平允，奉法而行。此乃愛憎之理，惟陛下察之。」高祖深然其言。雄時貴寵，冠絶一時，與高熲、虞慶則、蘇威稱爲「四貴」。

雄寬容下士，朝野傾矚。高祖惡其得衆，陰忌之，不欲其典兵馬。乃下册書，拜雄爲司空，曰：「維開皇九年八月朔壬戌，皇帝若曰：於戲！惟爾上柱國、左衞大將軍、宗正卿、廣平王，風度寬弘，位望隆顯，爰司禁旅，緜歷十載。入當心腹，外任爪牙，驅馳軒陛，勤勞著績。念舊庸勳，禮秩加等。公輔之寄，民具爾瞻，宜竭乃誠，副茲名實。是用命爾爲司空。往欽哉！光應寵命，得不慎歟！」外示優崇，實奪其權也。雄無職務，乃閉門不通賓客。尋改封清漳王。仁壽初，高祖曰：「清漳之名，未允聲望。」命職方進地圖，上指安德郡以示羣臣曰：「此號足爲名德相稱。」於是改封安德王。

大業初，授太子太傅。及元德太子薨，檢校鄭州刺史事。歲餘，授懷州刺史。尋拜京兆尹。帝親征吐谷渾，詔雄總管澆河道諸軍。及還，改封觀王。上表讓曰：「臣早逢興運，預班末屬，有命有時，藉風雲之會，無才無德，濫公卿之首。蒙先皇不次之賞，荷陛下非分之恩，久忝台槐，常慮盈滿，豈可仍叨匪服，重竊鴻名！臣實面墻，敢緣往例，臣誠昧寵，交懼身責。昔劉賈封王，豈備三階之任，曹洪上將，寧超五等之爵？況臣衮章踰於帝子，京尹亞於皇枝，錫土作藩，鈕金開國，於臣何以自處，在物謂其乖分。是以露款執愚，祈恩固守。伏願陛下曲留慈照，特鑒丹誠。頻觸宸嚴，伏增流汗。」優詔不許。

遼東之役，檢校左翊衞大將軍，出遼東道。次瀘河鎮，遘疾而薨，時年七十一。帝爲之廢朝，鴻臚監護喪事。有司考行，請謚曰懿。帝曰：「王道高雅俗，德冠生人。」乃賜謚曰德。贈司徒，襄國武安渤海清河上黨河間濟北高密濟陰長平等十郡太守。

子恭仁，位至吏部侍郎。恭仁弟綝，性和厚，頗有文學。歷義州刺史、淮南太守。及父薨，起爲司隸大夫。遼東之役，帝令綝於臨海頓別有所督。楊玄感之反也，玄感弟玄縱自帝所逃赴其兄，路逢綝。綝避人偶語久之，既別而復相就者數矣。司隸刺史劉休文奏之。時綝兄吏部侍郎恭仁將兵於外，帝以是寢之，未發其事。綝憂懼，發病而卒。綝弟續，仕至散騎侍郎。

雄弟達，字士達。少聰敏，有學行。仕周，官至儀同、內史下大夫，遂寧縣男。高祖受禪，拜給事黃門侍郎，進爵爲子。時吐谷渾寇邊，詔上柱國元諧爲元帥〔四〕，達爲司馬。軍還，兼吏部侍郎，加開府。歲餘，轉內史侍郎，出爲鄯、鄭、趙三州刺史，俱有能名。平陳之後，四海大同，上差品天下牧宰，達爲第一，賜雜綵五百段，加以金帶，擢拜工部尚書，加位上開府。達爲人弘厚，有局度。楊素每言曰：「有君子之貌，兼君子之心者，唯楊達耳。」獻皇后及高祖山陵制度，達並參豫焉。

煬帝嗣位，轉納言，仍領營東都副監，帝甚信重之。遼東之役，領右武衛將軍，進位左光祿大夫，卒於師，時年六十二。帝歎惜者久之，贈吏部尚書、始安侯。謚曰恭。贈物三百五十段。

史臣曰：高祖始遷周鼎，衆心未附，利建同姓，維城宗社，是以河間、觀德，咸啓山河。屬乃葭莩，地非寵逼，故高位厚秩，與時終始。楊慶二三其德，志在苟生，變本宗如反掌，棄慈母如遺跡，及身而絶，宜其然矣。觀王位登台衮，慶流後嗣，保茲寵禄，寔仁厚之所致乎！

校勘記

〔一〕因假外家姓爲郭氏　「姓」，宋甲本、大德本、至順本無。

〔二〕餱糧之計　「之」，北史卷七一隋宗室諸王河間王弘傳附楊慶傳作「支」。

〔三〕父紹　「紹」，原作「納」，據至順本、汲本改。楊紹，周書卷二九有傳。

〔四〕元諧　原作「元楷」，據宋甲本改。元諧，本書卷四〇有傳。

隋書卷四十四

列傳第九

滕穆王瓚 嗣王綸

滕穆王瓚字恒生，一名慧，高祖母弟也。周世，以太祖軍功封竟陵郡公，尚武帝妹順陽公主，自右中侍上士遷御伯中大夫。保定四年，改爲納言，授儀同。瓚貴公子，又尚公主，美姿儀，好書愛士，甚有令名於當世，時人號曰楊三郎。武帝甚親愛之。平齊之役，諸王咸從，留瓚居守，帝謂之曰：「六府事殷，一以相付。朕將遂事東方，無西顧之憂矣。」其見親信如此。宣帝即位，遷吏部中大夫，加上儀同。

未幾，帝崩，高祖入禁中，將總朝政，令廢太子勇召之，欲有計議。瓚素與高祖不協，聞召不從，曰：「作隋國公恐不能保，何乃更爲族滅事邪？」高祖作相，遷大將軍。尋拜大宗伯，典脩禮律。進位上柱國、邵國公。瓚見高祖執政，羣情未一，恐爲家禍，陰有圖高祖之計，高祖每優容之。及受禪，立爲滕王。後拜雍州牧。上數與同坐，呼爲阿三。後坐事去牧，以王就第。

瓚妃宇文氏，先時與獨孤皇后不平，及此鬱鬱不得志，陰有呪詛。上命瓚出之，瓚不忍離絶，固請。上不得已，從之，宇文氏竟除屬籍。瓚由是忤旨，恩禮更薄。開皇十一年，從幸栗園，暴薨，時年四十二。人皆言其遇鴆以斃。子綸嗣。

綸字斌籀，性弘厚，美姿容，頗解鍾律。高祖受禪，封邵國公，邑八千户。明年，拜邵州刺史。晉王廣納妃於梁，詔綸致禮焉，甚爲梁人所敬。

綸以穆王之故，當高祖之世，每不自安。煬帝即位，尤被猜忌。綸憂懼不知所爲，呼術者王琛而問之。琛答曰：「王相祿不凡。」乃因曰：「滕即騰也，此字足爲善應。」有沙門惠恩、崛多等，頗解占候，綸每與交通，常令此三人爲度星法。有人告綸怨望呪詛，帝命黄門侍郎王弘窮治之。弘見帝方怒，遂希旨奏綸厭蠱惡逆，坐當死。帝令公卿議其事，司徒楊素等曰：「綸希冀國災，以爲身幸。原其懷惡之由〔一〕，積自家世。惟皇運之始，四海同心，在於孔懷，彌須叶力。其先乃離阻大謀，棄同即異。父悖於前，子逆於後，非直覬覦朝廷，便是圖危社稷。爲惡有狀，其罪莫大，刑茲無赦，抑有舊章，請依前律。」帝以公族不忍，除名爲民，徙始安。諸弟散徙邊郡。大業七年，親征遼東，綸欲上表，請從軍自効，爲郡司所遏。未幾，復徙朱崖。及天下大亂，爲賊林仕弘所逼，攜妻子，竄于儋耳。後歸大唐，爲懷化縣公。

綸弟坦，字文籀，初封竟陵郡公，坐綸徙長沙。坦弟猛，字武籀，徙衡山。猛弟温，字明籀，初徙零陵。温好學，解屬文，既而作零陵賦以自寄，其辭哀思。帝見而怒之，轉徙南海。温弟詵，字弘籀，前亦徙零陵。帝以其修謹，襲封滕王，以奉穆王嗣。大業末，薨於江都。

道悼王靜

道悼王靜字賢籀，滕穆王瓚之子也。出繼叔父嵩。嵩在周代，以太祖軍功，賜爵興城公，早卒。高祖踐位，追封道王，謚曰宣。以靜襲焉。卒，無子，國除。

衛昭王爽 嗣王集

衛昭王爽字師仁，小字明達，高祖異母弟也。周世，在襁褓中，以太祖軍功，封同安郡公。六歲而太祖崩，爲獻皇后之所鞠養，由是高祖於諸弟中特寵愛之。十七爲内史上士。高祖執政，拜大將軍、秦州總管。未之官，轉授蒲州刺史，進位柱國。及受禪，立爲衞王。尋遷雍州牧，領左右將軍。俄遷右領軍大將軍，權領并州總管。歲餘，進位上柱國，轉涼州總管。爽美風儀，有器局，治甚有聲。

其年，以爽爲行軍元帥，步騎七萬以備胡。出平涼，無虜而還。明年，大舉北伐，又爲元帥。河間王弘、豆盧勣、竇榮定、高熲、虞慶則等分道而進，俱受爽節度。爽親率李充節等四將出朔州〔二〕，遇沙鉢略可汗於白道，接戰，大破之，虜獲千餘人，驅馬牛羊鉅萬。沙鉢略可汗中重瘡而遁。高祖大悅，賜爽真食梁安縣千户。六年，復爲元帥，步騎十五萬，出合川，突厥遁逃而返。明年，徵爲納言。高祖甚重之。

未幾，爽寢疾，上使巫者薛榮宗視之，云衆鬼爲厲，爽令左右驅逐之。居數日，有鬼物來擊榮宗，榮宗走下階而斃。其夜爽薨，時年二十五。贈太尉、冀州刺史。子集嗣。

集字文會，初封遂安王，尋襲封衞王。煬帝時，諸侯王恩禮漸薄，猜防日甚。集憂懼不知所爲，乃呼術者俞普明，章醮以祈福助。有人告集呪詛，憲司希旨，鍛成其獄，奏集惡逆，坐當死。天子下公卿議其事，楊素等曰：「集密懷左道，厭蠱君親，公然呪詛，無慚幽顯。情滅人理，事悖先朝，是君父之罪人，非臣子之所赦，請論如律。」時滕王綸坐與相連，帝不忍加誅，乃下詔曰：「綸、集以附萼之華，猶子之重，縻之好爵，匪由德進。正應與國升降，休戚是同，乃包藏妖禍，誕縱邪僻。在三之義，愛敬俱淪，急難之情，孔懷頓滅。公卿議既如此，覽以潸然。雖復王法無私，恩從義斷，但法隱公族，禮有親親。致之極辟，情所未忍。」於是除名爲民，遠徙邊郡。遇天下大亂，不知所終。

蔡王智積

蔡王智積，高祖弟整之子也。整，周明帝時，以太祖軍功，賜爵陳留郡公。尋授開府、車騎大將軍。從武帝平齊，至并州，力戰而死。及高祖作相，贈柱國、大司徒、冀定瀛相懷衞趙貝八州刺史。高祖受禪，追封蔡王，謚曰景。以智積襲焉。又封其弟智明爲高陽郡公，智才爲開封縣公。尋拜智積爲開府儀同三司，授同州刺史，儀衞資送甚盛。頃之，以脩謹聞，高祖善之。在州未嘗嬉戲遊獵，聽政之暇，端坐讀書，門無私謁。有侍讀公孫尚儀，山東儒士，府佐楊君英、蕭德言，並有文學，時延於座，所設唯餅果，酒纔三酌。家有女妓，唯年節嘉慶，奏於太妃之前，其簡靜如此。昔高祖龍潛時，景王與高祖不睦，其太妃尉氏，又與獨孤皇后不相諧，以是智積常懷危懼，每自貶損。高祖知其若是，亦哀憐之。人或勸智積治產業者，智積曰：「昔平原露朽財帛，苦其多也。吾幸無可露，何更營乎？」有五男，止教讀論語、孝經而已，亦不令交通賓客。或問其故，智積答曰：「卿非知我者。」其意恐兒子有才能，以致禍也。開皇二十年，徵還京第，無他職任，闔門自守，非朝覲不出。

煬帝即位，滕王綸、衞王集並以讒構得罪，高陽公智明亦以交遊奪爵，智積逾懼。大業七年〔三〕，授弘農太守，委政寮佐，清靜自居〔四〕。及楊玄感作亂，自東都引軍而西，智積謂官屬曰：「玄感聞大軍將至，欲西圖關中。若成其計，則根本固矣。當以計縻之，使不得進。不出一旬，自可擒耳。」及玄感軍至城下，智積登陴詈辱之，玄感怒甚，留攻之。城門爲賊所燒，智積乃更益火，賊不得入。數日，宇文述等援軍至，合擊破之。

十二年，從駕江都，寢疾。帝時疎薄骨肉，智積每不自安，及遇患，不呼醫。臨終，謂所親曰：「吾今日始知得保首領没於地矣。」時人哀之。有子道玄。

史臣曰：周建懿親，漢開盤石，内以敦睦九族，外以輯寧億兆，深根固本，崇奬王室。安則有以同其樂，衰則有以恤其危，所由來久矣。魏、晉以下，多失厥中，不遵王度，各徇所私。抑之則勢齊於匹夫，抗之則權侔於萬乘，矯枉過正，非一時也。得失詳乎前史，不復究而論焉。高祖昆弟之恩，素非篤睦，閨房之隙，又不相容。至于二世承基，其弊愈甚。是以滕穆暴薨，人皆竊議，蔡王將沒，自以爲幸。唯衞王養於獻后，故任遇特隆，而諸子遷流，莫知死所，悲夫！其錫以茅土，稱爲盤石，行無甲兵之衞，居與甿隸爲伍。外内無虞，顛危不暇，時逢多難，將何望焉！

校勘記

〔一〕懷惡之由 「懷」，原作「性」，據宋甲本改。北史卷七一隋宗室諸王滕穆王瓚傳附楊綸傳亦作「懷」。

〔二〕李充節 原作「李元節」，據北史卷一〇〇序傳、舊唐書卷六二李大亮傳改。北史卷七一隋宗室諸王衞昭王爽傳作「李充」，乃雙名單稱，本書卷五三劉方傳附李充傳。

〔三〕大業七年 「七」，北史卷七一隋宗室諸王蔡景王整傳附楊智積傳作「三」。

〔四〕清靜自居 「靜」，原作「淨」，據宋甲本改。北史卷七一隋宗室諸王蔡景王整傳附楊智積傳亦作「靜」。

隋書卷四十五

列傳第十

文四子

高祖五男，皆文獻皇后之所生也。長曰房陵王勇，次煬帝，次秦孝王俊，次庶人秀，次庶人諒。

房陵王勇字睍地伐，高祖長子也。周世，以太祖軍功，封博平侯。及高祖輔政，立爲世子，拜大將軍、左司衛，封長寧郡公。出爲洛州總管、東京小冢宰，總統舊齊之地。後徵還京師，進位上柱國、大司馬，領内史御正，諸禁衛皆屬焉。高祖受禪，立爲皇太子，軍國政事及尚書奏死罪已下，皆令勇參決之。上以山東民多流冗，遣使按檢，又欲徙民北實邊塞。勇上書諫曰：「竊以導俗當漸，非可頓革，戀土懷舊，民之本情，波迸流離，蓋不獲已。有齊之末，主闇時昏，周平東夏，繼以威虐，民不堪命，致有逃亡，非厭家鄉，願爲羈旅。加以去年三方逆亂，賴陛下仁聖，區宇肅清，鋒刃雖屏，瘡痍未復。若假以數歲，沐浴皇風，逃竄之徒，自然歸本。雖北夷猖獗，嘗犯邊烽，今城鎮峻峙，所在嚴固，何待遷配，以致勞擾。臣以庸虛，謬當儲貳，寸誠管見，輒以塵聞。」上覽而嘉之，遂寢其事。是後時政不便，多所損益，上每納之。上嘗從容謂羣臣曰：「前世皇王，溺於嬖幸，廢立之所由生。朕傍無姬侍，五子同母，可謂真兄弟也。豈若前代多諸内寵，孽子忿諍，爲亡國之道邪！」

勇頗好學，解屬詞賦，性寬仁和厚，率意任情，無矯飾之行。引明克讓、姚察、陸開明等爲之賓友。勇嘗文飾蜀鎧，上見而不悦，恐致奢侈之漸，因而誡之曰：「我聞天道無親，唯德是與，歷觀前代帝王，未有奢華而得長久者。汝當儲后，若不上稱天心，下合人意，何以承宗廟之重，居兆民之上？吾昔日衣服，各留一物，時復看之，以自警戒。今以刀子賜汝，宜識我心。」

其後經冬至，百官朝勇，勇張樂受賀。高祖知之，問朝臣曰：「近聞至節，内外百官，相率朝東宮，是何禮也？」太常少卿辛亶對曰：「於東宮是賀，不得言朝。」高祖曰：「改節稱賀，正可三數十人，逐情各去。何因有司徵召，一時普集，太子法服設樂以待之？東宮如此，殊乖禮制。」於是下詔曰：「禮有等差，君臣不雜，爰自近代，聖教漸虧，俯仰逐情，因循成俗。皇太子雖居上嗣，義兼臣子，而諸方岳牧，正冬朝賀，任土作貢，別上東宮。事非典則，宜悉停斷。」自此恩寵始衰，漸生疑阻。

時高祖令選宗衛侍官，以入上臺宿衛。高熲奏稱，若盡取强者，恐東宮宿衛太劣。高祖作色曰：「我有時行動，宿衛須得雄毅。太子毓德東宮，左右何須强武？此極敝法，甚非我意。如我商量，恒於交番之日，分向東宮上下，團伍不別〔一〕，豈非好事？我熟見前代，公不須仍踵舊風。」蓋疑高熲男尚勇女，形於此言，以防之也。

勇多内寵，昭訓雲氏，尤稱嬖幸，禮匹於嫡。勇妃元氏無寵，嘗遇心疾，二日而薨。獻皇后意有他故，甚責望勇。自是雲昭訓專擅内政，后彌不平，頗遣人伺察，求勇罪過。晉王知之，彌自矯飾，姬妾但備員數，唯共蕭妃居處。皇后由是薄勇，愈稱晉王德行。其後晉王來朝，車馬侍從，皆爲儉素，敬接朝臣，禮極卑屈，聲名籍甚，冠於諸王。臨還揚州，入内辭皇后，因進言曰：「臣鎮守有限，方違顔色，臣子之戀，實結于心。一辭階闥，無由侍奉，拜見之期，杳然未日。」因哽咽流涕，伏不能興。皇后亦曰：「汝在方鎮，我又年老，今者之别，有切常離。」又泫然泣下，相對歔欷。王曰：「臣性識愚下，常守平生昆弟之意，不知何罪，失愛東宮，恒蓄盛怒，欲加屠陷。每恐讒譖生於投杼，鴆毒遇於杯勺，是用勤憂積念，懼履危亡。」皇后忿然曰：「睍地伐漸不可耐，我爲伊索得元家女，望隆基業，竟不聞作夫妻，專寵阿雲，使有如許豚犬。前新婦本無病痛，忽爾暴亡，遣人投藥，致此夭逝。事已如是，我亦不能窮治，何因復於汝處發如此意？我在尚爾，我死後，當魚肉汝乎？每思東宮竟無正嫡，至尊千秋萬歲之後，遣汝等兄弟向阿雲兒前再拜問訊，此是幾許大苦痛邪！」晉王又拜，嗚咽不能止，皇后亦悲不自勝。

此别之後，知皇后意移，始構奪宗之計。因引張衡定策，遣褒公宇文述深交楊約，令喻旨於越國公素，具言皇后此語。素瞿然曰：「但不知皇后如何？必如所言，吾又何爲者！」後數日，素入侍宴，微稱晉王孝悌恭儉，有類至尊，用此揣皇后意。皇后泣曰：「公言是也。我兒大孝順，每聞至尊及我遣内使到，必迎於境首。言及違離，未嘗不泣。又其新婦亦大可憐，我使婢去，常與之同寢共食。豈若睍地伐共阿雲相對而坐，終日酣宴，昵近小人，疑阻骨肉。我所以益憐阿麽者，常恐暗地殺之。」素既知意，因盛言太子不才。皇后遂遺素金，始有廢立之意。

勇頗知其謀，憂懼，計無所出。聞新豐人王輔賢能占候，召而問之。輔賢曰：「白虹貫東宮門，太白襲月，皇太子廢退之象也。」以銅鐵五兵造諸厭勝。又於後園之内作庶人村，屋宇卑陋，太子時於中寢息，布衣草褥，冀以當之。高祖知其不安，在仁壽宮，使楊素觀勇。素至東宮，偃息未入，勇束帶待之，故久不進，以激怒勇。勇銜之，形於言色。素還，言勇怨望，恐有他變，願深防察。高祖聞素譖毁，甚疑之。皇后又遣人伺覘東宮，纖介事皆聞奏，因加媒蘖〔二〕，構成其罪。高祖惑於邪議，遂疎忌勇。乃於玄武門達至德門量置候人，以伺動靜，皆隨事奏聞。又東宮宿衞之人，侍官已上，名籍悉令屬諸衞府，有健兒者，咸屏去之。晉王又令段達私於東宮幸臣姬威，遺以財貨，令取太子消息，密告楊素。於是內外諠謗，過失日聞。段達脅姬威曰：「東宮罪過，主上皆知之矣，已奉密詔，定當廢立。君能告之，則大富貴。」威遂許諾。

九月壬子，車駕至自仁壽宮，翌日，御大興殿，謂侍臣曰：「我新還京師，應開懷歡樂，不知何意，翻邑然愁苦？」吏部尚書牛弘對曰：「由臣等不稱職，故至尊憂勞。」高祖既數聞讒譖，疑朝臣皆具委，故有斯問，冀聞太子之愆。弘爲此對，大乖本旨。高祖因作色謂東宮官屬曰：「仁壽宮去此不遠，而令我每還京師，嚴備仗衞，如入敵國。我爲患利，不脱衣卧。昨夜欲得近廁，故在後房，恐有警急，還移就前殿。豈非爾輩欲壞我國家邪？」於是執唐令則等數人，付所司訊鞫。令楊素陳東宮事狀，以告近臣。素顯言之曰：「臣奉勑向京，令皇太子檢校劉居士餘黨。太子奉詔，乃作色奮厲，骨肉飛騰，語臣云：『居士黨盡伏法，遣我何處窮討？爾作右僕射，委寄不輕，自檢校之，何關我事？』又云：『若大事不遂〔三〕，我先被誅。今作天子，竟乃令我不如諸弟。一事以上，不得自由。』因長歎迴視云：『我大覺身妨。』」高祖曰：

此兒不堪承嗣久矣。皇后恒勸我廢之，我以布素時生，復是長子，望其漸改，隱忍至今。勇昔從南兗州來，語衞王云：「阿嬢不與我一好婦女，亦是可恨。」因指皇后侍兒曰：「是皆我物。」此言幾許異事。其婦初亡，即以斗帳安餘老嫗。新婦初亡，我深疑使馬嗣明藥殺。我曾責之，便懟曰：「會殺元孝矩。」此欲害我而遷怒耳。初，長寧誕育，朕與皇后共抱養之，自懷彼此，連遣來索。且雲定興女，在外私合而生，想此由來，何必是其體胤！昔晉太子取屠家女，其兒即好屠割。今儻非類，便亂宗社〔四〕。又劉金驎，諂佞人也，呼定興作親家翁，定興愚人，受其此語。我前解金驎者，爲其此事。勇嘗引曹妙達共定興女同讌，妙達在外説云：「我今得勸妃酒。」直以其諸子偏庶，畏人不服，故逆縱之，欲收天下之望耳。我雖德慙堯、舜，終不以萬姓付不肖子也。我恒畏其加害，如防大敵，今欲廢之，以安天下。

左衞大將軍、五原公元旻諫曰：「廢立大事，天子無二言，詔旨若行，後悔無及。讒言罔極，惟陛下察之。」旻辭直爭强，聲色俱厲，上不答。

是時姬威又抗表告太子非法。高祖謂威曰：「太子事跡，宜皆盡言。」威對曰：「皇太子由來共臣語，唯意在驕奢，欲得從樊川以至于散關，總規爲苑。兼云：『昔漢武帝將起上林苑，東方朔諫之，賜朔黃金百斤，幾許可笑。我實無金輒賜此等。若有諫者，正當斬之，不過殺百許人〔五〕，自然永息。』前蘇孝慈解左衞率，皇太子奮髯揚肘曰：『大丈夫會當有一日，終不忘之，決當快意。』又宮內所須，尚書多執法不與，便怒曰：『僕射以下，吾會戮一二人，使知慢我之禍。』又於苑內築一小城，春夏秋冬，作役不輟，營起亭殿，朝造夕改。每云：『至尊嗔我多側庶，高緯、陳叔寶豈是孽子乎？』嘗令師姥卜吉凶，語臣曰：『至尊忌在十八年，此期促矣。』」高祖泫然曰：「誰非父母生，乃至於此！我有舊使婦女，令看東宮，奏我云：『勿令廣平王至皇太子處。東宮憎婦，亦廣平教之。』元贊亦知其陰惡，勸我於左藏之東，加置兩隊。初平陳後，宮人好者悉配春坊，如聞不知厭足，於外更有求訪。朕近覽齊書，見高歡縱其兒子，不勝忿憤，安可效尤邪！」於是勇及諸子皆被禁錮，部分，收其黨與。楊素舞文巧詆，鍛鍊以成其獄。勇由是遂敗。

居數日，有司承素意，奏言左衞元旻身備宿衞，常曲事於勇，情存附託。在仁壽宮，裴弘將勇書於朝堂與旻，題封云勿令人見。高祖曰：「朕在仁壽宮，有纖小事，東宮必知，疾於驛馬。怪之甚久，豈非此徒耶？」遣武士執旻及弘付法治其罪。

先是，勇嘗從仁壽宮參起居還，塗中見一枯槐，根榦蟠錯，大且五六圍，顧左右曰：「此堪作何器用？」或對曰：「古槐尤堪取火。」于時衞士皆佩火燧，勇因令匠者造數千枚，欲以分賜左右。至是，獲於庫。又藥藏局貯艾數斛，亦搜得之。大將爲怪，以問姬威。威曰：「太子此意別有所在。比令長寧王已下，詣仁壽宮還，每嘗急行，一宿便至。恒飼馬千匹，云徑往捉城門，自然餓死。」素以威言詰勇，勇不服曰：「竊聞公家馬數萬匹，勇忝備位太子，有馬千匹，乃是反乎？」素又發洩東宮服翫，似加琱飾者，悉陳之於庭，以示文武羣官，爲太子之罪。高祖遣將諸物示勇，以誚詰之。皇后又責之罪。高祖使使責問勇，勇不服。太史令袁充進曰：「臣觀天文，皇太子當廢。」上曰：「玄象久見矣。」羣臣無敢言者。

於是使人召勇。勇見使者，驚曰：「得無殺我耶？」高祖戎服陳兵，御武德殿，集百官，立於東面，諸親立於西面，引勇及諸子列於殿庭。命薛道衡宣廢勇之詔曰：「太子之位，實爲國本，苟非其人，不可虛立。自古儲副，或有不才，長惡不悛，仍令守器，皆由情溺寵愛，失於至理，致使宗社傾亡，蒼生塗地。由此言之，天下安危，繫乎上嗣，大業傳世，豈不重哉！皇太子勇，地則居長，情所鍾愛，初登大位，即建春宮，冀德業日新，隆茲負荷。而性識庸闇，仁孝無聞，暱近小人，委任姦佞，前後愆釁，難以具紀。但百姓者，天之百姓，朕恭天命，屬當安育，雖欲愛子，實畏上靈，豈敢以不肖之子，而亂天下。勇及其男女爲王、公主者，並可廢爲庶人。顧惟兆庶，事不獲已，興言及此，良深愧歎！」令薛道衡謂勇曰：「爾之罪惡，人神所棄，欲求不廢，其可得耶？」勇再拜而言曰：「臣合尸之都市，爲將來鑒誡，幸蒙哀憐，得全性命。」言畢，泣下流襟，既而舞蹈而去。左右莫不憫默。又下詔曰：

自古以來，朝危國亂，皆邪臣佞媚，凶黨扇惑，致使禍及宗社，毒流兆庶。若不標明典憲，何以肅清天下！左衛大將軍、五原郡公元旻，任掌兵衞，委以心膂，陪侍左右，恩寵隆渥；乃包藏姦伏，離間君親，崇長厲階，最爲魁首。太子左庶子唐令則，策名儲貳，位長宫寮，諂曲取容，音技自進，躬執樂器，親教内人，贊成驕侈，導引非法。太子家令鄒文騰，專行左道，偏被親昵，心腹委付，鉅細關知，占問國家，希覬災禍。左衛率司馬夏侯福，内事諂諛，外作威勢，凌侮上下，褻濁宫闈。典膳監元淹，謬陳愛憎，開示怨隙，妄起訕謗，潛行離阻，進引妖巫，營事厭禱。前吏部侍郎蕭子寶，往居省閣，舊非宫臣，禀性浮躁，用懷輕險，進畫姦謀，要射榮利，經營間構，開造禍端。前主璽下士何竦，假託玄象，妄説妖怪，志圖禍亂，心在速發，兼制奇器異服，皆竦規摹，增長驕奢，糜費百姓。凡此七人，爲害乃甚，並處斬，妻妾子孫皆悉没官。

車騎將軍閻毗、東郡公崔君綽、游騎尉沈福寶、瀛州民章仇太翼等四人，所爲之事，皆是悖惡，論其狀迹，罪合極刑。但朕情存好生，未能盡戮，可並特免死，各決杖一百，身及妻子資財田宅，悉可没官。副將作大匠高龍叉，豫追番丁，輒配東宫使役，營造亭舍，進入春坊。率更令晉文建，通直散騎侍郎、判司農少卿事元衡，料度之外，私自出給，虚破丁功，擅割園地。並處盡。

於是集羣官于廣陽門外，宣詔以戮之。廣平王雄答詔曰：「至尊爲百姓割骨肉之恩，廢黜無德，實爲大慶，天下幸甚！」乃移勇於内史省，立晉王廣爲皇太子，仍以勇付之，復囚於東宫。賜楊素物三千段，元冑、楊約並千段，楊難敵五百段，皆鞫勇之功賞也。

時文林郎楊孝政上書諫曰：「皇太子爲小人所誤，宜加訓誨，不宜廢黜。」上怒，撻其胸。尋而貝州長史裴肅表稱：「庶人罪黜已久，當克己自新，請封一小國。」高祖知勇之黜也，不允天下之情，乃徵肅入朝，具陳廢立之意。

時勇自以廢非其罪，頻請見上，面申冤屈。而皇太子遏之，不得聞奏。勇於是升樹大叫，聲聞於上，冀得引見。素因奏言：「勇情志昏亂，爲癲鬼所著，不可復收。」上以爲然，卒不得見。素誣陷經營，構成其罪，類皆如此。

高祖寢疾於仁壽宫，徵皇太子入侍醫藥，而姦亂宫闈，事聞於高祖。高祖抵牀曰：

「枉廢我兒！」因遣追勇。未及發使，高祖暴崩，秘不發喪。遽收柳述、元巖，繫於大理獄，僞爲高祖勑書，賜庶人死。追封房陵王，不爲立嗣。

勇有十男：雲昭訓生長寧王儼、平原王裕、安城王筠，高良娣生安平王嶷、襄城王恪，王良媛生高陽王該、建安王韶，成姬生潁川王煚，後宮生孝實、孝範。

長寧王儼，勇長子也。誕乳之初，以報高祖，高祖曰：「此即皇太孫，何乃生不得地？」雲定興奏曰：「天生龍種，所以因雲而出。」時人以爲敏對。六歲，封長寧郡王〔六〕。勇敗，亦坐廢黜。上表乞宿衞，辭情哀切，高祖覽而憫焉。楊素進曰：「伏願聖心同於螫手，不宜復留意。」煬帝踐極，儼常從行，卒於道，實鴆之也。諸弟分徙嶺外，仍勑在所皆殺焉。

秦孝王俊字阿祇，高祖第三子也。開皇元年立爲秦王。二年春，拜上柱國、河南道行臺尚書令、洛州刺史，時年十二。加右武衞大將軍，領關東兵。三年，遷秦州總管，隴右諸州盡隸焉。俊仁恕慈愛，崇敬佛道，請爲沙門，上不許。六年，遷山南道行臺尚書令。伐陳之役，以爲山南道行軍元帥，督三十總管，水陸十餘萬，屯漢口，爲上流節度。陳將周羅睺、荀法尚等，以勁兵數萬屯鸚鵡洲，總管崔弘度請擊之。俊慮殺傷，不許。羅睺亦相率而降。於是遣使奉章詣闕，垂泣謂使者曰：「謬當推轂，愧無尺寸之功，以此多慚耳。」上聞而善之。授揚州總管四十四州諸軍事，鎮廣陵。歲餘，轉并州總管二十四州諸軍事。

初，頗有令問，高祖聞而大悅，下書獎勵焉。其後俊漸奢侈，違犯制度，出錢求息，民吏苦之。上遣使按其事，與相連坐者百餘人。俊猶不悛，於是盛治宮室，窮極侈麗。俊有巧思，每親運斤斧，工巧之器，飾以珠玉。爲妃作七寶冪籬，又爲水殿，香塗粉壁，玉砌金堦，梁柱楣棟之間，周以明鏡，間以寶珠，極榮飾之美〔七〕。每與賓客妓女，絃歌於其上。俊頗好內，妃崔氏性妬，甚不平之，遂於瓜中進毒。俊由是遇疾，徵還京師。上以其奢縱，免官，以王就第。左武衞將軍劉昇諫曰：「秦王非有他過，但費官物營廨舍而已。臣謂可容。」上曰：「法不可違。」昇固諫，上忿然作色，昇乃止。其後楊素復進諫曰：「秦王之過，不應至此，願陛下詳之。」上曰：「我是五兒之父，非兆民之父〔八〕？若如公意，何不別制天子兒律？以周公之爲人，尚誅管、蔡，我誠不及周公遠矣，安能虧法乎？」卒不許。

俊疾篤，未能起，遣使奉表陳謝。上謂其使曰：「我戮力關塞，創茲大業，作訓垂範，庶臣下守之而不失。汝爲吾子，而欲敗之，不知何以責汝！」俊慙怖，疾甚。大都督皇甫統上表，請復王官，不許。歲餘，以疾篤，復拜上柱國。二十年六月，薨於秦邸。上哭之數聲而已。俊所爲侈麗之物，悉命焚之。勑送終之具，務從儉約，以爲後法也。王府僚佐請立碑，上曰：「欲求名，一卷史書足矣，何用碑爲？若子孫不能保家，徒與人作鎮石耳。」

妃崔氏以毒王之故，下詔廢絶，賜死於其家。子浩，崔氏所生也。庶子曰湛。羣臣議曰：「春秋之義，母以子貴，子以母貴。貴既如此，罪則可知。故漢時栗姬有罪，其子便廢，郭后被廢，其子斯黜。大既然矣，小亦宜同。今秦王二子，母皆罪廢，不合承嗣。」於是以秦國官爲喪主。俊長女永豐公主，年十二，遭父憂，哀慕盡禮，免喪，遂絶魚肉。每至忌日，輒流涕不食。有開府王延者，性忠厚，領親信兵十餘年，俊甚禮之。及俊有疾，延恒在閤下，衣不解帶。俊薨，勺飲不入口者數日，羸頓骨立。上聞而憫之，賜以御藥，授驃騎將軍，典宿衞。俊葬之日，延號慟而絶。上嗟異之，令通事舍人弔祭焉。詔葬延於俊墓側。

煬帝即位，立浩爲秦王，以奉孝王嗣。封湛爲濟北侯。後以浩爲河陽都尉。楊玄感作逆之際，左翊衞大將軍宇文述勒兵討之〔九〕。至河陽，脩啓於浩，浩復詣述營，共相往復〔一〇〕。有司劾浩，以諸侯交通內臣，竟坐廢免。宇文化及殺逆之始，立浩爲帝。化及敗於黎陽，北走魏縣，自僭僞號，因而害之。湛驍果，有膽烈。大業初，爲滎陽太守，坐浩免，亦爲化及所害。

庶人秀，高祖第四子也。開皇元年，立爲越王。未幾，徙封於蜀，拜柱國、益州刺史、總管二十四州諸軍事。二年，進位上柱國、西南道行臺尚書令，本官如故。歲餘而罷。十二年，又爲内史令、右領軍大將軍。尋復出鎮於蜀。

秀有膽氣，容貌瓌偉，美鬚髯，多武藝，甚爲朝臣所憚。上每謂獻皇后曰：「秀必以惡終。我在當無慮，至兄弟必反。」兵部侍郎元衡使於蜀，秀深結於衡，以左右爲請。既還京師，請益左右，上不許。大將軍劉噲之討西爨也，高祖令上開府楊武通將兵繼進。秀使嬖人萬智光爲武通行軍司馬，上以秀任非其人，譴責之。因謂羣臣曰：「壞我法者，必在子孫乎？譬如猛獸，物不能害，反爲毛間蟲所損食耳。」於是遂分秀所統。

秀漸奢侈，違犯制度，車馬被服，擬於天子。及太子勇以讒毁廢，晉王廣爲皇太子，秀意甚不平。皇太子恐秀終爲後變，陰令楊素求其罪而譖之。仁壽二年，徵還京師，上見，不與語。明日，使使切讓之。秀謝曰：「忝荷國恩，出臨藩岳，不能奉法，罪當萬死。」皇太子及諸王流涕庭謝。上曰：「頃者秦王糜費財物，我以父道訓之。今秀蠹害生民，當以君道繩之。」於是付執法者。開府慶整諫曰：「庶人勇既廢，秦王已薨，陛下兒子無多，何至如是？然蜀王性甚耿介，今被重責，恐不自全。」上大怒，欲斷其舌。因謂羣臣曰：「當斬秀於市，以謝百姓。」乃令楊素、蘇威、牛弘、柳述、趙綽等推治之。太子陰作偶人，書上及漢王姓字，縛手釘心，令人埋之華山下，令楊素發之。又作檄文曰：「逆臣賊子，專弄威柄，陛下唯守虛器，一無所知。」陳甲兵之盛，云「指期問罪」。置秀集中，因以聞奏。上曰：「天下寧有是耶！」於是廢爲庶人，幽内侍省，不得與妻子相見，令給獠婢二人驅使。與相連坐者百餘人。

秀既幽逼，憤懣不知所爲，乃上表曰：「臣以多幸，聯慶皇枝，蒙天慈鞠養，九歲榮貴，唯知富樂，未嘗憂懼。輕恣愚心，陷茲刑網，負深山岳，甘心九泉。不謂天恩尚假餘漏，至如今者，方知愚心不可縱，國法不可犯，撫膺念咎，自新莫及。猶望分身竭命，少答慈造，但以靈祇不祐，福禄消盡，夫婦抱思，不相勝致。只恐長辭明世，永歸泉壤，伏願慈恩，賜垂矜愍，殘息未盡之間，希與爪子相見。請賜一穴，令骸骨有所。」爪子即其愛子也。上因下詔數其罪曰：

汝地居臣子，情兼家國，庸、蜀要重，委以鎮之。汝乃干紀亂常，懷惡樂禍，睥睨二宮，佇遲災釁，容納不逞，結構異端。我有不和，汝便覘候，望我不起，便有異心。

皇太子，汝兄也，次當建立，汝假託妖言，乃云不終其位。妄稱鬼怪，又道不得入宮，自言骨相非人臣，德業堪承重〔一一〕。妄道清城出聖，欲以己當之，詐稱益州龍見，託言吉兆。重述木易之姓，更治成都之宮，妄說禾乃之名〔一二〕，以當八千之運。橫生京師妖異，以證父兄之災，妄造蜀地徵祥，以符己身之籙。汝豈不欲得國家惡也，天下亂也？輒造白玉之珽，又爲白羽之箭，文物服飾，豈似有君？鳩集左道，符書厭鎮。漢王於汝，親則弟也，乃畫其形像，書其姓名，縛手釘心，枷鏁杻械。仍云請西岳華山慈父聖母神兵九億萬騎，收楊諒魂神，閉在華山下，勿令散蕩。我之於汝，親則父也，復云請西岳華山慈父聖母，賜爲開化楊堅夫妻，迴心歡喜。又畫我形像，縛手撮頭，仍云請西岳神兵收楊堅魂神。如此形狀，我今不知楊諒、楊堅是汝何親也？

苞藏凶慝，圖謀不軌，逆臣之迹也。希父之災，以爲身幸，賊子之心也。懷非分之望，肆毒心於兄，悖弟之行也。嫉妬於弟，無惡不爲，無孔懷之情也。違犯制度，壞亂之極也。多殺不辜，豺狼之暴也。剥削民庶，酷虐之甚也。唯求財貨，市井之業也。專事妖邪，頑嚚之性也。弗克負荷，不材之器也。凡此十者，滅天理，逆人倫，汝皆爲之，不祥之甚也，欲免禍患〔一三〕，長守富貴，其可得乎！

後復聽與其子同處。

煬帝即位，禁錮如初。宇文化及之殺逆也，欲立秀爲帝，羣議不許。於是害之，并其諸子。

庶人諒字德章，一名傑，開皇元年，立爲漢王。十二年，爲雍州牧，加上柱國、右衞大將軍。歲餘，轉左衞大將軍。十七年，出爲并州總管，上幸温湯而送之。自山以東，至于滄海，南拒黄河，五十二州盡隸焉。特許以便宜，不拘律令。十八年，起遼東之役，以諒爲行軍元帥，率衆至遼水，遇疾疫，不利而還。十九年，突厥犯塞，以諒爲行軍元帥，竟不臨戎。高祖甚寵愛之。

諒自以所居天下精兵處，以太子讒廢，居常怏怏，陰有異圖。遂諷高祖云：「突厥方强，太原即爲重鎮，宜修武備。」高祖從之。於是大發工役，繕治器械，貯納於并州。招傭亡命〔一四〕，左右私人，殆將數萬。王頍者，梁將王僧辯之子也，少倜儻，有奇略，爲諒咨議參軍。蕭摩訶者，陳氏舊將。二人俱不得志，每鬱鬱思亂，並爲諒所親善。

及蜀王以罪廢，諒愈不自安。會高祖崩，徵之不赴，遂發兵反。總管司馬皇甫誕切諫，諒怒，收繫之。王頍説諒曰：「王所部將吏，家屬盡在關西，若用此等，即宜長驅深入，直據京都，所謂疾雷不及掩耳。若但欲割據舊齊之地，宜任東人。」諒不能專定，乃兼用二策，唱言曰：「楊素反，將誅之。」聞喜人總管府兵曹裴文安說諒曰：「井陘以西，是王掌握之內，山東士馬，亦爲我有，宜悉發之。分遣羸兵，屯守要路，仍令隨方略地。率其精銳，直入蒲津。文安請爲前鋒，王以大軍繼後，風行電擊，頓於霸上，咸陽以東可指麾而定。京師震擾，兵不暇集，上下相疑，羣情離駭，我即陳兵號令，誰敢不從，旬日之間，事可定矣。」諒大悅。於是遣所署大將軍余公理出太谷，以趣河陽。大將軍綦良出滏口，以趣黎陽。大將軍劉建出井陘〔一五〕，以略燕、趙。柱國喬鍾葵出雁門。署文安爲柱國，紇單貴、王聃〔一六〕、大將軍茹茹天保、侯莫陳惠直指京師。未至蒲津百餘里，諒忽改圖，令紇單貴斷河橋，守蒲州，而召文安。文安至曰：「兵機詭速，本欲出其不意。王既不行，文安又退，使彼計成，大事去矣。」諒不對。以王聃爲蒲州刺史，裴文安爲晉州，薛粹爲絳州，梁菩薩爲潞州，韋道正爲韓州，張伯英爲澤州。

煬帝遣楊素率騎五千，襲王聃、紇單貴於蒲州，破之。於是率步騎四萬趣太原。諒使趙子開守高壁，楊素擊走之。諒大懼，拒素於蒿澤。屬天大雨，諒欲旋師，王頍諫曰：「楊素懸軍，士馬疲弊，王以銳卒親戎擊之，其勢必舉。今見敵而還，示人以怯，阻戰士之心，益西軍之氣，願王必勿還也。」諒不從，退守清源〔一七〕。素進擊之，諒勒兵與官軍大戰，死者萬八千人。諒退保并州，楊素進兵圍之。諒窮蹙，降於素。百寮奏諒罪當死，帝曰：「朕終鮮兄弟，情不忍言，欲屈法恕諒一死。」於是除名爲民，絶其屬籍，竟以幽死。子顥，因而禁錮，宇文化及弑逆之際，遇害。

史臣曰：高祖之子五人，莫有終其天命，異哉！房陵資於骨肉之親，篤以君臣之義，經綸締構，契闊夷險，撫軍監國，凡二十年。雖三善未稱，而視膳無闕。恩寵既變，讒言間之，顧復之慈，頓隔於人理，父子之道，遂滅於天性。隋室將亡之效，衆庶皆知之矣。慎子有言曰：「一兔走街，百人逐之，積兔於市，過者不顧。」豈其無欲哉？分定故也。房陵分定久矣，高祖一朝易之，開逆亂之源，長覬覦之望。又維城肇建，崇其威重，恃寵而驕，厚自封植，進之既踰制，退之不以道。俊以憂卒，實此之由。俄屬天步方艱，讒人已勝，尺布斗粟，莫肯相容。秀窺岷、蜀之阻，諒起晉陽之甲，成茲亂常之釁，蓋亦有以動之也。棠棣之詩徒賦，有鼻之封無期，或幽囚於囹圄，或顛殞於鴆毒。本根既絶，枝葉畢剪，十有餘年，宗社淪陷。自古廢嫡立庶，覆族傾宗者多矣，考其亂亡之禍，未若有隋之酷。詩曰：「殷鑒不遠，在夏后之世。」後之有國有家者，可不深戒哉！

校勘記

〔一〕團伍不別　「團」，原作「圍」，據宋甲本改。北史卷七一隋宗室諸王文帝四王房陵王勇傳亦作「團」。

〔二〕媒蘖　「蘖」，原作「蘗」，據殿本考證、張元濟校勘記改。

〔三〕若大事不遂　「若」，宋甲本作「昔」。北史卷七一隋宗室諸王文帝四王房陵王勇傳亦作「昔」。

〔四〕便亂宗社　「社」，宋甲本作「祐」。北史卷七一隋宗室諸王文帝四王房陵王勇傳亦作「祐」。

〔五〕不過殺百許人　「不過殺」，原作「不殺」，據南監本、北監本、汲本、殿本改。北史卷七一隋宗室諸王文帝四王房陵王勇傳亦作「不過殺」。

〔六〕長寧郡王　「王」，宋甲本、大德本、至順本作「公」。

〔七〕榮飾之美　「榮」，宋甲本作「瑩」。北史卷七一隋宗室諸王文帝四王秦王俊傳亦作「瑩」。

〔八〕非兆民之父　此句原闕，據宋甲本補。北史卷七一隋宗室諸王文帝四王秦王俊傳、册府卷二九七宗室部譴讓亦有此句。

〔九〕左翊衞大將軍宇文述勒兵討之　「翊」，原作「翼」，據宋甲本、至順本、汲本改。

〔一〇〕共相往復　「共」，原作「兵」，據宋甲本改。北史卷七一隋宗室諸王文帝四王秦王俊傳亦作「共」。

〔一一〕德業堪承重　南監本、北監本、汲本、殿本下有「器」字。北史卷七一隋宗室諸王文帝四王庶人秀傳亦有。

〔一二〕妄説禾乃之名　「説」，原作「訴」，據宋甲本、至順本、南監本、北監本、汲本、殿本改。北史卷七一隋宗室諸王文帝四王庶人秀傳亦作「説」。

〔一三〕欲免禍患　「禍患」，宋甲本、至順本作「患禍」。北史卷七一隋宗室諸王文帝四王庶人秀傳、御覽卷七三五方術部一六厭蠱引隋書亦作「患禍」。

〔一四〕招傭亡命　「傭」，宋甲本、大德本、至順本、汲本作「集」。北史卷七一隋宗室諸王文帝四王庶人諒傳亦作「集」。

〔一五〕劉建　北史卷七一隋宗室諸王文帝四王庶人諒傳作「鄧建」。通志卷八五宗室庶人諒傳作「鄭建」。

〔一六〕王聃　本書卷四八楊素傳作「王聃子」。

〔一七〕清源　原作「清原」，據宋甲本改。本書卷四八楊素傳、北史卷四一楊敷傳附楊素傳亦作「清源」。本書卷三〇地理志中有清源縣。